U0832636

权威·前沿·原创

皮书系列为
“十二五”国家重点图书出版规划项目

体育蓝皮书
BLUE BOOK OF SPORTS

上海体育产业发展报告（2014~2015）

ANNUAL REPORT ON DEVELOPMENT OF SPORTS INDUSTRY IN SHANGHAI (2014-2015)

主　　编／张　林　黄海燕
执行主编／朱洪军

社会科学文献出版社
SOCIAL SCIENCES ACADEMIC PRESS (CHINA)

图书在版编目(CIP)数据

上海体育产业发展报告. 2014 ~ 2015/张林，黄海燕主编.
—北京：社会科学文献出版社，2015. 10
（体育蓝皮书）
ISBN 978 - 7 - 5097 - 7487 - 8

Ⅰ. ①上…　Ⅱ. ①张…　②黄…　Ⅲ. ①体育产业 - 产业发展 - 研究报告 - 上海市 - 2014 ~ 2015　Ⅳ. ①G812. 751

中国版本图书馆 CIP 数据核字（2015）第 094571 号

体育蓝皮书
上海体育产业发展报告（2014 ~2015）

主　　编 / 张　林　黄海燕
执行主编 / 朱洪军

出 版 人 / 谢寿光
项目统筹 / 宋　静
责任编辑 / 宋　静　吴　敏

出　　版 / 社会科学文献出版社 · 皮书出版分社（010）59367127
地址：北京市北三环中路甲 29 号院华龙大厦　邮编：100029
网址：www. ssap. com. cn
发　　行 / 市场营销中心（010）59367081　59367090
读者服务中心（010）59367028
印　　装 / 北京季蜂印刷有限公司

规　　格 / 开 本：787mm × 1092mm　1/16
印 张：17. 5　字 数：231 千字
版　　次 / 2015 年 10 月第 1 版　2015 年 10 月第 1 次印刷
书　　号 / ISBN 978 - 7 - 5097 - 7487 - 8
定　　价 / 79. 00 元

皮书序列号 / B - 2015 - 423

中新智库：体育产业第一平台

体育蓝皮书
官方微信

主编简介

张　林　教授，博士生导师，现任上海体育学院体育产业发展研究院副院长，兼任中国体育发展战略研究会委员、中国体育科学学会理事、中国体育科学学会体育产业分会秘书长、上海体育科学学会体育管理与发展专业委员会主任委员、上海体育学院体育赛事研究中心主任。主持“我国职业体育俱乐部运行机制研究”“体育赛事事前评估理论方法与体系研究”“体育强国建设背景下我国体育服务业发展研究”三项国家社科基金项目，以及“中国体育及相关产业统计研究”“我国体育产业‘十一五’规划研究”“我国体育产业‘十二五’规划研究”“我国体育产业‘十三五’规划研究”“中国体育事业发展的公共财政保障研究”等一批重大应用性研究项目。获得国家体育总局体育哲学社会科学优秀成果奖、上海市人民政府科技进步奖、上海市哲学社会科学优秀成果奖等省部级以上奖项10余项。

黄海燕　副教授，博士生导师，现任上海体育学院体育产业发展研究院副院长、中国体育科学学会体育产业分会秘书处主任。上海体育学院体育人文社会学博士，上海财经大学应用经济学博士后，美国佐治亚大学国际体育管理研究中心博士后。2011年博士学位论文《体育赛事事前评估理论与方法体系》获全国优秀博士学位论文奖，2012年获“教育部新世纪人才支持计划”资助，2014年获“全国体育事业突出贡献奖”。主持国家社科基金项目“体育赛事与城市旅游业互动发展研究”和省部级项目7项，发表科研论文80余篇，其中SSCI论文4篇，CSSCI论文40余篇。获上海市科技进步奖、上海市哲学社会科学优秀成果奖等省部级科研奖9项。

摘　要

2014 年，国务院出台了《关于加快发展体育产业促进体育消费的若干意见》，指出了要充分发挥市场在体育资源配置中的决定性作用。发展体育产业不仅有利于满足人民群众多样化的体育需求、保障和改善民生，而且有利于扩大内需、增加就业、培育新的经济增长点。

上海体育产业发展基础良好，在全国处于领先地位。为准确、全面把握上海体育产业发展的基本情况，上海市统计局和上海市体育局联合开展了 2010 年和 2011 年上海体育及相关产业专项调查统计工作。上海体育学院体育产业发展研究院以上海体育及相关产业专项调查数据为基础，组织专家学者系统全面地剖析了上海当前体育产业的发展现状，面临的问题、机遇、挑战和未来的发展趋势。

本报告分为三部分，第一部分为总报告，从上海体育产业总体规模、产业结构、发展面临的瓶颈和对策等方面系统剖析了上海体育产业发展的现状与趋势；第二部分为行业篇，对体育服务业、体育用品业、体育健身业、体育培训业等八个领域通过翔实的数据资料进行了客观的评述与展望；第三部分为案例篇，系统总结了上海赛车场、上海美帆俱乐部、上海网球大师赛的运营经验。

在当前体育产业发展面临良好机遇的宏观背景和政策利好下，全面摸清上海体育产业发展的实际情况、抓住机遇改革创新、整合资源融合发展、丰富体育产品供给，有助于上海体育产业的转型升级，从而有助于加快上海的体育强市建设。

目 录

BLUE BOOK

𝔹 Ⅰ 总报告

𝔹 Ⅱ 行业篇

BⅢ 案例篇

皮书数据库阅读**使用指南**

总　报　告

General Report

B.1
上海体育产业发展现状与趋势

黄海燕　安俊英*

摘　要：体育产业作为上海现代服务业的重要组成部分，是创造社会财富、满足社会需求的重要产业门类，正逐渐成为上海经济新的增长点和迅速发展的“朝阳产业”。本文对上海市体育产业发展现状进行全面剖析，与相关省市进行了比较，在此基础上，分析了上海体育产业发展存在的瓶颈以及未来发展的对策。

关键词：上海　体育产业　体育消费　体育产业实体　体育产业结构

* 黄海燕，副教授，博士生导师，研究方向为体育产业；安俊英，副教授，博士，研究方向为体育产业。

体育产业作为现代服务业的重要组成部分，是创造社会财富、满足社会需求的重要产业门类，正逐渐成为全球经济新的增长点和迅速发展的“朝阳产业”。近年来，在上海市经济发展和体育消费需求的共同驱动下，上海市体育产业总体规模不断扩大，以竞赛表演、健身休闲和体育用品等为主的产业结构体系日渐形成，体育产业的区域发展特色明显，体育产业对经济社会发展的贡献度逐步提高。

一 上海体育产业发展现状

根据国家统计局颁布的《体育及相关产业分类（试行）》，体育产业是指，“为社会公众提供体育服务和产品的活动，以及与这些活动有关联的活动的集合”，其范围包括：体育组织管理活动，体育场馆管理活动，体育健身休闲活动，体育中介活动，体育培训服务，体育彩票服务，体育用品、服装鞋帽及相关体育产品制造，体育用品、服装鞋帽及相关体育产品销售，体育场馆建筑活动等。

（一）体育产业总体情况

上海市体育产业总体规模不断扩大。经调查测算，2010 年，全市体育产业总产出 263.09 亿元，从业人员 13.36 万人，实现增加值 100.20 亿元，占当年上海地区 GDP 的比重为 0.58%；2011 年，全市体育产业总产出 290.51 亿元，从业人员 13.75 万人，实现增加值 112.42 亿元，占当年上海地区 GDP 的比重为 0.59%，全市体育及相关产业总产出增加 27.42 亿元，创造增加值总量增加 12.22 亿元。

上海市体育产业呈现增长趋势。2011 年，全市体育产业总产出比 2010 年增长 6.56%（按可比价格计算，以下同）；实现增加值比 2010 年增长 8.55%，比同年上海 GDP 增幅 8.20% 高 0.35 个百分点；占当年 GDP 的比重比 2010 年提高 0.01 个百分点（见表 1）。

表1 2010年、2011年上海市体育产业主要指标结果

单位：亿元，万人

类别		2010年			2011年		
		总产出	增加值	从业人员	总产出	增加值	从业人员
总计		263.09	100.20	13.36	290.51	112.42	13.75
体育组织管理活动		13.83	9.62	0.76	15.76	10.40	0.79
体育场馆管理活动		17.66	11.68	0.34	21.75	13.62	0.38
体育健身休闲活动		20.91	9.69	1.52	24.06	11.95	1.71
体育中介活动		11.91	3.94	0.36	13.58	4.38	0.38
其他体育活动	体育培训	22.36	10.04	0.98	24.00	11.37	1.10
	体育彩票	1.12	0.98	0.26	1.42	1.22	0.28
体育用品、服装鞋帽及相关体育产品制造		136.96	34.96	4.79	143.12	36.01	3.85
体育用品、服装鞋帽及相关体育产品销售		35.10	18.45	4.28	39.82	21.73	5.12
体育场馆建筑活动		3.24	0.84	0.07	7.00	1.74	0.14

1. 体育产业总产出超过290亿元

2011年末，上海市体育产业总产出290.51亿元，同比增长6.56%。从体育产业行业类别来看，2011年，体育用品、服装鞋帽及相关体育产品的制造总产出最多，为143.12亿元，占体育产业总产出的49.27%，同比增长0.96%；其次是体育用品、服装鞋帽及相关体育产品的销售总产出，为39.82亿元，占体育产业总产出的13.71%，同比增长8.15%；其他体育活动（体育培训、体育彩票）总产出为25.42亿元，占体育产业总产出的8.75%，同比增长3.71%；体育健身休闲活动总产出为24.06亿元，占体育产业总产出的8.28%，同比增长13.81%；体育中介活动总产出为13.58亿元，占体育产业总产出的4.67%，同比增长4.51%；体育组织管理活动总产出为15.76亿元，占体育产业总产出的5.42%，同比增长12.72%；体育场馆管理活动总产出为21.75亿元，占体育产业总产出的7.49%，同比增长

21.82%；体育场馆建筑活动总产出为7.00亿元，占体育产业总产出的2.41%，同比增长97.85%。

2. 体育产业从业人员超过13万人

2011年末，上海市体育产业共拥有从业人员13.75万人。从体育产业行业类别来看，2011年，体育用品、服装鞋帽及相关体育产品销售从业人员最多，为5.12万人，占体育产业从业人员总数的37.24%，同比增加19.63%；体育用品、服装鞋帽及相关体育产品制造从业人员为3.85万人，占体育产业从业人员总数的28.00%，同比减少19.62%，主要是基于经济结构调整等原因，从事体育制造业的人员相对减少；体育健身休闲活动，从业人员为1.71万人，占体育产业从业人员总数的12.44%，同比增长12.50%；其他体育活动（体育培训、体育彩票）从业人员为1.38万人，占体育产业从业人员总数的10.04%，同比增长11.29%；体育组织管理活动从业人员为0.79万人，占体育产业从业人员总数的5.75%，同比增长3.95%；体育中介活动从业人员为0.38万人，占体育产业从业人员总数的2.76%，同比增长5.56%；体育场馆管理活动从业人员为0.38万人，占体育产业从业人员总数的2.76%，同比增长11.76%；体育场馆建筑活动从业人员为0.14万人，占体育产业从业人员总数的1.02%，同比增长100%。

3. 体育产业增加值超过112亿元

2011年，上海市体育产业实现增加值112.42亿元。从体育产业行业类别来看，2011年，体育用品、服装鞋帽及相关体育产品的制造实现的增加值最多，为36.01亿元，占体育产业增加值的32.03%，同比减少0.48%；其次是体育用品、服装鞋帽及相关体育产品的销售，增加值为21.73亿元，占体育产业增加值总数的19.33%，同比增长12.28%；体育场馆管理活动增加值为13.62亿元，占体育产业增加值总数的12.12%，同比增长15.34%；其他体育活动（体育培训、体育彩票）增加值为12.59亿元，占体育产业增加值总数的11.20%，同比增长9.62%；体育健身休闲活动，增加值为11.95亿元，占体育产业增加值总数的10.63%，同比增长21.98%；体育组织管理活动增加值为10.40亿元，占体育产业增加值总数的9.25%，同比增长6.93%；体育中介活动增加值为4.38亿元，占体育产业增加值总数的3.90%，同比增长1.90%；体育场馆建筑活动增加值为1.74亿元，占体育产业增加值总数的1.55%，同比增长89.69%。

（二）体育产业发展的结构特点

近年来，上海市体育产业取得了长足发展，产业总量已初具规模。同时，从产业发展的结构分布看，主要呈现以下特点。

1. 上海体育产业的增长速度较快

2011年，上海体育产业的增加值较2010年增长8.55%，其中，体育服务的增加值增长速度达到12.40%。2011年，上海地区GDP较2010年增长8.20%，其中，第三产业增长速度为9.50%。从这些数据我们可以很明显地看出，上海体育产业增加值的增长速度比上海地区GDP增加值的增长速度要略快，体育服务增加值的增长速度也超过上海市第三产业增加值的增长速度（见表2）。

表2　2011年上海市体育产业增长速度与经济增长速度对比

单位：亿元，%

项目	2010年增加值	2011年增加值	按可变价计算的增长速度
体育产业	100.20	112.42	8.55
其中，体育服务*	64.40	74.67	12.40
上海地区GDP	17165.98	19195.69	8.20
其中，第三产业	9833.51	11142.86	9.50

注：*这里的体育服务包括体育组织管理活动、体育场馆管理活动、体育健身休闲活动、体育中介活动、其他体育活动以及体育用品、服装鞋帽销售。

2. 体育服务业比重增大，内部结构趋于合理

体育服务业涵盖范围较广，属于体育产业的核心，主要包括体育组织管理活动、体育场馆管理活动、体育健身休闲活动、体育中介活动、其他体育活动（体育培训、体育彩票等）。体育服务业增加值所占行业比重由2010年的45.86%提升至2011年的47.09%；体育制造业所占比重由2010年的34.89%下降至2011年的32.03%；体育服务业从业人员比重由2010年31.59%提升至2011年的33.75%，体育制造业从业人员比重由2010年35.85%下降至2011年的28.00%。2011年，上海市体育服务业从业人员4.64万人，总产出100.57亿元，实现增加值52.94亿元，按可比价比上年分别增长11.28%、12.45%、9.95%，呈现逐年上升的发展趋势（见表3）。

表3　按体育产业类别划分的上海体育及相关产业核心指标数据一览

单位：亿元，万人

类别	2010年			2011年		
	总产出	增加值	从业人员	总产出	增加值	从业人员
体育服务业*	87.79	45.95	4.22	100.57	52.94	4.64
体育用品业	172.06	53.41	9.07	182.94	57.74	8.97
体育建筑业	3.24	0.84	0.07	7.00	1.74	0.14
总　计	263.09	100.20	13.36	290.51	112.42	13.75

注：*这里的体育服务业包括体育组织管理活动、体育场馆管理活动、体育健身休闲活动、体育中介活动、其他体育活动五大类别；体育用品业包括体育用品、服装鞋帽的制造和销售两大类别。

从体育服务业的内部结构看，内部结构趋于合理。2011年，体育场馆管理活动占体育服务业比重为25.73%，所占比重比上年增加0.31个百分点，其中，从业人员0.38万人，同比增长11.76%；实现增加值13.62亿元，同比增长15.34%，主要经济指标都位列体育服务业首位，说明体育场馆管理活动是体育服务业中贡献最为突出的

产业。2011 年，体育健身休闲活动占体育服务业比重为 22.57%，所占比重比上年增加 1.48 个百分点，其中，从业人员、实现增加值分别为 1.71 万人、11.95 亿元，体育培训服务活动在体育服务业中各项指标位列第二；体育培训服务业占体育服务业比重为 21.48%，所占比重比上年减少 0.37 个百分点，其中，从业人员、实现增加值分别为 1.10 万人、11.37 亿元，从业人员同比增长 0.12 万人，增长了 12.24%；增加值同比增长 8.27%，体育培训服务的各项指标表现出逐年上升的态势，体育培训活动和体育健身休闲等活动相互交融，发展空间较大，助推了体育服务业的加快发展。体育组织管理活动，2011 年体育组织管理活动从业人员、实现增加值分别为 0.79 万人、10.40 亿元，从业人员同比增长 0.03 万人，增长 3.95%；增加值同比增长 6.93%。

3. 体育用品业发展迅速

体育用品业包括体育用品、服装鞋帽制造业以及体育用品、服装鞋帽销售业。调查结果显示，2011 年，上海市体育用品业实现增加值 57.74 亿元，比上年增长 3.93%，体育用品业占全部体育产业增加值的比重为 51.36%，比体育服务业高出 4.27 个百分点，表明体育用品业依然是拉升上海市体育产业的主导力量。国内外著名体育品牌企业纷纷进驻上海，带动了上海体育用品的研发、生产和销售。上海红双喜已成为世界名牌，占据了国际乒乓球比赛用球市场 80% 的份额。上海乔山体育用品集团，已成为亚洲第一、世界第五的体育健身器材供应商。耐克、迪卡侬、斯伯丁等世界知名体育用品品牌纷纷在上海设立亚洲或全国总部。

4. 体育建筑业发展空间较大

2011 年，体育建筑业从业人员 0.14 万人，同比增长 100%；实现增加值 1.74 亿元，同比增长 89.69%。上海国际赛车场、东方体育中心、浦东三林体育中心、旗忠国际森林网球中心等一批大型体育场馆纷纷落建。随着经济社会的发展，体育设施的投入将不断加大，体育建筑业将有较大的发展空间。

5. 新兴体育产业发展势头较好

一个以服务体育主体市场、专营机构与兼营机构并存的体育中介服务市场在上海初步形成，并成为体育市场中一个重要的经济组织形态，2011 年，上海市体育中介从业人员、实现增加值分别为 0.38 万人、4.38 亿元，从业人员、实现增加值分别同比增长 5.56%、1.90%，表现出较快增长的态势，发展空间较大。2011 年，上海市体育彩票业从业人员、实现增加值分别为 0.28 万人、1.22 亿元，比上年分别增长 0.02 万人、0.24 亿元，特别是体育彩票业增加值按可比价比上年增长 23.14%，表现出良好增长的态势。

（三）上海市体育产业与其他省（市）的比较

2010 年、2011 年，我国已有部分省市开展了体育产业专项调查，如北京、福建、湖北、四川、河南、重庆等省市，现就所掌握的数据展开上海市与部分省市数据的比较，主要针对核心指标增加值与从业人员进行比较（见表 4 ~ 表 9）。

从表 4 至表 7 可以看出，2010 年、2011 年，上海市体育产业增加值总量、体育服务业增加值都略低于北京市，上海市体育用品业与北京市持平。同时，上海市 GDP 高于北京市 GDP，上海市体育产业占上海市地区生产总值的百分比却低于北京市，2010 年，上海市体育产业占上海 GDP 的比重为 0.58%，北京为 0.80%，高于全国的 0.55%，2011 年，上海市体育产业占上海 GDP 的比重为 0.59%，北京为 0.79%，高于全国的 0.57%，也就是说，2010 年、2011 年，上海市体育产业对 GDP 的贡献，要低于北京市。从两市体育产业各行业的数据来看，2011 年，上海市体育服务业与北京差距较为明显，相差 15 亿元左右，从行业结构来看，上海市除体育场馆管理活动和体育中介活动外，其他体育服务业均低于北京；体育场馆管理活动增加值13.62亿元，高于北京的8.8亿元，其主要原因是东亚集团所拥有的体育场馆、上海F1国际赛车场等都促进了上海体育服务业的发展。上海市体育服务业占体育产业的比重为47.09%，低于北京的53.17%，但远远高于全国平均水平20.57%。上海体育用品业增加值在数值上与北京市持平，但从体育用品业占体育产业的比重来看，上海是51.36%，高于北京的44.12%，但远远低于全国的平均水平74.82%。体育用品业依然是拉升上海市体育产业的主导力量，主要原因是国内外著名体育品牌企业纷纷进驻上海，带动了上海体育用品的研发、生产和销售。但从整体的行业结构来看，上海市仍需要进一步提升上海体育服务业的比重。

表4　2010年上海市与北京市体育产业增加值的比较

单位：亿元，%

类别	上海	北京	全国
体育产业总计	100.20	112.60	2220.12
体育服务业	45.95	55.2	432.26
体育组织管理活动	9.62	20.7	172.77
体育场馆管理活动	11.68	6.3	43.73
体育健身休闲活动	9.69	11.5	113.05
体育中介活动	3.94	4.4	9.86
其他体育活动	11.02	12.3	92.85
体育服务业占全国体育服务业比重	10.63	12.77	100.00
体育服务业占体育产业的比重	45.86	49.02	19.47
体育用品业	53.41	53.4	1692.48
体育用品、服装鞋帽制造	34.96	7.5	1472.03
体育用品、服装鞋帽销售	18.45	45.9	220.45
体育用品业占全国体育用品业比重	3.16	3.16	100.00
体育用品业占体育产业的比重	53.30	47.42	76.23

续表

类别	上海	北京	全国
体育建筑业	0.84	4	95.38
体育建筑业占全国体育建筑业比重	0.88	4.19	100.00
体育建筑业占体育产业的比重	0.84	3.55	4.30
地区生产总值	17165.98	14113.60	401512.80
体育产业占地区生产总值比重	0.58	0.80	0.55
体育产业占全国体育产业比重	4.51	5.07	100.00

表5　2011年上海市与北京市体育产业增加值的比较

单位：亿元，%

类别	上海	北京	全国
体育产业总计	112.42	129.20	2689.06
体育服务业	52.94	68.7	553.17
体育组织管理活动	10.4	28	197.21
体育场馆管理活动	13.62	8.8	49.92
体育健身休闲活动	11.95	13.4	155.28
体育中介活动	4.38	4.2	14.26
其他体育活动	12.59	14.3	136.5
体育服务业占全国体育服务业比重	9.57	12.42	100.00
体育服务业占体育产业的比重	47.09	53.17	20.57
体育用品业	57.74	57	2011.92
体育用品、服装鞋帽及相关体育产品制造	36.01	12	1673.03
体育用品、服装鞋帽及相关体育产品销售	21.73	45	338.89
体育用品业占全国体育用品业比重	2.87	2.83	100.00
体育用品业占体育产业的比重	51.36	44.12	74.82
体育建筑业	1.74	3.4	123.97
体育建筑业占全国体育建筑业比重	1.40	2.74	100.00
体育建筑业占体育产业的比重	1.55	2.63	4.61
地区生产总值	19195.69	16251.90	472881.60
体育产业占地区生产总值比重	0.59	0.79	0.57
体育产业占全国体育产业比重	4.18	4.80	100.00

表 6　2010 年上海市与北京市体育产业从业人员的比较

单位：亿元，%

类别	上海	北京	全国
体育产业从业人员总计	13.36	10.8	336.98
体育服务业	4.22	6.0	72.44
体育组织管理活动	0.76	1.3	19.84
体育场馆管理活动	0.34	0.5	2.58
体育健身休闲活动	1.52	2.7	15.78
体育中介活动	0.36	0.4	3.06
其他体育活动	1.24	1.1	31.18
体育服务业占全国体育服务业比重	5.83	8.28	100.00
体育服务业占体育产业的比重	31.59	55.56	21.50
体育用品业	9.07	4.4	259.4
体育用品、服装鞋帽及相关体育产品制造	4.79	0.9	232.09
体育用品、服装鞋帽及相关体育产品销售	4.28	3.5	27.31
体育用品业占全国体育用品业比重	3.50	1.70	100.00
体育用品业占体育产业的比重	67.89	40.74	76.98
体育建筑业	0.07	0.4	5.14
体育建筑业占全国体育建筑业比重	1.36	7.78	100.00
体育建筑业占体育产业的比重	0.52	3.70	1.53
城镇人口	2056	1686	66978
体育产业从业人员占地区城镇人口比重	0.65	0.64	0.50
体育产业从业人员占全国体育产业从业人员比重	3.96	3.20	100.00

表 7　2011 年上海市与北京市体育产业从业人员的比较

单位：亿元，%

类别	上海	北京	全国
体育产业从业人员总计	13.75	11.9	360.01
体育服务业	4.64	6.8	88.97
体育组织管理活动	0.79	1.5	20.13
体育场馆管理活动	0.38	0.7	2.62
体育健身休闲活动	1.71	3	22.06
体育中介活动	0.38	0.4	4.45
其他体育活动	1.38	1.2	39.71
体育服务业占全国体育服务业比重	5.22	7.64	100.00
体育服务业占体育产业的比重	33.75	57.14	24.71

续表

类别	上海	北京	全国
体育用品业	8.97	4.9	265.55
体育用品、服装鞋帽及相关体育产品制造	3.85	1	240.3
体育用品、服装鞋帽及相关体育产品销售	5.12	3.9	25.25
体育用品业占全国体育用品业比重	3.38	1.85	100.00
体育用品业占体育产业的比重	65.24	41.18	73.76
体育建筑业	0.14	0.3	5.49
体育建筑业占全国体育建筑业比重	2.55	5.46	100.00
体育建筑业占体育产业的比重	1.02	2.52	1.52
城镇人口	2096	1741	69079
体育产业从业人员占地区城镇人口比重	0.66	0.68	0.52
体育产业从业人员占全国体育产业从业人员比重	3.82	3.31	100.00

从表8、表9可以看出，2011年，上海体育服务业增加值为52.94亿元，从业人员为4.64万人，高于福建、湖北、四川、河南、重庆，主要受各省市的经济发展水平的影响。在体育服务的各行业中，上海市除了体育彩票服务略低于其他省市外，其他行业均高于其他省市，特别是体育健身休闲，以及体育中介服务和体育培训服务这两类新型体育服务产业，都远远高于其他省市。

表8　2011年部分省市体育产业增加值比较

单位：亿元，%

类别	上海	福建	湖北	四川	河南	重庆
总计	112.42	646.85	85.81	41.63	24.00	11.35
体育服务业	52.94	13.27	17.80	26.48	12.99	4.16
体育组织管理活动	10.40	4.36	6.19	1.86	5.32	1.38
体育场馆管理活动	13.62	0.9	1.40	6.82	1.31	0.46
体育健身休闲活动	11.95	3.93	5.37	7.41	0.23	0.93
体育中介活动	4.38	0.24	0.03	0.1	0.00	0.12
体育培训服务	11.37	0.07	2.65	0.73	2.67	0.02
体育彩票服务	1.22	3.77	2.16	9.56	3.46	1.25
体育服务业占体育产业的比重	47.09	2.05	20.74	63.61	54.13	36.62

续表

类别	上海	福建	湖北	四川	河南	重庆
体育用品业	57.74	630.25	65.17	10.70	10.47	5.65
体育用品、服装鞋帽及相关体育产品制造	36.01	599.19	40.11	1.47	8.35	3.62
体育用品、服装鞋帽及相关体育产品销售	21.73	31.06	25.06	9.23	2.12	2.03
体育用品业占体育产业的比重	51.36	97.43	75.95	25.70	43.63	49.76
体育建筑业	1.74	3.33	2.84	4.45	0.54	1.55
体育建筑业占体育产业的比重	1.55	0.51	3.31	10.69	2.25	13.62

表 9　2011 年部分省市体育产业从业人员比较

单位：亿元，%

类别	上海	福建	湖北	四川	河南	重庆
总计	13.75	65.68	12.14	6.57	7.50	3.96
体育服务业	4.64	3.34	3.97	3.89	2.88	2.39
体育组织管理活动	0.79	1.57	1.70	0.59	1.11	0.92
体育场馆管理活动	0.38	0.07	0.11	0.92	0.12	0.34
体育健身休闲活动	1.71	0.51	0.90	0.84	0.24	0.29
体育中介活动	0.38	0.07	0.00	0.03	0.00	0.29
体育培训服务	1.10	0.05	0.47	0.19	0.68	0.07
体育彩票服务	0.28	1.07	0.79	1.32	0.73	0.48
体育服务业占体育产业的比重	33.75	5.09	32.73	59.21	38.40	60.27
体育用品业	8.97	61.72	7.56	2.32	4.18	1.41
体育用品、服装鞋帽及相关体育产品制造	3.85	59.67	4.14	0.3	0.82	0.67
体育用品、服装鞋帽及相关体育产品销售	5.12	2.05	3.42	2.02	3.36	0.74
体育用品业占体育产业的比重	65.24	93.97	62.25	35.31	55.73	35.57
体育建筑业	0.14	0.62	0.61	0.36	0.44	0.17
体育建筑业占体育产业的比重	1.02	0.94	5.02	5.48	5.87	4.16

二　上海体育产业发展瓶颈

整体上看，上海市体育产业的发展势头良好，但其发展体育产业的过程还存在体育产业总体规模偏小、内部结构不平衡、发展质量和发展效益均有待提高等问题，还面临体制机制不健全、配套政策措施不够完善等诸多困难。

（一）总体规模仍待提高，对上海市经济发展的贡献还偏小

从总体上看，上海体育产业对上海市经济发展的贡献还偏小，上海市体育产业发展的空间仍然很大。2010 年、2011 年，上海地区生产总值分别为 17165.98 亿元和 19195.69 亿元，城镇从业人员分别为 2056 万人和 2096 万人，第三产业创造增加值 9833.51 亿元、11142.86 亿元。2010 年，上海体育产业增加值仅占 GDP 的 0.58%，略高于当年全国体育产业占 GDP 的比重 0.55%；2011 年，上海体育产业所创造的增加值仅占上海 GDP 的 0.59%，略高于当年全国体育产业占 GDP 的比重 0.57%，从业人员仅占城镇从业人员的 0.66%，此外，“体育服务”所创造的增加值仅占第三产业增加值的 0.76%，与国外发达国家相比，上海市体育产业所占比重明显偏低，对经济的带动作用明显不足。例如，美国 2010 年体育产业总产值达 4140 亿美元，占当年 GDP 的 2.8%，在第三产业中位居第三，仅次于商业银行和证券业；澳大利亚的体育产业年增加值约占 GDP 的 2.2%，体育产业提供的就业机会超过了农业、铁路、保险、电力等主要行业；而 2007 年欧盟体育产业产值达 4070 亿欧元，占欧盟当年 GDP 的 3.7%。因此，进一步提升体育产业在国民经济中的比重和地位将是未来上海市体育产业发展的重要目标之一。

（二）内部结构不均衡，体育服务业的引领作用尚未有效发挥

按照体育产业发展的一般规律，体育服务业是体育产业发展的核心业态，体育服务业的比重是衡量体育产业发展成熟度的重要标志。但是，从当前上海市体育产业的发展结构来看，虽然体育服务业所占份额逐年上升，体育用品业所占份额逐年下降，但体育服务业占体育产业的比重还相对较低，产业结构不尽合理。从发达国家体育产业发展的经验来看，体育服务业在体育产业结构中所占的比重一般应达到60% ~ 70%。2011 年，上海市体育服务业增加值所占比重为47.09%，虽高于全国平均水平 26 个百分点，但体育服务业增加值所占比重依然较低。体育服务业的引领作用尚未有效发挥。目前，“跳出体育发展体育”已经成为体育服务业发展的重要理念和战略思路，例如，竞赛表演业的发展能够有力地带动旅游业、餐饮业、酒店业、建筑业、交通通信等国民经济相关行业的发展；以全民健身为主体的健身休闲业，则与健康、养老等新兴行业的融合日益明显。而从上海市体育服务业发展现状来看，虽然个别区县在产业融合发展方面做了积极尝试，但从发展理念和体制机制上，上海体育服务业的发展仍然孤立于国民经济发展之外，其引领和带动作用亟待加强。之所以体育服务业的引领作用难以发挥，其深层次的原因在于：一方面是长期以来形成的国家办体育的思维模式禁锢了人们对于体育产业的认识，认为体育产业只是体育部门的事情，与其他部门无关，部门间的协同机制无法有效建立，体育产业发展的动力明显不足；另一方面是体育服务业仍处于起步阶段，社会资本对体育服务业的介入力度不够，民众的体育消费需求无法得到激发和满足，体育产业发展成为“无源之水”。

（三）大型赛事的外部效应没有得到充分释放和利用

作为典型的节事活动，大型赛事与国民经济其他行业的关联性较强，对举办地周边的餐饮、酒店、旅游、房产、会展等都会有明显拉动效应。近年来，上海市顶级赛事频繁举办，各级政府和有关单位积极整合资源，促进赛事运营与文化、旅游等相关产业的融合，但是仍面临着产业延伸不足、赛事活动的外部效应未得到有效释放和利用等问题。大多数赛事的运作还仅停留在赛事本身，缺乏部门间的融合互动机制，赛事资源与旅游、文化资源的整合力度较小。首先，由于种种原因，我们对于赛事社会效益和潜在价值的认识还仅仅停留在赛事层面，没有跳出赛事看赛事，对赛事的定位和运作无法与国际理念接轨，赛事的正外部性效应没有发挥出来，从而造成了赛事“无形资源”的大量浪费。其次，由于市场主体本身并不是赛事社会价值的主要受益者，单纯依靠市场的力量或赛事举办方的力量无法实现赛事社会价值的有效开发和利用。最后，多数赛事本身的投资回报率并不高，缺乏赛事收益方对体育产业的“反哺”机制，导致赛事社会效益的开发缺乏动力。例如，虽然F1赛事常年亏损，但赛事主办方负责人认为，F1赛事为上海市带来的社会效应和溢出价值却不容忽视，由于“反哺”机制的缺乏，F1赛事的社会效应还远远没有得到有效释放与利用。

（四）体育场地设施资源不足与场馆运营困难

体育场地设施是体育产业发展的重要基础和依托。调研结果显示，尽管目前上海市体育场地设施得到较大改善，但现阶段上海市体育场地设施在运营过程中仍存在诸多问题亟待解决。

一是区域分布不均衡导致部分区县体育场馆资源紧张。静安区、徐汇区、黄浦区等中心城区因地处市中心，加之商业区及写字楼密集、地价昂贵、人口密度高等因素，导致体育场馆资源极为稀缺。2014 年第六次全国场地普查统计数据显示，静安区人均体育场地面积仅为 0.75 平方米，与国家“十二五”期末人均 1.5 平方米及上海市“十二五”期末人均 2.6 平方米的目标相距甚远；而浦东新区、嘉定区、奉贤区、闵行区等非中心城区，因场地设施发展规划起步较晚，人群相对分散，体育场馆资源相对丰富。

二是运营成本过高导致体育场馆运营困难。作为国际化大都市，上海市地价昂贵，体育场地设施的土地租赁和使用成本极为高昂。在运营过程中，体育场馆需要缴纳的税费种类繁多、税费过重，体育场馆的水、电、气、煤等能源使用费也完全按照商业标准收费。加之人力成本过高等因素在内，上海市体育场地设施的总体运营成本较高。例如，上海星之健身企业将能耗成本（16%）、租金物业费（40%）及人力成本（40%）视为导致企业经营困难的“三座大山”。

三是公益性活动的供给制约公共体育场馆可持续发展。目前，上海市绝大多数体育场馆均由政府出资建设，公共体育场馆具有公益性和经营性的双重属性，承接了很多全民健身、学校体育活动以及其他公益性群众体育活动。调研结果显示，包括静安体育馆在内的许多场馆，均认为公益性活动的供给严重制约了公共体育场馆的可持续发展，给场馆的经营带来了诸多困难。造成这些困难的主要原因，一方面是政府对公益性活动的补贴机制并未有效建立，政府购买公共服务的理念及制度设计尚未成熟；另一方面是公共体育场馆的所有权与经营权尚未真正分离，公共体育场馆的运营模式还有待进一步创新。

（五）产业扶持政策与配套措施不完善

产业政策的扶持是实现体育产业良性发展的重要保障。近年来，上海市体育产业发展迅速，也遇到了很多制度性障碍和政策性瓶颈，特别是在如何充分尊重和发挥市场在体育资源配置中的作用上，相应的配套政策和措施还没有跟上。

一是赛事活动管理方面，很多企业反映，对赛事活动的审批和报备流程并不明晰，由于涉及多个部门的审批与报备，难以获得公开透明的信息。另外，关于群众性赛事和商业性赛事等的审批及管理政策还有待调整和完善。

二是土地和体育组织审批方面，涉及体育场地设施的新建、改建等工程，由于采用短期租赁模式进行，企业较难获得审批；在体育组织审批中，由于组织规模较小，包括体育经纪人协会和楼宇体育俱乐部等在内的体育组织很难通过社团局的获准。

三是税费政策方面，对公共体育场馆运营所涉及的税费以及部分企业反映的运动项目（如高尔夫）营业税过高等问题，严重制约了场馆服务业和健身休闲业的健康发展。

四是人才引进与培养方面，体育经纪人资质认证的监管力度还不够，对体育经纪行业缺乏准入和引导。另外，一些运动项目（如足球）业余比赛教练员、裁判员的市场需求较大，而市场供给明显不足，制约了体育培训和健身休闲市场的发展。

五是场馆资源利用方面，在城区土地和场馆资源紧张的情况下，现有体育场地设施的利用和闲置场地资源的开发力度还有待进一步完善，特别是针对场馆资源的所有权与经营权分离问题仍需研究和解决。

（六）民间资本进入体育产业的动力明显不足

民间资本的进入是实现体育产业可持续发展的必然要求。整体而言，民间资本在上海市体育产业中的份额仍然不足，一些进入体育产业的民间资本规模相对较小，缺乏进入动力。

首先，在竞赛表演业方面，上海市体育赛事资源丰富，但是民间资本介入竞赛表演业的积极性不高。上海国际体育赛事运营仍是国有资本背景的企业占据主导，民间资本力量相对较弱，目前，上海初步建立了体育竞赛“3 + X”的办赛新模式，形成久事国际赛事管理有限公司、东亚集团与东浩兰生赛事管理有限公司三足鼎立的局面，几乎涵盖了上海市所有大型体育赛事。究其原因，一是体育赛事外部效应没有得到充分利用，赛事收入渠道单一，盈利能力不强，投资回报率不高。二是非市场化因素干预过多，民间资本进入竞赛表演业的门槛较高。

其次，在中介培训业方面，尽管已经有不少的民间资本介入中介培训活动，但进入过程依然面临诸多瓶颈，突出表现为体育资源市场化配置程度不高、民间资本的发展空间受到限制。优秀运动员、教练员以及体育场馆等资源束缚在既有的体制机制内，导致民间资本在获得体育资源时往往要付出较大的成本。

三　上海体育产业发展对策

体育产业是社会发展和人类文明进步达到较高水平的重要标志，是综合实力和社会文明程度的重要体现。鉴于上海市体育产业发展现状，上海市需要在实施转方式、调结构的战略过程中从以下几个方面予以着力。

（一）进一步提升体育产业在上海市国民经济中的战略性地位，从居民需求的激发与释放入手，促进体育产业的可持续发展

当前，上海经济仍处于创新转型关键期，经济运行仍面临不少困难和挑战，实现创新驱动发展和经济转型升级成为摆在政府面前的主要任务。体育产业是朝阳产业和绿色产业，具有消费需

求潜力大、关联度高、资源消耗低、辐射范围广和吸纳就业能力强等特征，在扩内需、稳增长、惠民生、保就业、调结构等方面具有重要的功能和作用。因此，在上海促进新技术、新模式、新业态、新产业“四新”经济发展的进程中，要进一步提升和明确体育产业在上海市国民经济发展中的战略性地位，将体育产业作为上海市重点发展的生活服务业，力争实现经济效益和社会效益的双赢。

近年来，上海市国民经济运行稳中有进，人民生活水平逐步提高，居民消费水平进一步提升，消费结构进一步优化，内需增速显著高于外需，消费增速明显高于投资，经济增长由内需尤其是消费拉动的特征进一步凸显。统计数据显示，2014 年，上海城市和农村居民家庭人均可支配收入分别为 47710 元和 21192 元，分别比上年增长 8.8% 和 10.3%，城市人均消费支出 30520 元，比上年增长 8.4%，在全国处于领先地位。与此同时，2014 年，上海成功举办了 57 次国际比赛和 76 次国家级比赛，市民体育大联赛共举办 10 个大项赛事 2669 场，参赛市民达 128.07 万人次，城市体育氛围良好，群众参与热情高涨。

可以预见，上海市体育产业增长空间巨大，与国外发达城市相比，除了提升体育产业的战略性地位外，还要从居民体育消费需求的激发与释放入手，逐步提升体育市场活力。据统计，目前，欧美人均年体育消费水平在 300～500 美元，而我国却不足 100 元人民币。为有效激发市民的体育健身需求，我们给出以下建议。

一是上海市政府应将发展体育产业、促进体育消费纳入国民经济和社会发展整体规划，切实转变对体育产业的认识，提高各区县对发展体育产业的重视程度。

二是利用上海市顶级赛事和大量群众参与性赛事的举办，创新宣传手段和方式，积极倡导“体育、运动、健康”的生活理念，有针对性地激发广大市民的体育运动热情。

三是从青少年群体入手，通过学校体育教学理念、内容和方式的创新，着力培养青少年的运动兴趣和体育技能，使体育成为青少年终身的生活方式，培养青少年的体育消费习惯。

四是研究制定鼓励群众体育消费的各项优惠政策，提高群众的体育消费意愿和消费能力，研究设计包括体育消费补贴和统筹利用社保卡或医保卡等现有资金支付健身消费活动等补贴方式，激发群众参与体育活动的主动性和积极性。

（二）依据资源禀赋和自身条件，强化顶层设计，明确上海市体育产业发展的长远规划与战略重点

上海市发展体育产业必须根据城市自身条件和资源禀赋情况，强化顶层设计，有计划、有重点地做好体育产业的规划与布局。上海国际化程度高，具有优越的地理位置，经济发展水平、居民消费水平和城市管理水平均处于国内领先地位，但上海市土地资源有限，土地、能源和人力资源等成本相对较高，体育用品业等资源密集型业态的发展受到一定程度的限制。我们给出以下建议。

一是尽快研究制订上海市体育产业中长期发展规划，结合上海市经济社会发展规划和国务院关于发展体育产业的目标要求，进一步明确未来一段时间（5～10年）上海市体育产业发展的总体目标、主要任务、基本原则和重点领域。

二是明确以体育服务业为体育产业发展的重点，以竞赛表演业为突破口，加大对体育旅游等新兴产业的扶持力度，全面带动健身休闲、体育中介、体育培训和体育用品业的协同发展。

三是鼓励各区县因地制宜，根据区县实际和自然条件，分别制订本地区的体育产业发展规划，强调体制机制创新，鼓励先行先试，争取形成区域特色明显、具有竞争力的差异化发展格局。

（三）深化体制机制改革，正确处理政府与市场的关系，为上海市体育产业发展扫清体制机制障碍

从全国范围来看，政府与市场的关系问题始终是制约当前体育产业发展的核心问题之一。上海市各区县体育部门与体育企事业单位在本次调研中反映的各种困难与问题，也大多属于政府与市场的关系问题。长期以来，我国体育管理体制与运行机制决定了政府在体育事业和体育产业发展中的重要地位。但随着体育产业的快速发展，既有的体制机制已经严重制约了体育市场的活力，市场在资源配置中的决定性作用无法有效发挥，体育产业发展的制度环境亟待改善。因此，只有进一步明确政府和市场在体育产业发展中的定位，充分发挥行业协会的服务与监管职能，将越来越多的体育资源释放到市场中来，才能真正为体育产业提供适宜的发展土壤和环境。我们给出以下建议。

一是进一步明晰政府职能部门在体育产业发展中的地位与作用，将职能部门的工作重心转向体育市场无法完成的公共事务中来，如编制产业发展整体规划、体育产业法律法规、体育产业行业标准，依法依规加强行业监管，引导体育产业走上法制化的发展轨道。

二是依照国家体育总局关于体育赛事审批制度改革的意见精神，着手梳理和研究包括赛事审批、体育组织审批和体育场地设施审批等所有行政审批事项的改革工作，清理或取消不必要的审批事项，简化和公开审批流程和标准。

三是充分尊重职业体育的发展规律，以体育协会改革为抓手，在后备人才培养、运动员与教练员的合理流动、运动员经纪制度改革等方面，为社会资本进入职业体育创造有利环境，探索建立“至下而上”的职业体育发展路径。

（四）以竞赛表演业为突破口，充分发挥赛事活动的外部效应，推动产业互动与融合发展

竞赛表演业是最具体育本质特征的核心业态，也是外部效应较强的行业类别。近年来，上海举办赛事的格局在全国处于领先地位，竞赛表演业在上海市体育产业发展中的引领作用已经初步显现，但在如何有效发挥赛事活动的外部效应、推动产业融合发展方面仍有较大的改善空间。我们给出以下建议。

一是继续将举办顶级赛事作为建设世界城市的重要战略举措。从发达国家的经验来看，顶级赛事本身就是世界城市的主要标志之一，也是城市重要的旅游资源和吸引物，特别是对于上海这种缺乏旅游自然资源禀赋的城市而言，要通过政府的引导实现赛事与旅游资源的整合。

二是将赛事打造成为政府公关的重要平台。作为重要的节庆活动，顶级赛事往往是会聚社会精英、广交各方朋友、提升城市影响力的天然舞台，应借鉴国际其他顶级赛事经验，政府主动参与、积极推动，在市场、推广、整合、共享等环节上打组合拳，逐步形成集约与规模效应，将赛事打造成城市的重要节庆活动。

三是借助赛事推广和重塑国内本土品牌。F1 大奖赛和 ATP1000 大师赛均蕴含着巨大的品牌传播价值，是稀缺的品牌推广载体，对品牌的国际化具有重要的战略意义。政府要积极倡导国内本土品牌尽快转变观念，牢牢把握顶级赛事在上海举办的契机，提高本土品牌的参与度。

四是注重赛事管理模式的输出。在现有数据积累和分析的基础上，梳理和构建适合我国国情的赛事管理模式和产品，逐步输出先进的赛事营销、运作和管理经验，走向全国，服务全国，力争将上海的赛事管理打造成为全国赛事运作管理的第一品牌。

五是研究制定专门的赛事扶持政策，进一步降低办赛成本，提升赛事的社会效益。由于赛事产品自身的正外部性特征，赛事运营能够有效带动城市旅游、住宿、餐饮等其他行业发展，但赛事运作企业却难以得到相应补偿，从而容易形成“一家亏、多家赢”的局面。因此，要研究建立对顶级赛事提供外部性（公益性）服务的评价制度，探索建立政府购买赛事公益性服务的政策措施，激励赛事活动更好地发挥社会效益。

（五）制定专项扶持政策和配套措施，积极推动体育场馆、健身休闲、体育中介和体育用品等行业健康发展

当前，就上海市体育产业发展实际而言，体育产业专项扶持政策与配套措施仍显滞后，特别是产业引导和扶持、公共体育场馆补贴、税费优惠、人才引进与培养、产业投融资等方面，还有待进一步完善。我们给出以下建议。

一是产业引导与扶持方面，可以借鉴北京、江苏等省市的经验，尝试通过各种渠道建立上海市体育产业引导与扶持基金，重点用于扶持具有广泛参与度的群众性健身休闲活动、处于成长期的体育用品企业以及各类体育产业集聚区等，吸引民间资本进入体育产业。

二是公共体育场馆补贴方面，要树立“公益场馆开放、政府购买服务”的理念，探索建立公共体育场馆公益活动开展的补贴机制，特别是对非全额拨款的体育场馆，要研究制定场馆水、电、气、煤等能源价格的标准，进一步降低场馆运营成本。

三是税费优惠政策方面，对公共体育场馆运营所涉及的税费以及部分企业所反映的运动项目（如高尔夫）营业税过高等问题，应着手研究并解决。

四是场馆资源利用方面，在城区土地和场馆资源紧张的情况下，加大对现有体育场地设施的充分利用，鼓励对闲置场地资源的改造，

特别是要进一步研究体育场馆设施所有权与经营权的改革问题，激活体育场馆的市场活力。

五是人才引进与培养方面，要建立健全上海市体育经纪人协会制度，充分发挥协会功能，进一步完善体育经纪人资质认证制度并加大监管力度，规范体育经纪行业的准入，研究制定高端体育经纪人的引进政策。另外，要加大对群众参与度高的运动项目（如足球、篮球、羽毛球等）相关教练员、裁判员等人才培养的扶持力度。

总之，随着2014年国务院《关于加快发展体育产业促进体育消费的若干意见》的出台，体育产业在国民经济发展中的地位越来越突出，体育产业也迎来了前所未有的发展机遇和挑战。作为全国改革开放的前沿阵地和经济发展的先行者，上海市各级政府理应审时度势，充分借鉴国内外体育产业的成熟政策经验和先进做法，通过研究制定适合本地区体育产业发展实际的政策措施，进一步优化体育产业发展模式，不断提升体育产业对上海经济社会发展的贡献。

行 业 篇

Industry Reports

BLUE BOOK

B.2

上海体育服务业发展现状与展望

骆 雷*

摘 要：上海体育服务业的总体规模不断增加，体育场馆管理活动以及体育培训业在体育服务业中所占的比重较大，体育健身休闲活动与体育彩票活动增长速度最快，每个分领域的劳动生产率均有不同程度的提高；然而，体育服务业规模小、对体育产业的贡献率较低、内部结构不平衡、引领作用尚未有效发挥、市场化水平有待提高。从上海城市转型、居民消费结构升级、全球一体化三个方面对未来上海体育服务业发展形势进行了展望，并从提升体育服务业的战略性地

* 骆雷，讲师，博士，研究方向为体育服务业。

位、强化顶层设计、正确处理政府与市场的关系、充分发挥赛事活动的外部效应、制定专项扶持政策等五个方面对发展上海体育服务业提出了相关政策建议。

关键词： 上海 体育服务业 体育服务业结构 贡献率

体育服务业是体育产业的核心业态，它以提供体育服务产品和劳务为主，其产品具有非实物性、不可储存性和生产与消费的同时性等特征，是最具体育特征的产业门类。当前，体育服务业主要包括竞赛表演、健身休闲、体育中介和体育场馆服务等业态，其发展程度如何是判别体育产业是否成熟的重要标志之一。与此同时，体育服务业又是多属性、多功能、关联性强的产业门类，它与文化、旅游、建筑等国民经济相关产业联系紧密，可以有效带动相关产业的发展。

一 上海体育服务业发展现状

根据2008年国家统计局和国家体育总局联合颁布的《体育及相关产业分类（试行）》，体育服务业包括体育组织管理活动、体育场馆管理活动、体育健身休闲活动、体育中介活动以及其他体育活动五个类别。我们以2010年、2011年上海市体育及相关产业统计公报为依据，从总体规模、发展结构、增长速度和劳动生产率等方面描述和分析上海体育服务业发展现状。

（一）体育服务业的总体规模

2010年、2011年上海市体育及相关产业统计公报显示，2010年，上海市体育服务业实现增加值45.95亿元，增加值占当年体育及相关产业总增加值的比重为45.86%；体育服务业从业人数为4.22万人，占当年体育产业从业总人数的比重为31.59%。2011年，上海市体育服务业实现增加值52.94亿元，增加值占当年体育及相关产业总增加值的比重为47.09%；体育服务业从业人数为4.64万人，占当年体育产业从业总人数的比重为33.75%（见表1）。

表1　上海市体育服务业总体规模一览

单位：亿元，万人

类　别	2010年		2011年	
	增加值	从业人员	增加值	从业人员
体育组织管理活动	9.62	0.76	10.40	0.79
体育场馆管理活动	11.68	0.34	13.62	0.38
体育健身休闲活动	9.69	1.52	11.95	1.71
体育中介活动	3.94	0.36	4.38	0.38
体育培训服务	10.04	0.98	11.37	1.10
体育彩票服务	0.98	0.26	1.22	0.28
总　计	45.95	4.22	52.94	4.64

（二）体育服务业的结构

如图1所示，2010年，在上海市体育服务业总增加值中，体育场馆管理活动和体育培训服务所占比例排名前两位，分别为25%和22%；体育组织管理活动和体育健身休闲活动并列第三位，占体育服务业增加值的比例均为21%；体育中介活动和体育彩票服务所占体育服务业的比重较小，分别为9%和2%。

如图2所示，2011年，上海市体育服务业增加值构成与2010年相比有所变化，排名前两位的分别是体育场馆管理活动和体育健身休闲活动，分别为26%和23%；排名第三、第四的为体育培训服务和

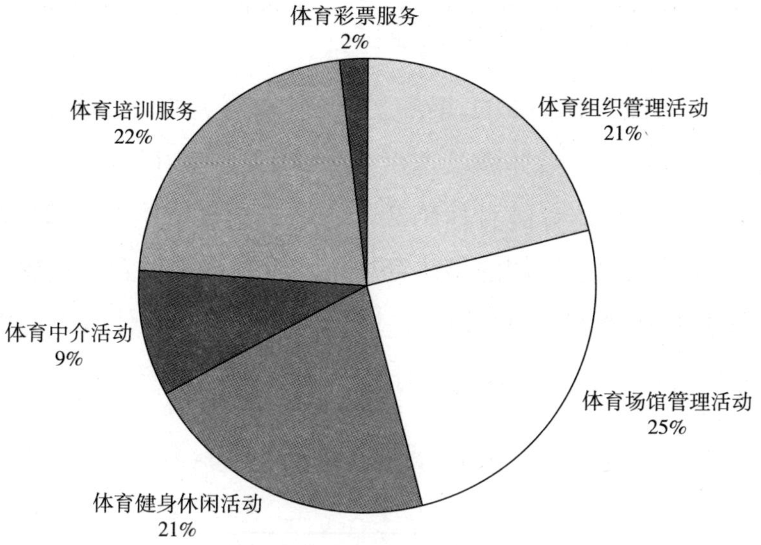

图 1　2010 年上海市体育服务业增加值构成

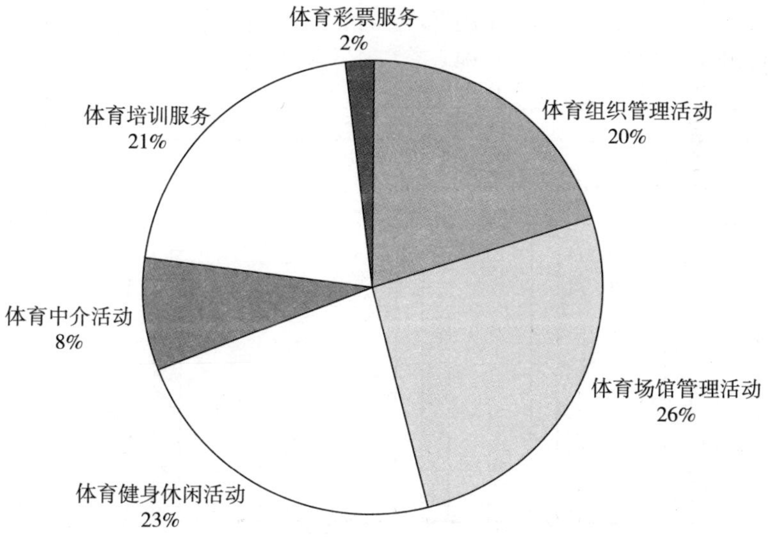

图 2　2011 年上海市体育服务业增加值构成

体育组织管理活动，占体育服务业的比重为 21% 和 20%；排名靠后的依然是体育中介活动和体育彩票服务，分别为 8% 和 2%。

（三）体育服务业的增长速度

如表2、图3所示，2011年，上海市体育服务业增加值达52.94亿元，与2010年相比，总体增长速度为15.21%。其中增长速度较快的是体育彩票服务与体育健身休闲活动，增长速度分别达到24.48%和23.32%；排名第三、第四的是体育场馆管理活动和体育培训服务，增长速度分别为16.60%和13.24%；增长速度较慢的是体育中介活动和体育组织管理活动，增长速度分别为11.16%和8.10%。

表2　上海市体育服务业发展速度一览

单位：亿元，%

项目	2010年增加值	2011年增加值	增长速度
体育组织管理活动	9.62	10.40	8.10
体育场馆管理活动	11.68	13.62	16.60
体育健身休闲活动	9.69	11.95	23.32
体育中介活动	3.94	4.38	11.16
体育培训服务	10.04	11.37	13.24
体育彩票服务	0.98	1.22	24.48
总　计	45.95	52.94	15.21

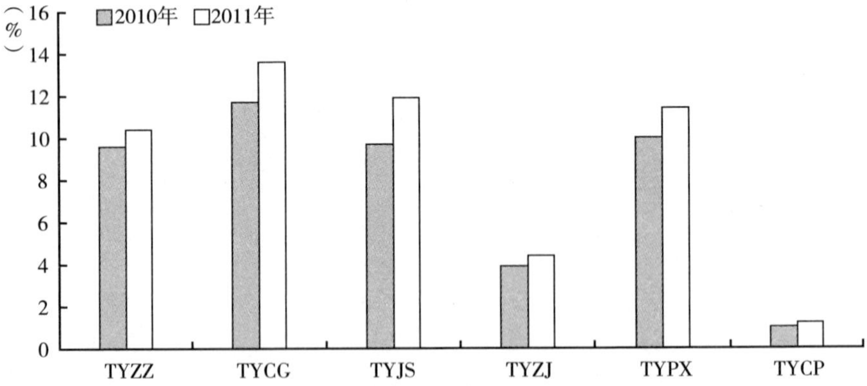

图3　2010年、2011年上海市体育服务业不同类别增长柱状

注：TYZZ表示体育组织管理活动；TYCG表示体育场馆管理活动；TYJS表示体育健身休闲活动；TYZJ表示体育中介活动；TYPX表示体育培训服务；TYCP表示体育彩票服务。

（四）体育服务业的劳动生产率

如表3所示，2010年，上海市体育服务业的劳动生产率为10.89万元/人，其中，体育场馆管理活动劳动生产率最高，为34.35万元/人；其次为体育组织管理活动，其劳动生产率为12.66万元/人；体育中介活动排名第三，为10.94万元/人；排名最后的是体育彩票服务，其劳动生产率为3.77万元/人。与2010年相比，2011年，上海市体育服务业的劳动生产率有明显提高，达到11.41万元/人，每个分领域的劳动生产率均有不同程度的提高。

表3　上海市体育服务业劳动生产率一览

类别	2010年			2011年		
	增加值（亿元）	从业人员（万人）	劳动生产率（万元/人）	增加值（亿元）	从业人员（万人）	劳动生产率（万元/人）
体育服务业	45.95	4.22	10.89	52.94	4.64	11.41
体育组织管理活动	9.62	0.76	12.66	10.40	0.79	13.16
体育场馆管理活动	11.68	0.34	34.35	13.62	0.38	35.84
体育健身休闲活动	9.69	1.52	6.38	11.95	1.71	6.99
体育中介活动	3.94	0.36	10.94	4.38	0.38	11.53
体育培训服务	10.04	0.98	10.24	11.37	1.10	10.34
体育彩票服务	0.98	0.26	3.77	1.22	0.28	4.36

二　上海体育服务业存在的问题

（一）整体规模还有待进一步提升

按照体育产业发展的一般规律，作为体育产业的核心业态，体育服务业的比重高低是衡量体育产业发展成熟度的重要标志。从发达国家体育产业的发展历程来看，体育产业越发达，体育服务业占比就越高。当前，包括欧洲、北美洲等多数发达地区的体育服务业规模都比体育用品业的规模要大。从当前上海市体育产业的结构特点来看，体育服务业所占份额虽逐年上升，但体育制造业仍占据绝大部分。有研究显示，如果某个国家体育服务业占体育产业比重能够达到60%～70%，那么就可以认为该国的体育产业结构基本合理。从表4来看，2011年，上海市体育服务业增加值所占比重仅为47.09%，虽高于全国平均水平，但核心业态发展水平滞后于外围业态的局面仍未改变。

表4　2011年上海市体育产业核心指标数据一览

单位：亿元，万人

类　别	总产出	增加值	从业人员
体育服务业	100.57	52.94	4.64
体育用品业	182.94	57.74	8.97
体育建筑业	7.00	1.74	0.14
总　计	290.51	112.42	13.75

（二）体育服务业内部结构不平衡

表5显示，2011年，上海市体育服务业总产出为100.57亿元。其中，体育健身休闲活动的占比最大，其总产出为24.06亿元，占体育服务业总产出的百分比为23.92%；其次是体育培训服务，其总产出为24.00亿元，占比为23.86%。然而，体育组织管理活动和体育中介活动的占比较低，分别为15.67%和13.50%。特别是就体育中介活动而言，由于竞赛表演业等核心业态的发展离不开体育中介活动的发达，因而体育中介活动与体育组织管理活动的活跃与否在某种程

度上决定了体育产业的发展水平，这也反映了当前上海市体育服务业内部结构并不平衡，还有待进一步调整和优化。

表 5　2011 年上海市体育服务业总产出构成

单位：亿元，%

类别	总产出	占比
体育服务业	100.57	100
体育组织管理活动	15.76	15.67
体育场馆管理活动	21.75	21.63
体育健身休闲活动	24.06	23.92
体育中介活动	13.58	13.50
体育培训服务	24.00	23.86
体育彩票服务	1.42	1.41

（三）体育服务业对体育产业的引领作用亟待提升

一般而言，体育服务业具有较好的产业延伸功能，随着体育服务业与国民经济其他行业的融合不断加深，其对国民经济的辐射能力和影响力明显提升。例如，以大型体育赛事为主体的竞赛表演业，能够有力地带动会展、观光、住宿、餐饮、传媒等国民经济相关行业的发展；以全民健身为主体的健身休闲业，则与文化、旅游、健康、养老等新兴行业的融合日益加深。因此，“跳出体育发展体育”已经成为体育服务业发展的重要战略思路。而从上海市体育服务业的发展现状来看，竞赛表演业与健身休闲业等主体产业的发展理念和方式均未实现与相关产业的互动与融合，体育服务业的潜力有待挖掘。

（四）体育服务业企业的专业化与市场化水平有待提高

近年来，随着 F1 中国大奖赛、上海网球大师赛等一批国际顶级赛事的举办以及一批国际体育中介企业和健身休闲企业等的进驻，上海体育服务业的专业化与市场化水平得到稳步提高。但是，由于当前我国体育管理体制尚未完全理顺，政府办体育的格局未被打破，政事不分、政企不分的问题仍较为普遍，体育资源的配置方式仍以政府配置为主，市场机制的作用尚未得到充分发挥，许多体育资源，如运动员、体育场馆以及赛事资源等还控制在体育部门手中，民间资本进入体育服务业还存在很多瓶颈和壁垒，进而造成体育服务业企业的市场化与专业化水平较低，无法适应当前上海市体育服务业发展的趋势。

三 上海体育服务业发展形势展望

从当前形势来看，作为国际化大都市的上海一直是全国改革开放的排头兵与引领者。虽然世界经济发展面临诸多不确定因素，中国经济发展还面临着较大的下行压力，但从城市转型发展、居民消费升级以及全球经济一体化等方面来看，上海体育服务业发展的总体环境良好，可以预见未来上海体育服务业具有广阔的发展空间。

（一）创新驱动和经济转型是体育服务业发展的重要契机

当前，上海经济仍处于创新转型关键期，经济运行仍面临不少困难和挑战，实现创新驱动发展和经济转型升级成为摆在政府面前的主要任务。作为现代服务业的重要组成部分，体育服务业在全球范围内均有较大的发展空间，具有消费需求潜力大、关联度高、资源消耗低、辐射范围广和吸纳就业能力强等特征，在扩内需、稳增长、惠民生、保就业、调结构等方面具有重要的功能和作用。因此，在上海促进新技术、新模式、新业态、新产业“四新”经济发展的进程中，要进一步提升和明确体育服务业在上海市国民经济发展中的战略性地位，将体育服务业作为上海市重点发展的生活服务业，力争实现经济效益和社会效益的双赢。

（二）上海居民消费结构升级为体育服务业发展奠定坚实基础

按照中央和上海市的战略部署，2020 年，上海要率先实现现代化。《2013 年上海市国民经济和社会发展统计公报》显示，2013 年，上海市全年实现生产总值（GDP）21602.12 亿元。按常住人口计算的上海市人均生产总值为 9.01 万元。据抽样调查，全年城市居民家庭人均可支配收入 43851 元；农村居民家庭人均可支配收入 19208 元。城市居民家庭人均消费支出 28155 元，增长 7.2%；农村居民家庭人均生活消费支出 13425 元，增长 11%。发达国家的历史经验表明，随着人们收入的不断增加，反映城乡居民消费需求变化的恩格尔系数将进一步下降，人们对“体育、运动、健康”的追求将越来越强烈，由此引发的体育消费意识和消费行为也将随之不断增强。

（三）经济一体化步伐加快为体育服务业发展带来重要机遇

全球经济一体化是经济全球化发展的高级阶段，是世界经济发展的历史潮流与必然趋势。它要求世界各国和地区间的贸易壁垒逐步取消，实现生产要素在全球范围内的流动与配置。作为中国改革开放的先行者，上海必然要在全球经济一体化的进程中扮演重要角色，这也必将为上海市体育服务业的发展带来深远的影响。一方面，随着经济全球化步伐的加快，境外资本看到上海市广阔的体育消费市场，将会为上海带来更多的国际资本。另一方面，上海作为国际化大都市，其居民构成与生活方式基本与国际接轨，自然成为孕育体育服务业发展的有利土壤。

四　上海体育服务业发展对策

（一）明确将体育服务业作为上海市重点发展的生活性服务业

发展生活性服务业，对上海建设“四个中心”和社会主义现代化国际大都市具有重要意义。为不断满足人民群众日益增长的多元化、多层次生活服务需求，要将体育服务业纳入上海市重点发展的生活性服务业领域，与家庭服务业、文化服务业、养老服务业等重点生活性服务业领域一起，共同构筑起完善的上海市生活性服务业发展体系。为此，要积极促进“体育生活化”，鼓励体育场馆、健身会所、体育组织等面向社会提供便民服务，推行“30分钟体育生活圈”；建设综合性体育服务互动平台，鼓励体育赛事、体育中介等行业联动新业态；推进体育、养生、医疗、保健、康复等行业融合新模式；推进开展航空运动、汽车运动、冰雪运动、马术运动、极限运动及网球、游艇、露营等新兴时尚体育项目；推进适应中低收入群体需求的体育服务，合理引导高收入群体体育消费。

（二）不断打破行业壁垒，推进民间体育组织的孕育和发展

体育服务业的长远发展离不开民间体育组织的发展壮大。作为全国改革开放的前沿阵地，上海市具有良好的体育服务业发展基础，为民间体育组织的培育创造了条件。为推动民间体育组织的孕育，要着手制订上海市体育社会组织改革方案和中长期发展规划，逐步构建覆盖不同行业或人群的体育社会组织网络体系。要大力推进体育社团、体育民办非企业单位、体育基金会、自发性群众体育组织等体育社会组织发展。理顺政府、社会、市场三者的角色定位，在政府各部门、

各行业之间建立相应的协调机制，打破行业壁垒，研究并修订出台上海市体育类社会组织登记标准和具体办法，降低体育社会组织登记门槛，设计和制定各种优惠政策，支持民间体育社会组织发展。

（三）积极推动体育服务业与相关产业的融合发展

一是凸显健身休闲业和竞赛表演业的带动作用，注重体育服务业内部各业态之间的互动发展。上海市国际顶级赛事举办频繁，大型赛事的举办与健身休闲业、中介服务业、体育彩票业等业态均有较强的互动关系，竞赛表演业的繁荣不仅能够有效带动体育中介业的培育与发展，而且对消费者健身意识的提升具有重要推动作用。

二是注重上海市体育场馆运营模式的创新，通过盘活体育场馆，促进体育服务业与相关业态的融合。鼓励和支持大型体育场馆以培育体育竞赛市场、健身休闲市场、体育培训市场和体育旅游市场为目标，结合全民健身运动，形成稳定的健身消费群体，使体育场馆成为集训练、竞赛、休闲、培训为一体的体育文化中心。以体育场馆协会为抓手，打造体育场馆联合经营、联动发展的平台，加强与新闻、教育、旅游、文化、经贸等部门的合作，形成大开发、大经营的融合发展格局。

（四）注重落实有利于体育服务业发展的各类税费政策

根据国家关于税费政策的有关规定以及上海市体育服务业发展现状和特点，税收优惠一般不再采取直接减免税收的优惠方式，而是较多地利用加速折旧、投资抵免、专项抵扣以及税前扣除等相对间接的方式，侧重强化体育服务业自身的造血功能。对现有税费不合理的部分，可采取“先征后返”的办法，如上海网球大师杯赛“球员奖金”税费的先征后返。另外，可考虑将体育服务业及其支撑技术纳入国家重点支持的高新技术领域，落实符合条件的体育企业创意和设计费用税前加计扣除政策，落实企业从事文化体育产业按3%的税率计征营业税。对公共体育场馆运营所涉及的有关房产税和城镇土地使用税以及部分企业反映的运动项目营业税过高等问题，应着手研究并解决。与此同时，体育服务业税收政策需注重政策内容的完整性与系统性，按照“税收法定”原则，提升体育服务业税收政策的立法层次。

（五）加大对体育服务业的金融扶持和土地保障力度

在金融扶持方面，要探索建立体育中小企业融资统贷平台，鼓励商业银行支持体育企业融资，营造良好的融资环境。鼓励、支持体育服务企业上市，支持企业独立发行或集合发行企业债券以及短期融资券、中期票据等债务融资工具。鼓励和引导各类体育产业投资基金落户上海，创造有利于体育服务业多元化投资和退出的环境。在土地保障方面，市、区（县）两级在编制土地利用总体规划、主体功能区规划时，应预留土地空间，保障体育设施用地。新建居住区和社区要按相关标准规范配套群众健身相关设施，按室内人均建筑面积不低于0.1平方米或室外人均用地不低于0.3平方米执行，并与住宅区主体工程同步设计、同步施工、同步投入使用。凡老城区与已建成居住区无群众健身设施的或现有设施没有达到规划建设指标要求的，要通过现有资源改造等多种方式予以完善。

B.3

上海体育用品业发展现状与展望

朱洪军*

摘　要：上海体育用品业总产出不断增加，体育服装制造业增长速度较快，劳动生产率逐步提高；然而体育用品业发展存在着整体规模偏小、内部结构不合理、各区县差距较大等五个方面的问题；上海市体育用品业正处在发展空间竞争激烈但潜力巨大、制造业资源环境紧张、人才环境优越等六个方面的发展环境中；为更好地发展上海体育用品业，从实现上海体育用品战略转型、发展上海体育用品总部经济、合理布局体育用品制造业等五个方面提出了发展上海体育用品业的建议。

关键词：上海　体育用品业　内部结构　发展环境

体育用品业是体育产业的一个重要组成部分，包括体育用品制造业和体育用品销售业，能为体育健身娱乐业、体育竞赛表演业、体育培训业和体育中介业等体育服务行业的发展提供物质支持和经济保障。城市人口是体育消费人口的主要组成部分，上海目前城市化水平已达88.7%，为体育用品消费提供了庞大的人口基础。2013年，上海人均GDP达13524美元，生活质量持续改善，消费结构进一步升

* 朱洪军，副教授，博士，研究方向为体育用品业。

级，生存型消费减少，发展型与享受型消费增加。体育用品消费作为发展型、享受型消费，体育用品消费需求潜力巨大。根据上海市体育局公布的《上海市全民健身实施计划》，到2020年，上海市将有40%的人口积极参加各类体育活动，未来上海体育用品业必将保持高速发展。

一　上海体育用品业的现状分析

（一）体育用品业的总体概况

体育用品业包括体育用品、服装鞋帽制造业（简称“体育用品制造业”）以及体育用品、服装鞋帽销售业（简称“体育用品销售业”）。上海体育用品业是上海体育及相关产业的重要组成部分。从总产出看，2011年，上海体育用品业总产出比2010年增加了10.88亿元，由2010年的172.06亿元上涨至182.94亿元。从增加值看，2011年，上海市体育用品业实现增加值57.74亿元，占上海市体育及相关产业增加值的51.36%，比体育服务业高出4.27个百分点，表明体育用品业依然是拉升上海市体育产业的主导力量（见表1）。

表1　2010～2011年上海市体育用品业总产出和增加值

单位：亿元

类别	2010年		2011年	
	总产出	增加值	总产出	增加值
体育用品业	172.06	53.41	182.94	57.74
体育用品制造业	136.96	34.96	143.12	36.01
体育用品销售业	35.10	18.45	39.82	21.73

从总体规模比较来看，2011年，全国体育用品总产出为6115.74亿元，增加值为2011.92亿元，上海体育用品业总产出和增加值分别

占全国体育用品业的 2.99% 和 2.87%，这表明上海体育用品业总体规模较小，占全国体育用品业总体比例偏低。从产业结构看，2011 年，全国体育用品业增加值占全国体育及相关产业增加值的比重为 74.82%，而上海体育用品业增加值占本地区体育及相关产业增加值的比重为 51.36%，所占比重远低于全国水平，这表明上海体育产业结构较好（见表 2）。

表 2　2011 年上海市与全国体育用品业总产出与增加值

单位：亿元

类别	上海		全国	
	总产出	增加值	总产出	增加值
体育用品业	182.94	57.74	6115.74	2011.92
体育用品制造业	143.12	36.01	5627.43	1673.03
体育用品销售业	39.82	21.73	488.31	338.89
体育及相关产业	290.51	112.42	7448.32	2689.06

从与全国部分省市体育用品业增加值比较来看，2011 年，福建为 630.25 亿元，湖北为 65.17 亿元，上海既低于体育用品业发达的福建，同时也低于处于中部的湖北，但明显高于四川、河南和重庆等省市（见表 3）。与北京相比，2010 年，北京体育用品增加值为 53.4 亿元。上海市体育用品业增加值与北京市相差不大，但从体育用品业增加值占本地区体育及相关产业增加值的比重来看，上海是 51.36%，高于北京的 47.42%。

表 3　2011 年上海市与部分省市体育用品业增加值

单位：亿元

类别	上海	福建	湖北	四川	河南	重庆
体育用品业	57.74	630.25	65.17	10.70	10.47	5.65
体育用品制造业	36.01	599.19	40.11	1.47	8.35	3.62
体育用品销售业	21.73	31.06	25.06	9.23	2.12	2.03

（二）体育用品业内部结构分析

上海市体育用品制造业2010～2011年总体上实现了稳步增长。2011年末，上海市体育用品制造业增加值达到36.01亿元，占体育及相关产业增加值的32.03%，比2010年增长了3.0%。其中，体育用品制造增加值由2010年的10.45亿元，降低到2011年的10.08亿元，增长-3.54%，2011年，体育服装制造增加值明显高于2010年，达到22.30亿元，体育鞋帽制造与2010年持平。在体育用品业三大领域中，体育服装制造的增长幅度处于第一位，明显高于体育用品制造和体育鞋帽制造的增长幅度（见表4）。

表4　2010年、2011年上海体育用品制造业增加值

单位：亿元，%

类　别	2010年增加值	2011年增加值	增长
体育用品制造业	10.45	10.08	-3.54
体育服装制造业	20.89	22.30	6.75
体育鞋帽制造业	3.62	3.63	0.28
合　计	34.96	36.01	3.0

2010～2011年，上海体育用品销售业实现了快速增长。2011年末，上海市体育用品销售业增加值达到21.73亿元，占体育及相关产业增加值总数的19.33%，比2010年增长了3.28亿元，增长17.8%。其中，体育鞋帽销售和体育服装销售增长较快，分别为22.87%和22.49%。体育用品销售增长较为缓慢，仅由2010年的6.92亿元增长至2011年的7.60亿元，增长9.83%（见表5）。

表 5　2010 年、2011 年上海体育用品销售增加值

单位：亿元，%

类　别	2010 年 增加值	2011 年 增加值	增长
体育用品销售业	6.92	7.60	9.83
体育服装销售业	9.65	11.82	22.49
体育鞋帽销售业	1.88	2.31	22.87
合　计	18.45	21.73	17.8

（三）体育用品业从业人员规模与劳动生产率

2010～2011 年，体育用品业吸纳的就业人数略有下滑，但劳动生产率逐步提升。2011 年，体育用品业吸纳就业人数 8.97 万人，比 2010 年减少了 0.10 万人，但劳动生产率由 2010 年的 5.89 万元/人上升至 6.44 万元/人，所吸纳的就业人数依然位于上海市体育及相关产业之最，占 65.24%。其中，体育用品制造业吸纳就业人数出现了较大幅度的下滑，由 2010 年的 4.79 万人下滑至 2011 年的 3.85 万人，生产率却由 2010 年的 7.30 万元/人上升至 9.35 万元/人。而体育用品销售业吸纳就业人数小幅上涨，由 2010 年的 4.28 万人上涨至 2011 年的 5.12 万人，但劳动生产率仅下滑了 0.07 万元/人（见表 6）。

表 6　2010 年、2011 年上海市体育用品业从业人员规模与劳动生产率

单位：万人，万元/人

类别	从业人员		劳动生产率	
	2010 年	2011 年	2010 年	2011 年
体育用品业	9.07	8.97	5.89	6.44
体育用品制造业	4.79	3.85	7.30	9.35
体育用品销售业	4.28	5.12	4.31	4.24

二　上海体育用品业发展存在的问题

（一）体育用品业整体规模偏小

近几年，上海市体育用品业得到了快速发展。2011年，上海市体育用品、服装鞋帽制造生产企业已达约214家，加上上游零部件配套供应商和下游产品经销商及体育用品服装鞋帽销售商家，上海市体育用品企业共约680家。尽管上海市体育用品企业数量庞大，但单个企业规模普遍偏小。从总体规模上看，2010年，上海市体育用品、服装鞋帽制造业总产出为146.95亿元，仅占上海市制造业的0.98%，2011年，上海市体育用品、服装鞋帽制造业总产出也仅达143.12亿元，比上年下降了2.6个百分点。从行业利润角度来说，上海市体育用品业总体的利润率较低，平均利润率仅为19.36%，比美国低5.77个百分点（美国为25.13%），比世界平均水平低5.2个百分点（世界平均水平为24.56%），相比欧美发达国家和地区的国际化都市，上海市体育用品业工业集中率低，市场总体规模偏小，行业利润率低。另外，从上海市体育用品业增加值的增长率来看，上海市体育用品业增加值2011年比2010年增长4.33亿元，增长速度较慢。

（二）体育用品业内部结构不合理

2011年，在体育用品制造业中，体育用品制造总产出占体育用品制造业总产出的38.67%，低于体育服装制造10.43个百分点，体育鞋帽制造只占12.23%，与体育服装制造、体育用品制造的总产出存在较大的差距；2011年在体育用品销售业中，体育用品销售总产出占总产出的34.83%，低于体育服装销售19.67个百分点，体育鞋帽销售仅占10.67%，同样与体育服装销售、体育用品销售的总产出差距较大。从体育用品制造业与体育用品销售业来看，2011 年，上海体育用品销售业仅为 39.82 亿元，远低于体育用品制造业，与上海发达的零售业环境和巨大的市场消费需求不符（见表 7）。由此可见，上海市体育用品市场的需求开发不足，体育用品市场有待进一步开发，体育鞋帽制造及销售市场上升空间较大，体育用品批零业亟待发展。

表 7　2010 年、2011 年上海体育用品各领域总产出比重

单位：亿元，%

类别	2010 年		2011 年	
	总产出	比重	总产出	比重
体育用品制造业总计	136.95	100	143.12	100
体育用品制造业	50.74	37.05	55.34	38.67
体育服装制造业	68.89	50.30	70.27	49.10
体育鞋帽制造业	17.32	12.65	17.51	12.23
体育用品销售业总计	35.10	100	39.82	100
体育用品销售业	12.72	36.23	13.87	34.83
体育服装销售业	18.67	53.20	21.70	54.50
体育鞋帽销售业	3.71	10.57	4.25	10.67

（三）体育用品业各区县差距较大

当前，上海体育用品业的发展存在显著的区域性差异，经济较发达区县的体育用品销售业优势明显，而周边各区县受经济、地理区域、政策等客观条件的制约，体育用品制造业相比体育用品销售业发展水平高。体育用品制造业主要集中在上海经济稍欠发达以及人口较为分散的周边区县及浦东新区。从增加值来看，在所统计的 17 个区县中，宝山区、奉贤区、金山区、杨浦区和松江区占上海市的 65% 以上；中心城区及一些边缘城区很少，长宁区只占全市体育用品、服装鞋帽制造的 7%；体育用品销售业主要集中在长宁区、浦东新区、杨浦区、松江区及嘉定等城区，各区县差距较大，规模和效率都优于其他地区，宝山区体育用品销售业增加值只占体育用品销售业的4.33%。就体育用品制造业的创造就业岗位来看，浦东新区是长宁区的近200倍，是杨浦区的40倍左右，是金山区的近10倍，是宝山区的5倍；从劳动生产率来看，浦东新区存在明显的优势，浦东新区的劳动生产率是闸北区的近40倍，是宝山区的38.9倍，是杨浦区的6.09倍。上海中心城区及周边城区均衡的格局已经打破，中心城区与周边城区差异越来越大，呈现“马太效应”。

（四）上海体育用品品牌市场竞争力弱

上海作为我国体育用品制造业的发源地和重要基地，有过辉煌的历史，孕育了“红双喜”、“回力”和上海乔山体育用品集团等国内著名体育品牌企业。然而，近年来，随着以李宁、康威为代表的广东体育用品企业和以安踏、匹克为代表的福建体育用品企业的相继发力，上海体育用品品牌在国内市场的知名度逐渐下降，根据中国排行网2010~2011年产品市场占有率、品质和安全系数等指标对中国体育用品品牌的排名，上海红双喜仅位列第9，上海缺少具有国际影响力的强势品牌，产品的附加值低。从经营管理角度看，上海大多数体育用品企业缺乏品牌培育意识，现代企业管理意识淡薄，绝大多数企业尚未制订品牌全球发展战略规划，对品牌的理解还停留在“知晓度”层面，而远未达到“影响消费者的价值观念”。随着上海对外开放程度的不断加深，各类体育休闲品牌如以个人防护安全用品的德国伟斯文特（UVEX）、全球板类运动第一品牌Quiksilver和日本运动品牌爱蓬（Alpen）相继登陆上海市场，面对纷至沓来的国外体育品牌，上海体育品牌无论在理念、经营模式还是规模上都存在巨大差距，在品牌化以及品牌全球化的营销趋势下，上海市本土体育用品业的差距将被进一步放大。

（五）上海体育用品有效供给不足

体育用品业面对的消费者范围广泛，消费需求呈现多元化、多样化、多层次化。据最新统计，2013 年，上海常住人口已达 2380.43 万人，拥有庞大的人口消费市场。随着上海居民收入水平和消费水平的迅速提高，越来越多的人已经开始不满足消极的、大众化的娱乐活动，而希望从事更加健康、更有品位的体育休闲活动。然而，上海体育用品业的增长速度并没有像人们期待的那样呈现快速跃升的态势，其中一个很重要的原因就是体育用品的有效供给不足。尽管从性别、年龄、受教育程度和收入等角度划分，上海都可以形成无数个细分市场，但在体育用品市场上，新产品、新项目、新服务太少，体育相关企业的经营内容趋同，管理方式粗放，体育消费者除了跑步、打乒乓球、打羽毛球、跳健美操、做瑜伽外，能选择的体育消费项目十分有限①，众多国际、国内知名品牌争夺当前上海所开展的有限的体育项目市场，相对于上海市居民的购买力而言，体育用品结构单一、种类太少，难以满足上海市庞大的消费人群多样化、多层次的消费需求，巨大的市场空间未能被有效地打开。

三　上海体育用品业发展环境分析

“十二五”是上海转型发展、攻坚突破的关键时期，当前，上海正积极探索创新驱动转型发展之路。上海体育用品业的发展离不开上海市经济、社会整体发展环境。因此，体育用品业的发展必将结合转型时期上海的资源、人才等环境因素，实现转型突围。

① 《中国体育行业发展困局分析之二：体育行业有效需求不足与有效供给不足并存》，《凯旋体育》2013 年 7 月 8 日。

（一）上海体育用品竞争激烈但潜力巨大

目前，上海体育用品占国内市场份额较少，市场增长空间潜力无限，然而上海体育用品市场环境竞争激烈，国外众多知名体育用品品牌逐鹿上海，耐克、阿迪达斯及新百伦等国际品牌正加紧在上海市扩张；而中国本土品牌，如李宁、安踏、匹克、特步、361 度、鸿星尔克等，则在二线、三线城市市场占有率提升的同时，努力扩大在上海市的市场份额，未来的上海市场渠道争夺战将更加惨烈，价格战亦将越演越烈，上海体育用品行业将进入转型调整阶段。从行业销售环境来看，上海的传统实体终端销售模式体育用品零售渠道已经进入多元化渠道模式阶段，迪卡侬等大型体育用品商城、体育用品大卖场开始出现。同时，零售实体终端不断增加，市场竞争加剧，体育用品实体终端店因店铺租赁成本上升、库存压力较大等挑战而利润空间下降，体育用品网络销售模式得以快速发展，体育用品网购商城不断涌现，体育用品网购已渐成趋势。从未来发展方向看，上海市体育用品业正朝着大众体育用品、新型体育运动用品及高科技体育用品等方向发展，且随着行业的发展和产品的不断升级，上海体育用品业正朝着多元化、多层次化的方向发展，体育用品业在上海市经济中的地位也将不断提升。

（二）上海制造业资源环境紧张

体育用品制造业门类繁多，种类齐全，属高耗能产业，其原材料包括纺织服装、服饰、皮革、毛皮、羽毛及其制品等，因此，原材料供应在体育用品制造业的运行中占据着十分重要的地位。上海作为资源输入型城市，长期以来，制造业所需要的原材料主要依赖于进口，自身原材料供应严重不足。此外，近年来全球大宗商品价格持续上涨，2014 年 1 月，全国工业生产者出厂价格（Product Price Index,

PPI）再创新高，为6.6%，全国工业生产者出厂价格连续高水平运行进一步加剧了上海体育用品制造业原材料供需矛盾。与此同时，“用工荒”和“用工难”也进一步增加了上海体育用品业的生产成本。原材料的供应不足和劳动力成本大幅上涨，将迫使体育用品企业提高生产附加值并提高全要素生产率。与此同时，体育用品制造业属于重污染行业，在生产和销售环节中极易对环境造成污染。如制鞋过程中的氯丁胶黏剂溶剂型胶水容易产生有毒气体，造成空气污染，漂染生产过程中的染料、助剂、棉纤维容易产生水污染，部分体育服装在售卖过程中，残留全氟化合物，可能通过食物、空气和水进入人体从而导致生育率下降以及其他免疫系统疾病。原材料供应不足、人力成本和资源成本的上升、环境污染等矛盾促使上海体育用品业进一步整合资源，进行行业结构调整。

（三）上海人才环境优越

高素质的人才队伍是上海体育用品业发展的基本保证和重要前提。体育用品业对人才的需求主要体现在三方面：经营管理人才、研发设计人才和生产技术人才。在体育用品经营管理人才方面，上海市高校，如复旦大学、同济大学、上海体育学院、上海师范大学、华东师范大学开设了体育产业方面的硕士学位班，能为市场持续不断地提供符合体育用品业现代经营管理人才，同时在社会上，自1999年上海体育竞赛中心在上海交通大学创办全国首家体育经纪人培训班以来，上体英才等各类体育经纪人培训班逐渐兴起，目前，上海体育经纪人培训已办了18期培训班，为体育用品经营管理人才提供了短期培训交流平台。在研发设计人才培养上，国内外通常采取产学研合作的新型的人才培养模式，上海高校和研究机构众多，为上海体育用品业的产学研合作奠定了坚实基础，从而为体育用品自主研发提供了人才基础。在生产专业技术人才领域，职业院校是制造业生产专业技术人才和高等技工人才培养的摇篮，2013年，上海拥有国家级重点和省市级重点职业学校17所，每年向社会输送专业技术人才达100万人左右。同时，上海为引进海内外高端人才，在落户、住房、子女教育和激励等众多方面出台了相应的优惠政策，从而为高端体育用品人才的引进提供了良好的人才政策环境。

（四）上海进出口贸易环境便利

2008年以来，因美国次贷危机引发的国际金融市场动荡影响深远，全球通货膨胀压力不断增大，大宗商品价格上涨，经济衰退，我国在国际市场面临的贸易保护和竞争压力都不断加大。在国际经济危机的冲击下，上海进出口贸易受到极大冲击。为优化上海贸易投资环境、提高开放式经济水平、促进商贸流通现代化，2009年，上海首次公开提出建设“国际贸易中心”，并于2011年发布《上海建设国际贸易中心“十二五”规划》，以提高上海市场开放程度与贸易便利化水平、构建内外贸一体化平台、营造国际一流水平商贸环境、提高贸易主体市场竞争力。2013年，中国（上海）自由贸易试验区（简称“自贸区”）正式挂牌，自贸区的主要任务在于对外商投资试行准入前国民待遇，推动服务、文化等领域高端贸易形式发展。长期以来，中国体育用品在对外贸易中尽管出口规模大、出口范围广泛，但产品大多以中低档产品为主，出口附加值低，产品缺乏竞争力。上海国际贸易中心和自贸区建设将有力地带动上海体育用品出口的转型升级，同时，国外高端体育用品品牌的引入能促进国际体育经济交流与合作的广泛开展，充分学习借鉴国外体育企业先进管理经验和方法。国际贸易中心和自贸区的建设将全方位为企业提供与海外资本和市场对接的窗口，也为发展上海体育用品贸易提供了各种契机。

（五）上海零售业环境发达

我国体育用品销售模式单一，自营与特许加盟是国内体育用品零售市场最主要的销售方式之一。从销售比重看，通过自营与特许加盟销售的能占到60%～70%，而通过专业市场来实现体育用品销售的占比不到30%。[①] 从盈利能力看，以国内某一级城市的体育用品专卖店为代表，大约有38%的小店店主收支平衡，22%的体育用品店略有盈余，37%面临倒闭风险[②]。对于体育用品企业来说，零售业态的单一使市场覆盖和影响力受限。业态经销模式，直接关系到销售业绩。上海是中国最发达的经济区域之一，在中国零售企业的发展中，从规模和水平来看，都处于领先位置。百货店、超级市场、大型综合超市、便利店、仓储式商场、专业店、专卖店、购物中心等各种零售业态以各自不同的特色吸引广大消费者。2003年8月，有着自己独特营销模式的法国体育用品品牌零售巨头迪卡侬，在亚洲的总部（包括生产和零售）正式从香港迁至上海，开始了在上海体育用品零售市场的迅速扩张。任何业态都不可能覆盖所有的人群，企业如果要做大做强，就必须采用多种零售业态的组合。正如百丽CEO盛百椒所说，“不论在欧洲美国日本，销售渠道是多元化的，但中国现在只有单一品牌专卖店，相信是要增长新的模式的时候了”。上海发达的零售业态和独特的迪卡侬模式为上海体育用品批零业探索现代化多业态组合的销售模式提供了经验和借鉴。

（六）上海市场需求环境多样化

2013年，上海城市居民家庭人均可支配收入43851元，比2012

---

① 刘澄：《大卖场模式不适用于体育用品销售》，中国广播网，2012年2月23日。

② 《中国体育品牌单一专卖店销售模式伤不起》，《时代商报》2012年4月6日。

年增长9.1%，已步入中等发达国家水平。消费能力的日益提升促使消费层次持续变化，消费者对体育用品的态度将发生质的变化，从"不用穿"到"需要穿"，上升到"穿得讲究"，这为上海体育用品市场消费从低端向中高档甚至奢侈品转移提供了基础[①]。从体育用品消费人群来看，体育用品消费人群主要为18~30岁的年轻人。据统计，2014年，上海常住人口中，"80后"人数约为560万人，人口数量庞大，随着智能终端应用的普及，年青一代的视野、接触信息的方式、购买途径以及对品牌的看法等发生了太多的改变，"80后"已完全是全新的消费人群。对体育用品的消费需求更偏向于专业化，休闲类的需求正在更多地从体育用品中分离出去[②]。从上海的工作环境看，根据2011年社会调查机构雷格斯发布的调查报告，中国内地上班族压力的上涨已位列全球第一，而上海似乎成为"压力之都"，受访的上海在职人士中有近80%的人感到压力持续上升。日渐繁忙的工作，促使人们更多地通过参加体育休闲运动放松身心，体育必然变成人们生活的一部分。在这种生活方式的影响下，人们对体育服装鞋帽等用品的需求必然向着休闲化、多样化、个性化、品牌化而转变。同时，随着上海各种新兴产业的发展、人们受教育程度的提高、海派文化的彰显，上海居民对体育用品的消费观念会不断发生变化，品牌意识更加强烈。体育用品市场必将越来越细分[③]。

四　上海体育用品业发展对策

未来上海产业发展方向为"三高"，即高人力资本含量、高技术含量和高附加价值，以高科技和创新为特征的先进制造业和现代服务

① 《国内体育用品发展困局调查 体育消费如何撬动?》，人民网，2012年11月29日。

② 《体育用品品牌市场消费趋势解读》，中国服装工业网，2013年3月11日。

③ 陈瑾:《中国服装市场品牌消费发展趋势分析》，中国体育用品网，2011年12月24日。

业将成为未来发展主旋律[①]，这为上海体育用品业发展指明了发展方向。

（一）实现上海体育用品战略转型

2008 年以来的全球经济危机给长期以来以出口为导向的中国体育用品业带来了巨大的冲击。上海经济的外向依存度高达 160%，而内需市场潜力巨大，面对经济危机的强烈冲击，上海相继出台了全力保增长、扩内需、调结构、促改革、惠民生等一系列举措，以促进经济发展方式转型升级。为适应国内外市场经济环境的变化，上海体育用品业在积极发展外需市场的同时，应努力调整战略导向，立足上海，面向全国，以满足居民需求、增加居民价值为经营出发点，在经营过程中洞察居民的消费能力、习惯及行为，重视产品开发、营销手段及运营服务的创新，动态地适应上海乃至国内居民求新、求异的多样化、多层次化的体育用品需求。

（二）发展上海体育用品总部经济

国际化大都市，宽阔的开放度，使上海成为一个对市场敏感度极高的"触点"，由此创造了强大的"向心力"。截至 2012 年底，已有 1000 多家世界跨国公司落户上海[②]。在体育用品领域，Mysenlan、Alpen、奥索卡等国内外体育用品知名品牌，中国最大运动品牌旗舰店（李宁）等经销商纷纷登陆，抢占上海市场高地。长三角地区是中国体育用品制造业的集聚区，浙江省的慈溪、富阳、苍南和江苏省的昆山等地区在体育用品制造中具有原材料、劳动力等方面的低成本优势，但在人才、信息和科技等方面较为落后，当前，江浙等地区体

① 陈宪：《"三高""三新"：产业的"实心"——上海发展现代服务业的再思考》，东方网，2008 年 8 月 11 日。

② 上海开发区协会：《上海总部经济进入"千时代"》，《文汇报》2013 年 1 月 25 日。

育用品企业正处于转型升级的关键阶段，上海可充分利用自身人才、信息和科技等方面的优势，吸引江浙、全国乃至全球体育用品生产企业的经营管理总部落户上海，发展上海体育用品总部经济。

（三）合理布局体育用品制造业

从上海的城市发展来看，自 2000 年起，上海的制造业已开始了空间上的调整和迁移。在当时“退二进三”政策中，制造业被放在上海宝山、浦东等城乡接合部的郊区中，体育用品制造业所需要的资源消耗量大，污染较为严重，交通运输成本较高。在当时政策的鼓励下，体育用品制造业形成了目前以郊区为中心的分布格局。然而，随着上海城市规模的急剧扩张，原先以制造业为主的浦东的张江和金桥开发区已经或将发展成为上海的中心城区。从上海制造业的发展战略选择来看，当前上海正谋求布局高端先进制造业，传统工业已不适合上海城市发展，上海正在从“制造”到“智造”转型。随着 2013 年中国（上海）自贸区的获批，临港的上海郊区必将迎来新一轮的发展，上海体育用品制造业面临进一步向上海临港等郊区乃至长三角腹地及内地转移。

（四）大力发展体育用品销售业

体育用品销售业属于现代服务业的重要组成部分。现代服务业是上海经济社会转型的发展方向。自 2005 年以来，国务院、上海市政府先后发布《关于推进上海加快发展现代服务业和先进制造业建设国际金融中心和国际航运中心的意见》和《加速发展现代服务业实施纲要》、《上海市人民政府印发关于上海加速发展现代服务业若干政策意见的通知》等政策文件，同时，中国（上海）自贸区和国际贸易中心的建设也为大力发展上海体育用品对外贸易创造了良好的贸易环境。上海经济社会文化条件优越，庞大的具有足够支付能力的体育用品消费群体，注重品牌个性选择的海派文化，使上海具备大力发展体育用品销售业的主客观条件。与发展体育制造业相比，上海更应注重大力发展体育用品销售业。上海多样化的零售业态、发达的零售业市场环境和市场制度体系建设也为上海体育用品销售业的发展提供了参照基础。上海体育用品销售业，可在总结国美体育大卖场销售模式失败经验的基础上，借鉴劲浪体育、滔博体育等体育用品销售企业的成功经验，利用江浙发达的体育用品制造优势和便捷及时的交通网络，组建迪卡侬式体育用品销售企业，大力开拓上海体育用品销售市场。

（五）壮大体育用品企业规模

改革开放后，上海先后涌现了红双喜、回力等一批亚洲一流、世界知名的体育用品品牌，然而与世界知名品牌耐克、阿迪达斯相比，上海体育用品企业规模小，市场竞争力不足，与上海国际大都市地位不相符。受上海资源环境和人才环境等资源禀赋的约束，为进一步提升上海体育用品企业在世界范围内的知名度和影响力，上海体育用品业应充分利用上海发达的金融市场，通过资本杠杆，实现体育用品企业的兼并重组，迅速壮大一家或几家上海体育用品企业集团的规模，打造上海体育用品的龙头企业。鉴于上海体育用品市场同质化竞争较为激烈，应进一步鼓励上海红双喜体育用品公司、上海乔山体育用品集团等企业通过市场细分、产品细分等策略走品牌差异化发展路线，在激烈的市场竞争中寻求“蓝海”。同时经认定符合高新技术的中小体育用品企业，要充分引导利用《国务院关于进一步促进中小企业发展的若干意见》（国发〔2009〕36号）和《上海市人民政府贯彻国务院关于进一步促进中小企业发展若干意见的实施意见》等政策工具，积极申报中小企业技术创新基金，促进上海中小体育用品企业走高新技术路线。

B.4

上海体育健身休闲业发展现状与展望

冯维胜*

摘　要：上海体育健身休闲业具有悠久的发展历史，总产出逐年增加，增加值高于其他省市，健身休闲业的行业内容比较丰富，健身休闲企业的经营项目比较齐全，业务类别相对完善。健身休闲业和体育健身在组织形式与产权构成以及规模和结构方面的发展关系密切；此外，上海体育健身休闲业的发展具有内容齐全化、布局扩大化、经营形式多元化等特点，也具备规模经济和密度经济优势、消费结构升级、闲暇时间增加、城市社区化与农村城镇化等发展优势；然而，上海发展体育健身休闲业存在着部门认识和重视不够、缺乏具体的产业政策、产值较低且结构不合理等五个方面的问题，针对以上问题，提出了塑造上海体育健身休闲业的产业环境、完善上海体育健身休闲业的空间布局和保证各种体育健身休闲组织协调发展三个方面发展上海体育健身休闲业的建议。

关键词：上海　体育健身休闲业　体育健身

* 冯维胜，在读博士，研究方向为体育健身休闲业。

体育健身休闲业为体育健身休闲市场提供产品和服务，作为一个以提供服务为主导的新兴产业，其已经成为促进地区经济发展的一支重要力量。在体育产业发展比较成熟的国家，体育健身休闲业是体育产业中的一枝独秀：早在十多年前，美国每年超过一半的体育产业产值来自体育健身休闲业；澳大利亚、日本、英国等国家的各类健身活动的产值接近或达到体育产业总值的一半；澳大利亚体育健身服务业的直接就业人口超过两万人，占体育产业就业人口总数的27.8%。近年来，我国健身休闲业发展较快，具备了一定的市场规模。其中，上海是我国经济比较发达的城市，服务业发展水平较高，服务于市民日常生活的体育健身休闲业得到了迅速的发展。

一　上海体育健身休闲业的发展现状

20世纪80年代，以体育为主要内容的现代健身休闲组织出现，体育健身休闲业尝试企业经营和市场运作①。经过30多年的快速发展，上海健身休闲业蓬勃发展，体育健身和休闲娱乐业的经营者数量大幅增加，体育健身休闲业的项目内容不断丰富，休闲时尚和健身娱乐项目越来越多，惊险刺激的项目也被广泛引进。与此同时，健身休闲业提供的服务更加全面，出现了专业保护、教练辅导和专家咨询。参加健身娱乐的人群越来越庞大，群众的消费水平不断提高。

（一）上海体育健身休闲活动的发展现状

上海市“体育健身休闲业调查”包括“休闲健身活动”“高校与三星级及以上宾馆饭店的健身休闲”，其中，体育健身休闲活动是为

① 李晓聪：《富阳市东洲岛运动休闲产业区项目策划和开发研究》，杭州师范大学硕士学位论文，2011。

社会公众提供的可供参与和选择的各种健身休闲活动场所的管理活动，“休闲健身活动”总产出由统计局提供；“三星级及以上宾馆饭店的健身休闲”主要面向三星级及以上宾馆饭店中体育健身部门对外有偿开放所取得的所有收入，其总产出通过抽样调查得出，由于回收的抽样调查数据不可用，因此，体育健身休闲总产出通过推算的方法得到。利用全国体育健身休闲的拟合公式，结合调查 2011～2012 年度上海统计年鉴中的基础数据①，计算得到调查年上海市体育健身休闲活动的总产出。

1. 上海体育健身休闲活动的总体情况

上海最近几年加强了对体育及相关产业的专项统计工作。根据调查提供的资料数据，2011 年末，全市体育及相关产业总产出超过 290 亿元，其中，体育健身休闲活动总产出 24.06 亿元，占体育及相关产业总产值总额的 8.28%。与 2010 年的 20.91 亿元相比，增长 13.81%；2010 年，上海市体育及相关产业总产出 263.09 亿元，体育健身休闲活动产出 20.91 亿元，占体育及相关产业总产值总额的 7.95%（见表 1）。

2011 年，上海市体育及相关产业增加值超过 112 亿元，体育健身休闲活动增加值为 11.95 亿元，占体育及相关产业增加值总数的 10.63%，比 2010 年增加 23.32%，按照可比价格折算，比 2010 年增加 21.98%。2010 年，上海市体育及相关产业增加值超过 100 亿元，体育健身休闲活动增加值为 9.69 亿元，在体育及相关产业增加值中的比重为 9.67%（见表 1）。与北京相比，2010 年，北京的体育健身休闲业增加值 11.50 亿元，北京比上海高出 18.68%。同期，全国的体育健身休闲业增加值为 113.50 亿元，上海占全国的比例为 8.57%。

① 国家体育总局经济司：《体育事业统计年鉴》（2006～2010 年）。

从业人员方面，至2011年末，上海市体育及相关产业从业人员总数超过13万人。体育健身休闲活动从业人员1.71万人，占体育及相关产业从业人员总数的12.44%。比2010年的1.52万人增加0.19万人，增长率为12.50%（见表1）。2010年，全国体育健身休闲业从业人数15.78万人，上海占全国体育健身休闲业从业人员总数的9.63%。同期北京体育健身休闲业从业人数为2.7万人，北京体育健身休闲业从业人数是上海的1.78倍。

在上海市体育及相关产业的各个行业类别中，体育用品、服装鞋帽及相关产品的制造总产出达到了143.12亿元，在体育及相关产业总产出中占比为49.27%；其次是体育用品、服装鞋帽销售，总产出为39.28亿元，占总产出的比例为13.71%；体育彩票和体育培训等其他体育活动总产出25.42亿元，占总产出的8.75%；体育健身休闲活动总产出24.06亿元，在体育及相关产业总产出中占了8.28%，在体育及相关细分产业排名第四，之后依次是体育场馆活动占总产出的7.49%，体育组织管理活动占5.42%，体育中介活动占4.67%，体育场馆建筑活动占2.41%（见表1、图1）。

表1　2010～2011年上海体育健身休闲业总产出、增加值和从业人数

单位：亿元，万人，%

内容	2010年			2011年		
	总产出	增加值	从业人数	总产出	增加值	从业人数
体育及相关产业	263.09	100.20	13.36	290.51	112.42	13.75
体育健身休闲活动	20.91	9.69	1.52	24.06	11.95	1.71
占体育及相关产业总值比重	7.95	9.67	11.38	8.28	10.63	12.44

2. 上海体育健身休闲活动的分领域情况

与2010年相比，2011年，上海体育及相关产业增长率超过GDP

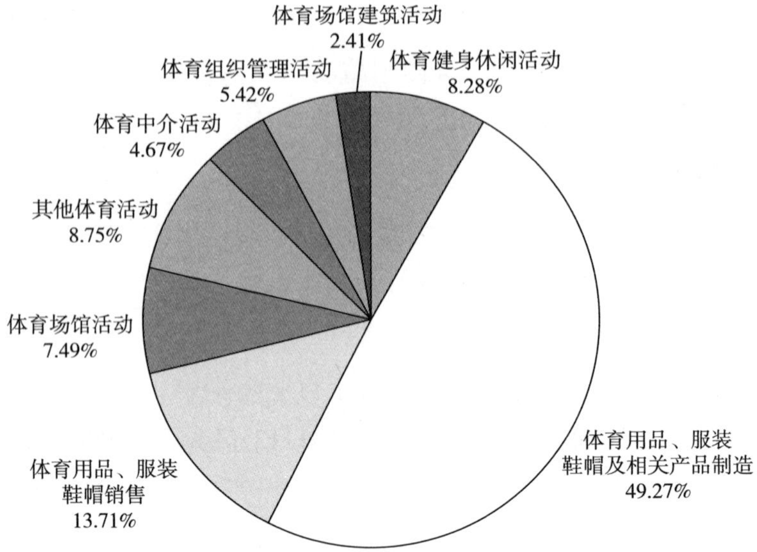

图1　2011年上海体育及相关产业各行业在总产出中的比重

增长率，体育服务业的增长率也超过了第三产业的增长率。从体育服务业的内部结构看，2011年，体育健身休闲活动占体育服务业的比重为22.57%，比2010年的比重增加了1.48个百分点，只有体育场馆管理活动在体育服务业中的比重超过了体育健身休闲活动(25.73%)。由于体育健身休闲活动不仅和体育培训活动相互交叉融合，而且要依托体育用品、服装鞋帽以及体育场馆等体育产业的其他细分行业，因而，体育健身休闲业的发展有利于拉动体育服务业的发展。

2011年，我国部分省市体育健身休闲业的增加值如下：福建3.39亿元、湖北5.37亿元、四川7.41亿元、河南0.23亿元、重庆0.93亿元，均低于上海的11.95亿元（见图2）。2011年，我国部分省市体育健身休闲业的从业人员数量如下：福建0.51万人、湖北0.90万人、四川0.84万人、河南0.24万人、重庆0.29万人，均低于上海的1.71万人（见图3）。

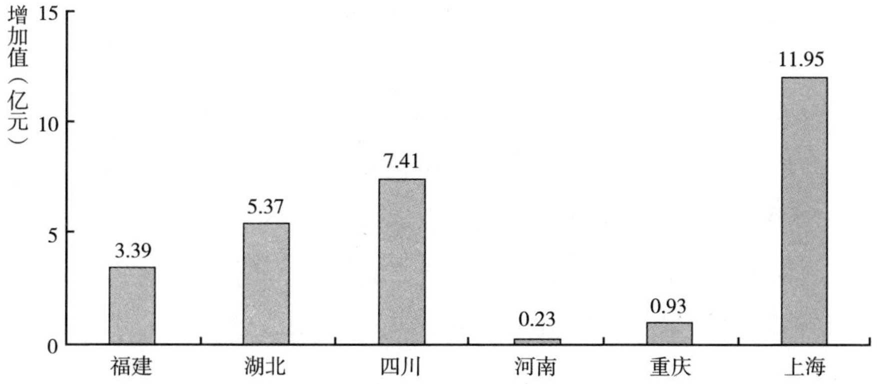

图2　2011 我国部分省市体育健身休闲业的增加值

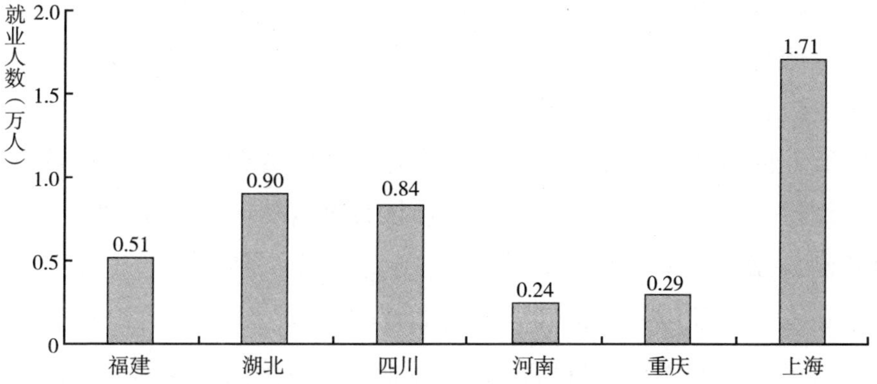

图3　2011 年部分省市体育健身休闲业从业人数

通过对全国部分省市体育健身休闲业增加值和就业人口的比较发现，上海体育健身休闲业的产业增加值和行业就业人数高于福建、湖北、四川、河南和重庆。在人均创造的健身休闲业增加值方面，上海人均体育健身休闲业创造的增加值低于四川，高于列举的其他几个省市。

（二）上海体育健身休闲业的发展状况

上海体育健身休闲业的行业内容比较丰富，健身休闲企业的经营项目比较齐全，业务类别相对完善。

1. 上海体育健身休闲业的行业内容

上海体育健身休闲业的行业内容非常丰富，既有单个项目内容，也有多项目的休闲活动，前者以某一项健身休闲业务为内容，具有很强的专业性；后者以综合性见长，甚至出现了向其他业务领域拓展的现象，体现了健身休闲业和其他产业的融合。行业内容既包括一般性的健身休闲，即以普通的健身内容为主，休闲成分较少，也有高档次的健身休闲，具有时尚、休闲和高雅的特征，融健身、休闲、娱乐、社交等多功能为一体①。行业细分过程中出现了以游泳、有氧操和舞蹈为主的传统项目，以乒乓球、羽毛球、壁球、网球等为代表的球类运动；融体育健身、休闲按摩、社交娱乐、美容美发和餐饮为一体的综合性健身活动；以瑜伽、轮滑、跆拳道、高尔夫球等现代课程教学为主要内容的健身培训活动。

行业内容的变化也带来了行业就业岗位的变化。上海体育健身的从业岗位类别齐全，主要包括专业性体育健身休闲组织中的人员以及兼营健身休闲组织中的人员两大类，后者在上海体育产业统计中主要是指在三星级及以上宾馆饭店中的体育健身部门工作，并取得报酬的从业人员。上海体育健身休闲业的就业类型包括健身教练类、行政服务类和技术支持类等，其中健身教练类包含的工作岗位有一般健身教练，舞蹈、瑜伽、形体教练，私人教练、器械教练、团体操教练、高尔夫教练、水中健身教练、高尔夫陪练、芳疗师（美容师）、巡场教练、游泳救生教练、桌球教练、理疗师（按摩保健师）、瑜伽教练等。营销推广类职位包括赛事主管（销售方向）、会籍销售（健身顾问）和储备店长等。行政服务类职位包括行政助理、招聘专员、体育场馆储备干部、总台客服、人事助理、桌球客服、前台客服、SPA

① 刘建莉：《基于“钻石模型”分析陕西省羽毛球健身市场》，《价值工程》2012 年第 31 期。

秘书、在线客户服务。技术支持类职位包括网络推广专员、策划文案、IT部助理平面设计等。

2. 上海体育健身休闲业的经营项目

体育健身休闲业主要包括行业所包含的各种形式的运作部门。在我国体育及相关产业分类中，体育健身休闲业包括以下部门：棋牌室、健身房、游泳池、网球场、保龄球室、攀岩练习室、壁球室、桌球室、高尔夫球场、赛车场、跑马场、射击场、射箭场、乒乓球室、溜冰场、室外滑雪场等。

早期的健身休闲业一般由单项俱乐部开展业务，综合型健身俱乐部很少，经营内容也主要是器械健身和团操教学。随着健身休闲业的发展，时尚、体验和休闲类的运动项目被广泛引进健身休闲领域[①]。如今，上海健身休闲业包含的内容非常广泛，就项目类别而言，有属于健身性项目的有氧操、游泳、球类运动等，休闲性项目如棋类、斯诺克、桥牌等，以及保健类项目等。建立在空间条件和物质载体基础上的项目经营是健身休闲业的核心内容，健身休闲业的内容又因载体的不同存在各种形式的划分，根据设施的档次和场地规模的不同，健身休闲企业可以进行不同的功能分区，如以学习运动技能、提高体能、健身娱乐为主要内容的运动功能区，包括器械健身、有氧操、球类练习以及各种综合练习。以社交为主题的功能区是多数会员制健身休闲组织的主要内容，包括餐饮、会议、游戏、歌厅等。放松性功能区则主要包括按摩、调理、桑拿、洗浴和休息等。休闲体育兴起后，马术、露营、攀岩、体育旅游、户外拓展、极限运动大量进入体育健身休闲领域，体育健身休闲的边界不断外拓，很多商业组织在开展健身休闲的同时，也将养生、住宿、会展、美容、

① 李可：《我国体育服务业的产业化发展和体育服务管理研究》，天津大学硕上学位论文，2006。

塑体等内容融入其中。

3. 上海体育健身休闲业的业务类别

体育健身休闲业包括体育健身休闲项目经营、健身休闲的场所经营以及健身休闲服务的设施经营三种经营类别。健身休闲场所和设施是开展健身休闲的空间条件和物质载体，以空间场地为内容，通过场地出租的形式向健身休闲的实际运营商提供服务，而其自身则不参与具体运作。健身休闲的设施经营是设施所有者向经营方提供设施器材，经营方借助设施向社会提供健身休闲服务，这种形式的经营活动又可以分为融资租赁和经营租赁两种形式[①]。

按照业务是否独立开展，健身休闲活动又分为两种，其一是作为综合性服务场所的附属机构开展活动，健身项目不是该类服务场所的主营业务，而是辅助性的经营内容，如酒店、会所、度假区等开展的健身休闲业务，这种经营模式通过增加经营范围来吸引更多的客源，从而实现范围经济。健身休闲不是宾馆酒店的主营业务，但在宾馆酒店中开展健身休闲能够体现其服务质量，不仅是区分宾馆酒店档次的重要标志，而且能够提高其收费标准。通过拓展服务项目，吸引顾客，能够增加酒店的业务收入。上海的多数星级宾馆酒店都增加了健身休闲内容，以满足顾客的多种需求，为客人提供体育运动、健身娱乐和休闲活动，而且很多宾馆酒店也都安排专门的技术指导人员，提供专业服务。上海多数星级酒店都配备了健身设施，绝大多数三星级以上的酒店都开展健身休闲项目。宾馆酒店中的体育健身休闲业，可以直接纳入酒店业务，顾客住宿的同时不用额外付费。另外，有的酒店中的体育健身休闲则承包给其他企业，或者是其他健身休闲企业在酒店中租赁场地开展业务，这两种形式则采用与酒店收入分成或者另

① 李丽梅、楼嘉军、肖伟伟等：《上海市体育休闲活动设施的变迁与考察》，《体育科研》2013 年第 24 期。

外收费的形式开展业务。

健身休闲顾客一般以注册的方式成为会员，通过办理健身卡业务的形式成为会员，招募会员的多少是健身休闲企业业务量的重要指标①。上海体育健身休闲业提供的健身卡种类多样，包括以次数为标准的次卡；以期限为标准的季度卡、半年卡、年卡以及多年卡等；此外还有针对亲情关系的家庭卡、情侣卡；以及依据客户级别而推出的银卡、金卡等多类型卡。其中，使用最多的是年卡。在以会员制为主的健身俱乐部中，消费者通过缴纳会费的形式，成为俱乐部的注册会员，在注册期限内享受会员待遇，参与俱乐部提供的各项健身活动项目，这种类型的健身俱乐部也会向非会员开放，以获得短期健身人群的市场份额。

4. 上海体育健身休闲业的地理分布

就上海整个行政区划而言，上海健身休闲业分布广泛，在市中心、近郊和郊区都有健身组织，但是分布密度逐渐降低。健身休闲业最密集的区域为中心城区，且比郊区分布更为均匀，这些地方人口密度大，有利于健身休闲企业利用人口密度高的优势，广泛招募顾客，而且市中心交通便利，容易寻找②。各个郊区和郊县的中心区域近年来逐渐成为健身休闲业的密集地区，一方面郊区人口也趋于集中，另一方面郊区的交通状况也在逐步改善，除了个别区县外，通过轨道交通可以方便地从市中心到达郊区，时空距离不再遥远，加上家庭汽车的普及，上海市民周末到远郊休闲非常便利。各个郊区都在建设新城，松江新城、嘉定新城、青浦城区都是健身行业比较集中的区域，尽管市区有交通方便的优势，但是郊区提供了停车的便利，而且郊区具有空间优势，有利于组织开展户外休闲活动，实现郊区体育休闲业

① 张林、刘炜、林显鹏等：《中国体育及相关产业统计研究》，《体育科学》2008年第28期。
② 郑广瑞：《长株潭城市群健身娱乐业营销要素研究》，湖南师范大学硕士学位论文，2011。

的比较优势，如闵行的体育公园、奉贤的海湾森林公园、松江的欢乐谷、浦东的滴水湖都是郊区发展体育休闲旅游的成果。

上海健身休闲业还广泛存在于宾馆酒店中，数量庞大的宾馆酒店构成了上海健身休闲业的重要组成部分。2013 年，上海共有星级宾馆 274 家，其中五星级宾馆 60 家，四星级宾馆 70 家。四星及以上宾馆都有专门的体育健身休闲场所，体育健身设施较好，也都配备专职的管理人员，基本能够满足顾客的健身休闲需求。

（三）上海体育健身休闲企业的发展现状

体育健身休闲业和体育健身组织的发展密切相关，体育健身休闲业的主要供给者是健身企业，企业的数量多少和规模大小反映了行业的市场容量和发展水平，通过对企业的分析将从另一个视角说明行业的发展情况。

1. 上海体育健身休闲企业的组织形式与产权构成

上海体育健身休闲市场，包括政府投资用于开展全民健身的体育组织、体育场馆和设施，这些健身资源由全民共同享用。全市 14000 多家体育场馆中的绝大多数都走向市场开展经营业务，这些场馆大多提供低价的健身休闲服务。社区健身会所则由社区管理，所有权归属社区成员，采取免费的形式提供健身服务。在为数众多的按照市场运作的健身休闲企业中，大规模的健身休闲企业采用股份制的形式，他们中的有些企业则发展成了连锁健身集团，而大量中小型健身企业则是以有限公司的形式组建，企业的稳定性要低于前述企业。

上海体育健身休闲企业的产权组织形式多样，在健身休闲市场的起步阶段，国外知名品牌的健身企业登陆上海，这些企业多数是外资企业，其中比较知名的是上海斯巴顿体育俱乐部有限公司，公司拥有 4 个知名的健身品牌，成立了 12 家直营俱乐部，在籍会员过万，公司三年内将健身会所增加到 30 家，拥有在籍会员 10 万人以上，斯巴顿已成为上海最大规模的外资健身品牌之一。在外资进入上海体育健身行业的过程中，中外合资健身企业也大量跟进，如极地健身俱乐部、威尔士健身会所、东亚九博运动俱乐部等，东亚九博运动俱乐部是上海东亚集团子公司采取中外合资形式成立的大型健身俱乐部。除了外资和中外合资健身休闲企业外，上海体育健身休闲行业更多的是中资企业。调研显示，全市各区县有1000家左右的健身场所（棋牌类除外），属于体育行政和事业单位的有60家，中国港澳台地区和外资投资的为100家左右，个体经营的有500家①。以虹口区为例，2006年，虹口统计局对本区的文化娱乐单位调查显示，室内娱乐活动类企业63家，休闲健身娱乐活动类企业16家，其他娱乐活动类7家。有内资、港澳台地区投资、外商投资等三种类型，其中，民营资本企业占绝大部分，有49家为私营，超过一半；其次是国有及集体资本；外资所占比例最小。企业注册形式方面，独资、合伙、有限责任公司占绝大多数，股份有限公司仅为5家。休闲健身娱乐活动方面，国有3家，私营独资4家，私营合伙2家，私营有限责任公司3家，与港澳台商合资经营、中外合作经营、其他联营、其他有限责任公司各1家，这说明文化休闲娱乐企业的规模较小，缺乏大型的企业集团式经营组织。

2. 上海体育健身休闲企业的规模和结构

以虹口区统计局的调查为例，上海高点保龄球运动有限公司的从业人数为100人，上海上外健身中心从业人数为23人，上海虹口体育健身有限公司从业人数为22人，上海攀宇健身俱乐部有16人。②参照《统计上大中小型企业划分办法（暂行）》（国统字〔2003〕17号），体育健身休闲企业属于文体、娱乐业，从业人员在200人以下，

① 李丽梅：《上海体育体闲政策演变及影响研究》，华东师范大学硕士学位论文，2011。

② 国家统计局设管司：《统计上大中小微型企业划分办法》，2013。

且销售额在3000万元以下的企业为小型企业。根据这一标准，上述体育健身休闲企业都属于中小企业。根据2011年最新企业规模划分标准，文化、体育和娱乐业被列入同一行业，凡是从业人数在300人及以上的企业被视为大型企业，从业人员为100～300人的为中型企业，10～100人的为小型企业，不足10人的为微型企业，该标准较之前的标准降低了许多。按照最新标准，上述健身休闲企业依然属于小型企业。另外，附属于宾馆酒店的健身休闲业、私营健身休闲俱乐部等从业人员相对较少，多数都是小微型健身休闲企业，一些独立的健身休闲企业则具备了中小型企业规模，少数大型健身连锁企业和健身休闲集团的规模较大，能够达到大中型企业的要求，如上海本土成长起来的国内知名健身企业一兆韦德健身管理有限公司的员工数量约为3000人，属于大型企业。此外，健身行业还依据健身场地的大小将健身休闲企业进行分类。

（四）上海体育健身休闲资源现状

体育休闲活动设施按照体育休闲活动项目分为室外设施和室内设施，按照功能类型可以分为体育场馆、游泳池、健身路径等，按照经营性质划分为公共体育休闲设施和营利性体育休闲设施①。上海体育休闲资源丰富，有佘山旅游度假区、淀山湖休闲度假区以及崇明、长兴和横沙三岛休闲度假区等。上海在全面打造和建设世界著名休闲城市和国际体育强市的过程中，对体育、旅游和休闲的结合也更加重视。为了促进地方体育旅游休闲的发展，上海制定了《体育旅游休闲基地服务质量要求及等级划分》，作为地方标准，划分了体育旅游休闲基地的类别，明确了体育旅游休闲基地的等级。上海的体育休闲旅游基地包括三个类别：一是面向大众、向社会开放并具有休闲功能

① 李蓉：《重庆市主城区公共体育设施需求及分布研究》，西南大学硕士学位论文，2009。

的体育建筑、场地和设施，本市的体育场馆、体育公园、体育度假村和各级体育运动训练基地等；二是对公众开放的、具有体育设施的旅游休闲场所，如旅游度假区、森林公园、郊野公园等；三是对公众开放的体育赛事、民族民俗体育表演节目、体育旅游节庆和会展等。上海体育休闲旅游基地有三个等级，从高到低依次为五星级、四星级、三星级。各等级评判的关键指标主要有四大方面：一是资源的丰富程度与环境的美化程度；二是体育休闲活动的丰富程度和影响力大小；三是基地规模的大小和接待人次的多少；四是服务管理和配套设施的水平高低。

表2 上海各区（县）主要体育旅游休闲资源一览

分类	项目	内容
自然资源	地文景观 水域风光 生物景观	共青森林公园、崇明东平国家森林公园、金山城市沙滩黄金海岸、奉贤碧海金沙水上乐园、海湾国家森林公园、青浦东方绿舟、环淀山湖休闲旅游区自驾游、水上运动场、松江青青旅游世界、佘山国家森林公园、滴水湖水上运动休闲中心、浦东滨江森林公园等
人文资源	传统节庆 现代节庆	苏州河龙舟赛、国际大众体育节、国际武术博览会、农民运动会、世界著名在华企业员工健身大赛、黄浦区“弄堂运动会”、九子大赛、奉贤国际国内风筝赛、淀山湖龙舟赛、浦东舞龙大赛、东方明珠登高节、海派秧歌等
	体育赛事	市运动会、F1汽车中国大奖赛、国际田径黄金大奖赛、网球大师杯赛、国际马拉松比赛、斯诺克公开赛、国际高尔夫公开赛、国际国内摩托艇赛、国际自行车赛和全国公路自行车冠军赛、国际泳联世界锦标赛、国际极限运动挑战赛、国际篮球赛、世界体育舞蹈比赛、世界攀岩比赛等
	体育建筑和设施	东方体育中心、上海体育学院、上海体育馆、上海体育场、虹口足球场、江湾体育场、上海国际赛车场、源深体育中心、上海游泳馆、黄兴体育运动公园、新江湾城SMP滑板公园、九子公园、根宝足球基地、奉贤海滨水上运动中心、奉新国际风筝放飞场、松声马术俱乐部、上海骏马园、金山区沙滩排球场、太阳岛高尔夫俱乐部、佘山生态体育旅游基地、天马赛车场、东方绿舟体育训练基地、上海射击中心、滨海高尔夫俱乐部、浦东体育公园、闵行体育公园、闵行旗忠网球中心、银七星室内滑雪场等

资料来源：《质量与标准化》，2013。

上海比较重视体育健身休闲活动的开展，在2011年的“政府十大实事工程”中，体育健身设施建设被列为重点工程之一，并在2012年颁布的《上海市体育事业发展“十二五”规划》中提出“大力发展体育休闲运动”是今后五年的重要工作，进一步合理规划配置健身休闲场地和设施，开展丰富多样的休闲体育项目。体育健身休闲业的另一个载体是旅游资源，旅游资源除了用于开展旅游主体产业外，也包含体育旅游和健身休闲的内容。上海是全国知名的城市旅游目的地。2013年，上海共有A级旅游景区（点）88个，其中，5A级景区（点）3个，4A级景区（点）44个；红色旅游基地34个，包括全国红色旅游基地9个。这些景区（点）构成了上海开展体育健身、休闲旅游的重要资源条件。

二　上海体育健身休闲业发展的特点

上海作为经济社会发展水平较高的国际化大都市，拥有开展体育健身休闲的良好环境。上海体育健身休闲业发展快速，并呈现以下几个特点。

（一）行业内容齐全化

上海市体育健身休闲业包含的项目较为齐全，既有传统的健身健美，又有现代的时尚运动，健身休闲行业经营的项目内容更加丰富。健身休闲企业在拓展项目空间有限的情况下开始注重个性化服务，将体育健身休闲业和健康产业紧密结合，进行混业经营，而不再局限于宣传传统的体育健身理念，开始引导健康的生活方式[①]。在提倡绿色环保健身和时尚健身运动的过程中，针对个性安排专业的教练和指导

① 韩丹：《中国群众体育路在何方》，《体育与科学》2004年第27期。

人员，规划齐全的团体课程，安排详细的学习计划，不断引入新项目、新内容。

（二）行业布局扩大化

上海健身休闲业由聚焦市区的集中发展向郊区扩散。体育健身休闲业最初在市中心区出现，然后逐步扩散到整个市区，由零星出现向密集分布转变。在市区竞争程度不断提高的过程中，大型健身休闲企业将业务开展到郊区的中心地段，很多小型健身企业则选择了远郊战略。近年来，体育健身休闲业和社区的联系更加紧密，不论是知名品牌还是中小健身休闲企业都将业务重心向社区倾斜，在社区开展经营活动。但是，市区仍然是知名品牌和大型连锁健身休闲企业的集中地，中小健身俱乐部则在市区呈点状分布，郊区则是零散分布。

（三）经营形式多元化

上海健身休闲企业由单纯以体育为主营内容，转向把体育与养生、医疗、保健、康复融合经营，并深入开发体育的娱乐休闲功能，各种体育养生、休闲健身俱乐部层出不穷，且逐渐涌现出一批大规模、高档次、有内涵的健身休闲组织。国内企业比较注重与国外体育、保健、美容、教育、餐饮等行业知名品牌和企业的合作，不仅实现了互利互惠，而且有利于学习国外先进管理经验。

中高端健身休闲企业主要以加盟形式开展业务，多数国际品牌进入上海健身休闲行业之初就采取特许加盟的发展模式，这一方式一直被沿用至今。从国际经验来看，国际品牌在其所在国的连锁经营规模并不大，占整个健身休闲产业的比重也不高，与其国内健身休闲市场的竞争程度较高有关。国际品牌健身企业尽管在上海不乏经营不善的案例，但是更多的国际知名健身品牌依旧热衷进入上海，对上海健身企业起到了激励作用。

（四）硬件设施国际化

上海健身休闲业的设备档次不断提高，设施功能不断完善。体能测试之类的设备已经成为多数健身休闲企业的常规配备，很多高档健身休闲企业的硬件设施都从国外进口，具备国际一流的设施。因此，健身休闲企业之间的硬件差异不大，体育健身休闲业的核心竞争力更多地体现在管理水平、服务质量等软件方面。

三 上海发展体育健身休闲业的优势

体育健身休闲业是体育产业的细分产业之一，也是体育产业中拥有重要地位的组成部分，它的发展状况很大程度上决定了整个体育产业是否处于优势地位。体育健身休闲业的发展受到很多因素的影响，例如，地区经济发展条件、体育基础设施、城市交通状况、大众工作和生活方式、市民的健康意识、运动技术以及生活习惯等。上海恰恰具有较好的发展健身休闲的条件，上海的人均 GDP、人均收入以及人均可支配收入都已经迈入富裕行列，吃、穿、住、用、行方面的需求基本满足，并逐渐向休闲、健身、旅游、娱乐等方面转变，体育健身休闲恰恰是满足人们更高层次需要的途径，能够满足人们在健身娱乐和修养身心方面的需求。在每周五天工作制下，每年的周末双休日合计 110 天，加上其他节假日，全年休假超过 120 天，为体育健身休闲提供了时间保障。此外，在上海的产业政策中，政府非常重视服务业的发展，体育健身休闲因其在推动消费和拉动内需方面所具有的积极作用，必将受到更大的重视①。

---

① 邹莉：《产业集群视角下上海航运服务业发展研究》，上海海事大学硕士学位论文，2006。

（一）服务业的大发展和全民健身的推动

历史上的上海是一座工业城市，第三产业一直是上海产业结构中的短板，虽然最近几年上海的产业结构中第三产业的比重逐年上升，但仍落后于发达国家的水平。为调整上海的产业结构，上海开始重视服务业的发展，出台了一系列加速发展现代服务业的政策文件，制订了上海服务业的总体规划和发展目标，大力推进服务业的发展，以缩小与国际发达城市的差距，建立与上海国际化大都市相适应的“高增值、强辐射、广就业”的现代服务业体系。在上海大力发展服务业的大背景下，健身休闲业拥有了较好的产业发展环境，获得了大好发展机遇。

2013 年，上海市全民健身发展公告显示：市民“运动参与”指标得分 79 分，属于比较满意的状况，年度经常参加健身锻炼的人口比例为 40. 6%，而上一年度经常参加体育锻炼的人口比例为 39. 6%，提高了 1 个百分点。问卷调查结果分析发现，2013 年，上海市民处于体育锻炼不活动阶段的人口比例为 38. 2%，这说明参与体育健身锻炼的潜在人口比例较大，处于准备期的占 30. 3%，反映了市民的健身意识在增强。随着上海市新一轮全民健身的推进，通过体育健身来增强身体素质并提高生活质量，将成为市民的普遍要求，体育休闲业乃至所有与健康相关的产业都将迎来巨大的需求。伴随市民生活水平的进一步提高，体育健身作为一种文明健康的生活方式，必将引发与其有关的消费行为，市民的健身休闲需求将在总量上明显增长，在结构上日趋合理，并呈现多样化、分层化和个性化的特点，必将为上海的体育健身服务业发展提供广阔的市场。

（二）规模经济和密度经济优势

2013 年末，上海户籍人口为 1425. 14 万人，外来常住人口为

990.01 万人，全市常住人口达到 2415.15 万人，而且上海还拥有大量的流动人口，庞大的人口基数构成了巨大的潜在消费市场。而健身休闲业对人口数量具有天然的依赖性，上海的人口基数为其发展提供了得天独厚的规模经济条件。研究认为，在健身休闲业进入成熟阶段后，健身人群的比例将超过 10%，平均每万人拥有一家俱乐部，据此推算，上海的健身休闲市场还有巨大的发展空间。由于上海的地域面积不大，如此巨大数量的人口集中在较小的空间，人口密度非常高。2012 年，上海的人口密度为 3754 人/平方公里，具有非常突出的密度经济效应，能够大幅降低健身休闲业的运作成本。此外，上海还是发达的旅游城市，大规模的流动人口也是行业发展的有益补充。有关调研显示，2012 年，上海市经常参加体育锻炼的人口比例为 39.6%。“十二五”期间，上海体育发展的主要指标中，到 2015 年，上海经常参加体育锻炼的人数比例预期要达到 46%，按照该比例测算，上海经常参加体育健身的人口将超过 1000 万人，即全市平均两个人中就有一个人经常参加体育锻炼，广大的健身人群构成了健身娱乐和体育休闲市场的有效需求。

（三）消费结构升级，闲暇时间增加

随着上海经济的高速发展，上海居民的收入得到了大幅提高，上海人均 GDP 已经迈入 10000 美元的发展阶段。国际经验表明：当人均 GDP 达到 5000 美元左右时，闲暇时间大量出现，人们的生活将进入休闲阶段。在上海居民的家庭收入不断增长的同时，上海家庭的消费支出也在逐年增加，抽样调查显示，2013 年，上海城市居民家庭人均可支配收入 43851 元，比 2012 年增长 9.1%，扣除价格因素，实际增长 6.6%；农村居民家庭的人均可支配收入为 19208 元，增长 10.4%，除去价格因素，实际增长 7.9%，生活进入富裕水平。城市居民家庭的人均消费支出 28155 元，增长 7.2%；农村居民家庭的人

均生活消费支出13425元，增长11%。在消费总量不断增加和消费结构逐渐转变的过程中，上海居民的生活方式实现转型，在20世纪末，上海居民的生活已实现了由温饱型向小康型的跨越，2002年居民生活已进入富裕阶段。2011年，上海城市居民家庭的恩格尔系数降到35.5%，居民消费实现了从满足温饱的生存型向追求享受的发展型转变。在上海居民消费结构的转变中，教育、娱乐和体育文化支出增加较快。闲暇时间上，上海居民每年带薪假期超过100天，约占全年时间的1/3。上海市民已经具备了休闲的物质基础和时间条件，体育健身休闲将进入快车道。

（四）城市社区化与农村城镇化

城市化水平通常用城市人口占总人口的比重或非农人口占总人口的比例作为衡量指标，该指标和地区的体育经济发展存在明显的依存关系。由于城市具有先进的健身、休闲和娱乐设施等客观条件，且市民具备体育健身消费的能力和愿望，因此，城镇化率是影响体育消费的一个重要因素。有研究发现，占人口70%的农村基本上没有体育消费，体育消费主要集中在大中城市。上海作为国内城市化水平较高的城市，按照常住人口计算，2012年的城市化率已达89%以上，非农就业人口超过城市总人口的89.8%。城市社区化、农村城镇化创造了巨大的体育需求，有利于培育和发展体育健身休闲业。

体育健身休闲业的有效消费群体的年龄为20～55岁，其中，30～45岁的群体是体育健身休闲消费的主体，这个年龄阶段的人群有稳定的收入来源，具有参与商业性健身休闲的物质基础①。2010

① 胡春旺、郭文革：《我国城市休闲体育市场的消费阶层分析及发展对策》，《北京体育人学学报》2004年第11期。

年，上海常住人口年龄金字塔呈“伞”型结构，主要表现为少儿比重偏低，劳动年龄人口比重高，第六次人口普查也显示，上海 15 ~ 59 岁的劳动年龄人口规模从“五普”时的 1193.92 万人增加到 1756.67 万人，增幅为 47.1%，占总人口的比重也从 72.8% 上升到 76.3%，这样的人口年龄结构有利于发展体育健身休闲业。

四 上海体育健身休闲业发展存在的问题

上海体育健身休闲业存在的问题基本上能反映整个行业的共同现象，可以折射其他地区健身休闲业具有的普遍的共性问题。上海体育健身休闲业尽管已经具备了比较坚实的发展基础，并出现了快速发展的势头，由于体育健身休闲业是一个后发的新兴产业，在成长过程中不可避免会出现一些问题和困难，主要表现在以下几点。

（一）部门认识和重视不够

要推进体育健身休闲业的发展，必须明确体育健身休闲业在整个体育产业中的重要地位。然而，政府部门很少能把体育产业的发展纳入地区国民经济和社会发展规划中，很少会从上海第三产业发展的全局出发，考虑体育产业的发展。而体育职能部门往往重视体育赛事和场馆管理，即使是在体育健身领域也是强调全民健身而忽视商业健身，认为商业性的健身休闲是市场行为而非政府职责，往往采取自由放任的政策。决策部门对体育健身休闲业的认识不足，很难将其放到应有的位置。体育健身休闲业的发展思路及目标、方向不明确，产业政策环境得不到改善。

（二）缺乏具体的产业政策

中共中央在 20 世纪 90 年代就为上海制订了“三、二、一”的产业发展目标，上海历届政府也都很重视服务业的发展，并制定了支持服务业发展的相关政策。但是，单独支持体育服务业的文件并不多见，在市政府规划中关于体育产业的部分也都分散在其他文件中，几乎没有单独的体育产业发展规划。另外，虽然体育产业统计有了长足的进步，将体育从其他行业中分离出来独立开展统计调研，但是，体育及相关产业的统计还是粗线条的形式，这对分析当前的体育发展状况、研究存在的不足以及制订发展规划是不够的。

上海虽然在相关文件中提及了支持体育产业发展的方针，但针对的是整个产业，具体落实到健身休闲方面的政策并不明确。例如，对参与体育健身休闲的企业（特别是民营企业）缺乏具体的优惠政策；在体育健身市场管理中，对体育健身项目经营税收优惠较少，棋牌、高尔夫球、射箭、攀岩等健身休闲项目的营业税税率高达20%，并需要另缴纳3%的文化事业健身费，保龄球和台球等普通健身休闲项目也需要缴纳8%的税费，高额税负给健身企业带来了很大压力；体育服务业在水、电、气等能源消耗方面也没有优惠措施。

（三）产值较低且结构不合理

上海体育健身休闲业的产值在全市行业总产值中的比例较低，与兄弟省市相比，总产值低于北京。在整个体育及相关产业中，体育健身休闲业排在体育用品制造、销售等细分产业之后，还承担不起体育产业发展引擎的作用。上海作为中国城市化程度比较高的城市，其体育健身休闲发展水平甚至落后于一些发达国家的整体水平，从一个侧面反映了健身休闲业整体发展水平不高的现状。以澳大利亚为例，澳大利亚是个地广人稀的国家，1000万左右的国民中约有28万人从事体育健身休闲业，各类体育组织就吸纳了6万人口就业，每年盈利超过3亿澳元；有高达110万人参加体育志愿服务，每年创造了160亿澳元的服务。在澳大利亚举行的国际体育比赛不仅取得了经济效益也带动了群众体育的发展，作为四大满贯之一的澳大利亚网球公开赛，每年为墨尔本带来超过2000万澳元的收入。据估计，家庭参与体育健身娱乐活动也带来了超过200亿澳元收入，并创造了60万个就业岗位。

（四）发展不平衡

发展不平衡包括中心城区和郊区的地域不平衡、经营项目和内容的不平衡以及内外资健身企业提供的服务档次不平衡三方面。上海体育健身休闲业由于受地区经济、文化、自然环境和思想观念等多方面因素的影响，呈现较为明显的城乡差距和地域差距。中心城区体育健身休闲活动比郊区开展得广泛，体育健身休闲企业分布密集，健身休闲业的产值较高。中心城区以体育健身会所、俱乐部、大型场馆等形式开展业务经营，而郊区的体育健身休闲业一般以体育旅游和休闲度假为主，高档的健身企业较少。对体育健身休闲企业而言，外资俱乐部定位于高端健身市场，上海的高档健身休闲主要由国外品牌的健身企业垄断，面向高收入群体开展业务，能够获取较高的利润。近年来，上海虽然出现了一批知名品牌健身企业，但是缺乏明确的市场定位，既不能获得较高利润，又不能满足广大中低收入人群的需求，缺陷主要表现在没有形成知名的本土品牌，健身市场不平衡的状况没有完全改变。

（五）部分企业经营不规范

健身休闲消费一般都通过提前购卡的形式进行，由顾客预先支付一定的金额获得会员卡，通过在会员卡中充值进行预付消费，在消费过程中按照时间或者次数记录消费量，这是健身休闲行业的主流消费方式。在消费者购卡之前，消费者处于买方优势，健身休闲企业为了取得销售业绩必然把顾客视为“上帝”，一旦健身卡销售出去，健身企业就会以各种方式让消费者加速消费，以物价上涨为由提高收费标准，降低服务质量，减少项目安排，甚至减少健身次数等。在提供健身服务的过程中，健身行业要求服务人员持证上岗，实际上不仅存在无证上岗的情况，而且很多认证资质也流于形式，缺乏严格把关。一些健身会所在装修改建前，没有提前告知消费者，影响顾客正常锻炼，甚至出现突然停业的情况，给消费者带来损失。

五　上海体育健身休闲业的发展对策

上海体育健身休闲业已经初具规模，行业的进一步发展需要从软环境建设、空间布局以及企业配置等方面落实相关政策措施，以促进健身休闲市场的完善。

（一）塑造上海体育健身休闲业的产业环境

1. 落实产业政策

上海体育健身休闲业的健康发展必须有一定的政策支持，即产业政策，这是产业发展过程中的正常现象。即使是相对成熟的产业也不能完全放任于自由的市场体系中，通过制定积极的产业政策可以减少产业发展成本，赢得产业发展先机。上海体育健身休闲业目前还是新兴产业，通过制定有效的产业扶持政策能够让新兴产业尽快成长壮大。其一，降低行业进入门槛，通过放宽准入标准，鼓励社会各界投资体育健身休闲业；其二，制定行业经营规范，完善服务标准，减少不正当竞争，维护行业秩序；其三，引入竞争机制，通过优胜劣汰，提高行业服务水平。

2. 加强行业规范

体育健身休闲业是体育产业中高度市场化的内容，要遵循市场的基本规范，而市场规范是对所有行业普遍适用的基本制度，是宏观的规范体系。行业内的制度是企业间的规范，是行业发展的保证。具有行业特点的规范对行业发展意义重大，运用行业内的规范处理企业间的问题更有针对性，只有建立健全体育健身休闲业的行业规范，建立健全和规范行业运行机制，才能实现体育健身休闲业的良性竞争。

3. 优化企业环境

体育健身休闲企业作为一种市场组织，组织边界的内部是企业内部环境，和企业内部环境相对应的是企业的外部环境，外部环境主要是社会环境，包括社会、经济、人口等。营造良好的企业外部环境需要财政、税务、工商、银行以及治安等部门的协同合作，共同营造良好的社会环境，努力为健身休闲企业排忧解难、争取条件、提供支持。体育健身休闲业要和国际接轨，还需要营造良好的国际环境，让国内企业学习国外先进的体育服务业的运作和管理经验。

（二）完善上海体育健身休闲业的空间布局

空间产业布局是指各产业在某一空间区域的分布状况，涉及资源的配置及其变动，不同产业的聚集和当地的区位优势，以及不同配置方式对整个产业的影响，又称产业分布或产业布置。上海体育健身休闲业发展的空间布局相对集中，中心城区已成为上海体育健身休闲业发展的中心，发展格局基本形成，但是，体育健身休闲业的区域规划比较欠缺。需要根据现代城市发展理论，立足上海的城市特点进行规划，中心城区的体育健身休闲要立足上海市市区，主要是以内环以内为主，以大型健身休闲企业、连锁加盟健身俱乐部为主，并充分利用市级体育场馆、各个区的体育场馆以及高档宾馆酒店的健身中心等。内城区主要是内环线和中环线之间的地带，体育健身休闲业分布要尽量分散；外城区主要是中环线和外环线之间的地带，外环以外属于边缘区，指导思想是面向社区，建立社区性体育健身休闲俱乐部，在人流密集的地方规划健身休闲区域。最外层的是卫星城，应该以发展体育旅游、休闲和民俗传统体育为主。

（三）保证各种体育健身休闲组织协调发展

数量庞大的小型俱乐部构成了上海健身娱乐业的主体，小型健身企业有自身的不足，也有其独特的优势，小型健身企业的服务范围相对较小，服务的质量不高，而且小型健身俱乐部一般由私人运营，管理上不够规范，不能为消费者提供周到的服务。但是小型健身企业往往立足社区，贴近居民生活，收费较低，能够满足广大低收入人群的需求。而大型健身企业的服务能够做到专门化、规范化，实现全市乃至全国连锁经营。大型的体育健身公司，有利于经营项目的多元化，便于拓展服务范围，通过提供全方位的“一条龙”服务，拉长健身服务的产业链，便于培育和提升服务品牌，也能够实现规模经济。

体育健身休闲的产品必须多样化，服务必须层次化，这就要进行体育服务的细分，由大众普及型到高档、高雅和尊贵型多个层次。这些不同层次的体育服务往往是由不同的体育健身组织提供，所以，在强调发展大型体育健身连锁企业的过程中，也要鼓励更多的中小健身企业参与健身产品供给。完善的体育健身休闲市场既包括大型的健身休闲企业集团，也离不开数量庞大的中小健身俱乐部和社区连锁健身房以及高校、酒店、宾馆健身部门的广泛参与，只有这样才能形成成熟的体育健身休闲产业。

B.5

上海体育赛事产业发展现状与展望

徐 琳*

摘 要： 本文首先从不同级别赛事分析上海体育赛事现状，并结合上海赛事场馆服务、办赛模式分析上海体育产业的发展现状。从赛事对上海经济增长、城市品牌、城市人文环境、城市基础建设等方面的影响程度分析上海赛事的产业效益，从而发现，上海赛事产业中存在标志性体育赛事对城市经济贡献度较低、赛事项目结构不合理、固定赛事比例偏低、自主性赛事培育不够、国内体育职业联赛旅游带动效应弱、赛事运作主体市场化程度低、旅游等配套产业对赛事产业的支持力度有限等问题，提出，上海赛事要深化结构、增强效益、增强互动等。

关键词： 上海 赛事产业 效益分析 赛事旅游

当前，体育赛事已经成为城市营销中普遍使用的手段。很多国外城市都通过体育赛事成功实现了城市的复兴、转型和营销。近年来，我国城市化进程不断加快，各类体育赛事越来越受到国内城市的青

* 徐琳，博士，上海体育学院副教授，研究方向为体育营销、体育产业。

睐。众多中国城市均已提出借力体育赛事进行城市营销的规划和目标。上海 1983 年承办第一届全国综合性运动会——第五届全国运动会，就此开启了上海申办、举办国内外大型体育赛事的序幕。在《上海市体育事业发展“十五”（2000－2005）计划》提出的“积极申办具有世界一流水平体育赛事”的大赛承办方针的指引贯彻下，迄今为止，上海已经形成以 F1 中国大奖赛、ATP1000 上海大师赛、世界斯诺克上海大师赛、上海国际马拉松赛、汇丰高尔夫冠军赛和上海国际田径黄金大奖赛等六大标志性赛事为龙头，众多具有国内外影响力体育赛事百花齐放的格局。上海的体育赛事已经成为上海的一张亮丽名片。

一　上海体育赛事产业发展现状

依据《上海市体育事业与体育产业发展“十二五”规划》中设定的发展目标，上海需要具备和上海国际大都市地位相匹配、相一致的赛事发展水平，上海要培育具有国际影响力的品牌赛事，提升上海城市形象。同时，上海提出了力争到 2015 年，把上海基本建设成为体育产业发展迅速、重大赛事效益显著、体育文化氛围浓郁的具有国际知名度和影响力的国际体育强市。

现阶段，上海已经基本形成了国际赛事、全国赛事、市级赛事、区县级赛事等四级完备的赛事层级构成（见表 1）。不同层级的赛事互为补充、相互促进，满足了不同层面的城市发展需求。国际赛事和全国赛事相对规模大，影响力大，对上海城市的对外宣传和营销起到了积极的作用。而市级赛事和区县级赛事，其群众参与度高，是提升上海城市人文环境、提供体育公共服务的重要抓手和平台。

表 1 上海各层级赛事

赛事层级	部分代表性赛事
国际赛事	F1 中国大奖赛、网球 ATP
全国赛事	全国青年跳水锦标赛、中超主场比赛
市级赛事	上海市民运动会
区县级赛事	“一区一品”特色赛事

（一）上海国际和全国赛事举办情况

国际和全国赛事的举办具有标杆性、引领性作用。早在 20 世纪 90 年代，上海市政府就明确提出了建设“亚洲一流体育中心城市”的城市发展目标，并制定了“积极申办具有世界一流水平体育赛事”的战略方针。1998 年，上海成功引进了第一个具有国际影响力的喜力网球公开赛。随后，体育赛事纷纷入驻上海，而且大型、高水平、有影响的国内外赛事日益增多，上海体育赛事活动呈现日趋活跃的发展态势。现如今，上海形成了国际和全国赛事数量多、级别高、项目多样化等诸多特点的赛事格局。上海已经可以被称为中国乃至亚洲的赛事中心城市。

通过对 2011 ~2013 年上海举办的国际和全国赛事情况进行梳理，本文具体分析了上海国际和全国赛事的发展特点。

1. 赛事数量多、级别高

从表 2 可见，2011 年，上海共举办国际赛事 28 项，全国赛事 49 项。2012 年，上海共举办国际赛事 40 项，全国赛事 53 项。2013 年，上海共举办国际赛事 39 项，全国赛事 74 项。从 2011 ~2013 年的三年综合数据来看，三年总共举办了 283 项国际和全国赛事，平均每年举办国际和全国赛事约 94 项。其中，国际赛事占举办的国际和全国赛事数量的 37.8% 左右。

表 2 上海国际和全国级别的赛事举办数量

单位：项

年份	国际赛事数量	全国赛事数量	总数
2011	28	49	77
2012	40	53	93
2013	39	74	113
总计	107	176	283

资料来源：整理自国家体育总局 2011 年、2012 年和 2013 年的《全国体育竞赛计划》及《国际性体育竞赛计划》。

纽约和伦敦一直被公认为国际著名的体育赛事之都，这两个城市每年都会举行各种各样的体育赛事。根据纽约市体育委员会的统计，仅在 2008 年，纽约市就举办了 37 项国际赛事，40 项全国赛事。英格兰体育委员会和伦敦旅游局的数据则显示，2008 年，伦敦共举办各类国际国内重大赛事约 34 项，其中，国际赛事为 22 项，全国赛事为 12 项。而上海体育局 2008 年的竞赛表显示，2008 年，上海举办了 45 项国际赛事和 54 项全国赛事（见表 3）。可见，上海国际和全国赛事举办数量和级别已经超越了纽约和伦敦。

表 3 上海和纽约、伦敦体育赛事数量和级别比较（2008 年）

单位：项

城市	国际赛事数量	全国赛事数量	总数
纽约	37	40	77
上海	45	54	99
伦敦	22	12	34

如表 4 所示，2011 年，北京举办的国际赛事和全国赛事分别为 54 项和 29 项。而同年，上海举办的国际赛事和全国赛事的数量分别

为28项和49项。可见，2011年，上海和北京举办的高级别体育赛事相比，上海在总体数量上与北京相差不大，但国际赛事数量相对较少。

表4 上海和北京体育赛事数量和级别比较（2011年）

单位：项

城市	国际赛事数量	全国赛事数量	总数
北京	54	29	83
上海	28	49	77

通过上海和纽约、伦敦、北京的赛事数量和级别的对比，可以看出，上海举办的各类主要赛事无论在数量上还是在级别上都已经居于国内乃至国际的领先水平。上海的赛事格局呈现赛事数量多、级别高的特点，这为上海能够获得全国乃至国际体育赛事中心城市的地位初步奠定了基础。

2. 赛事举办时间安排合理

上海的国际赛事和全国赛事几乎月月不断。从2011～2013年的数据来看，上海基本上每个月都有全国和国际赛事举办。如表5所示，2011年7月是上海当年举办全国和国际赛事最多的月份，共举办了15项全国和国际赛事。其次是5月，共举办了13项全国和国际赛事。而1月和12月是2011年上海举办全国和国际赛事最少的月份，分别只举办了1项全国或者国际赛事。2012年5月是上海当年举办全国和国际赛事最多的月份，共举办15项全国和国际赛事。其次是10月，共举办了14项全国和国际赛事。2012年上海举办全国和国际赛事最少的月份为2月，是几年间唯一没有举办过全国和国际赛事的月份。其次是1月、12月，分别只举办了1项全国或者国际赛事。2013年5月，共举办20项全国和国际赛事，是当年举办全国和国际赛事最多的月份。其次是10月，共举办了16项全国和国际赛事。2013年2月和12月，是上海举办全国和国际赛事最少的月份，各举办过3项全国和国际赛事。

总体来看，每年的5月是上海举办全国和国际赛事的高峰月份，三年共计举办了48项全国和国际赛事，占三年全部全国和国际赛事的17%。其次是10月，三年共计举办了35项全国和国际赛事，占三年全部全国和国际赛事的12%。而每年的2月和12月分别是上海举办全国和国际赛事的低谷月份，三年中，这两个月分别只举办了5项全国和国际赛事，仅占三年全部全国和国际赛事的4%。

表5　上海的国际和全国赛事举办时间分布

单位：项，%

月份	2011年	2012年	2013年	总数	比例
1	1	1	8	10	4
2	2	0	3	5	2
3	7	5	15	27	10
4	8	9	9	26	9
5	13	15	20	48	17
6	7	6	11	24	8
7	15	11	8	34	12
8	7	10	4	21	7
9	9	9	9	27	10
10	5	14	16	35	12
11	3	12	7	22	8
12	1	1	3	5	2

注：①数据整理自国家体育总局2011年、2012年和2013年的《全国体育竞赛计划》及《国际性体育竞赛计划》。

②比例（%）=每月数量/全年数量总计。

通过2011～2013年3年间上海月国际旅游人数和月国际、全国赛事数量变化的比较来看，上海举办国际和全国赛事的高峰依次出现在每年4月、5月和10月，低谷出现在1月、2月和12月。月国际旅游人数的高峰依次出现在10月、3月、4月、9月和11月，低谷出现1月、2月和12月。两者的变化基本保持一致。但是，上海月国际、全国赛事数量变化幅度要大于月国际旅游人数变化幅度。

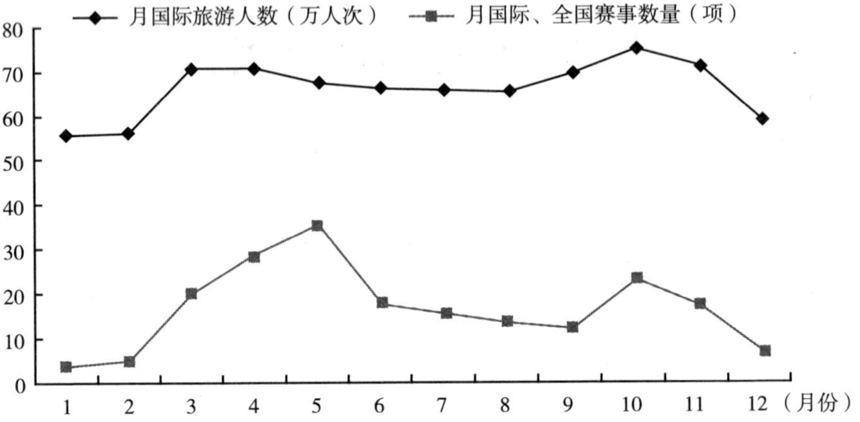

图1　上海月国际旅游人数和月国际、全国赛事数量变化（2011～2013年）

资料来源：《上海统计年鉴》（2011年、2012年和2013年）；国家体育总局2011年、2012年和2013年的《全国体育竞赛计划》及《国际性体育竞赛计划》。

3. 赛事项目多样化

上海的国际赛事和全国赛事项目呈现多样化特点。如表6所示，2011年，上海举办的全国及国际赛事具体包括足球项目、篮球项目、排球项目、乒乓球项目、汽摩项目、户外项目、冰上项目、田径项目、网球项目等。其中，户外项目、汽摩项目是上海举办全国和国际赛事的重点项目，户外项目三年共计举办了57项，占三年所统计赛事的43%；汽摩项目三年共计举办了44项，占三年所统计赛事的

33%；冰上项目，全国和国际赛事三年共计举办了10项，占三年所统计赛事的7%；而足球项目、篮球项目、乒乓球项目是所统计项目中举办最少的赛事项目，举办总数均为2项，分别仅占三年所统计赛事的1%。

表6　上海的国际和全国赛事项目分布

单位：项，%

项　目	2011年	2012年	2013年	总数	比例
足　球	0	1	1	2	1
篮　球	2	0	0	2	1
排　球	3	2	0	5	4
乒乓球	1	1	0	2	1
汽　摩	13	12	19	44	33
户　外	24	11	22	57	43
冰　上	8	2	0	10	7
田　径	7	0	1	8	6
网　球	0	3	1	4	3
总　计	58	32	44	134	100

注：比例（%）＝每项目赛事数量/各项目赛事数量总计。

资料来源：数据整理自国家体育总局2011年、2012年和2013年的《全国体育竞赛计划》及《国际性体育竞赛计划》。

4. 赛事以中小规模为主

上海举办的全国及国际赛事多以中小规模的单项赛事为主。如表7所示，2011～2013年，在上海举办的全国及国际赛事规模不一。其中2011年，规模人数小于等于100人的有30场，100～300人的有41场，300～600人的有6场，600～1000人的有4场，1000人及以上的有2场。2012年，规模人数小于等于100人的有33场，100～300人的有41场，300～600人的有11场，600～1000人的有5场，1000人及以上的有3场。2013年，规模人数小于等于100人的有42

场，100～300 人的有 51 场，300～600 人的有 4 场，600～1000 人的有 5 场，1000 人及以上的有 5 场。

总体来看，三年内上海举办的全国及国际赛事中人数规模为 100～300 人的最多，共 133 场，占全部全国及国际赛事的 47%。其次，是规模人数小于等于 100 人的，三年内共举办 105 场，占全部全国及国际赛事的 37%。此外，赛事规模人数在 1000 人及以上的总数为 10 场，仅占全部全国及国际赛事的 4%。

表 7　上海的国际和全国赛事举办规模

单位：场，%

规模	2011 年	2012 年	2013 年	总数	比例
≤100 人	30	33	42	105	37
100～300 人	41	41	51	133	47
300～600 人	6	11	4	21	7
600～1000 人	4	5	5	14	5
≥1000 人	2	3	5	10	4
总　计	83	93	107	283	100

资料来源：数据整理自国家体育总局 2011 年、2012 年和 2013 年的《全国体育竞赛计划》及《国际性体育竞赛计划》。

5. 拥有了一批稳定的顶级品牌国际赛事

上海现如今已经拥有了一批顶级品牌国际赛事，而且这些赛事已经在上海落户生根，成为上海一道亮丽的风景线。

如表 8 所示，上海现有的顶级品牌国际赛事包括 F1 中国大奖赛、网球 ATP、斯诺克上海大师赛、上海国际马拉松赛、田径黄金大奖赛、上海马术大师赛、高尔夫世界锦标赛等多项赛事。从起始年份上看，最早在上海举办的顶级品牌国际赛事是高尔夫世界锦标赛，距今 19 年，其次是上海国际马拉松赛事，距今 18 年。这些国际赛事来到上海后，大部分都选择了永久落户上海。

从举办时间来看，各项赛事全年有序分布，接力精彩。4月有F1中国大奖赛。5月有两场赛事举办，分别是田径黄金大奖赛和上海马术大师赛。高尔夫世界锦标赛举办时间为6月。斯诺克上海大师赛举办时间为9月。网球ATP在10月举办。12月，上海国际马拉松赛成为一年上海顶级赛事的尾声。

表8　上海顶级品牌国际赛事

赛事	赛事级别	举办时间	起始年份	赛事承办方
F1中国大奖赛	国际	4月	2004	上海久事国际赛事管理有限公司
田径黄金大奖赛	国际	5月	2005	上海国际田径黄金大奖赛有限公司
上海马术大师赛	国际	5月	2014	上海久事国际赛事管理有限公司
高尔夫世界锦标赛	国际	6月	1995	奥丰体育产业发展有限公司
斯诺克上海大师赛	国际	9月	2007	上海东亚(集团)有限公司
网球ATP	国际	10月	1998	上海久事国际赛事管理有限公司
上海国际马拉松赛	国际	12月	1996	市体育竞赛管理中心

6. 上海成为国内职业联赛的重要主场

上海作为中国的赛事中心城市，也是现有全部国内职业联赛的重要主场。

职业联赛为每年固定周期比赛。和赛会制赛事相比，职业联赛赛季持续时间长，媒体曝光时间长。例如，中超联赛从每年3月一直持续到11月。CBA联赛是从每年的12月持续到第二年的4月。另外，联赛的观众大部分是相对稳定的忠诚球迷群体，大部分会选择重复观赛。因此，多场次的联赛比赛可以成为提升主场城市旅游的重要吸引物。职业联赛对主场城市旅游增长有着长足的推动作用。高水平的职业体育比赛，可以为举办城市吸引广泛的注意力，为举办城市带来巨大的观赛及其相关经济效益。

如表9所示，2011～2014年，上海举办的国内职业联赛主场赛事共306场。其中，2011年，中超联赛、CBA联赛均举办15场，排球超级联赛举办10场，乒乓球超级联赛1场，羽毛球超级联赛17场，共计58场。2012年，中超联赛45场，CBA联赛16场，排球超级联赛13场，乒乓球超级联赛5场，羽毛球超级联赛14场，共计93场。2013年，中超联赛45场，CBA联赛18场，排球超级联赛10场，乒乓球超级联赛19场，羽毛球超级联赛15场，共计107场。2014年，中超联赛24场，CBA联赛10场，排球超级联赛3场，乒乓球超级联赛9场，羽毛球超级联赛2场，共计48场。

表9　上海国内职业联赛主场赛事举办数量

单位：场

年份	中超联赛	CBA联赛	排球超级联赛	乒乓球超级联赛	羽毛球超级联赛	总数
2011	15	15	10	1	17	58
2012	45	16	13	5	14	93
2013	45	18	10	19	15	107
2014	24	10	3	9	2	48
总计	129	59	36	34	48	306

注：2014年数据截至2014年7月。

（二）上海市级赛事的举办情况

上海不仅国际赛事和全国赛事数量多，而且市级赛事和区县级赛事也得到蓬勃发展。市级赛事是赛事体系中的中坚力量，是一个城市发展竞技体育和群众体育的重要平台和抓手。现如今，上海代表性的市级赛事和区县级赛事包括单项市级赛事、上海市民运动会、各区县举办的四年一届的综合性运动会等。上海市级赛事的发展呈现以下特点。

1. 赛事数量多

上海每年举办的市级赛事数量众多。如表 10 所示，2011 年，上海共举办市级赛事 342 项。2012 年，上海共举办市级赛事 298 项。2013 年，上海共举办市级赛事 336 项。三年共举办市级赛事 976 项，年平均约 325 项。

表 10　上海市级赛事举办情况

单位：项

年份	市级赛事数量	总数
2011	342	—
2012	298	—
2013	336	—
年平均数	325	976

资料来源：2011 年、2012 年、2013 年《上海市体育竞赛计划》。

2. 赛事以中小规模为主，但规模逐年增大

上海举办的市级赛事多以中小规模的单项赛事为主。如表 11 所示，2011 ~ 2014 年，在上海举办的上海市级赛事，举办规模不一。其中，2011 年，规模人数为 100 ~ 300 人的上海市级赛事最多，有 112 项；其次是规模人数小于等于 100 人的赛事，有 61 项；最少的是规模人数在 1000 人及以上的赛事，只有 15 项。2012 年，规模人数为 100 ~ 300 人的上海市级赛事最多，有 32 项；其次，是规模人数为 600 ~ 1000 的赛事，有 13 项；最少的是规模人数在 1000 人及以上的赛事，仅有 2 项。2013 年，规模人数为 100 ~ 300 人的上海市级赛

事最多，有 97 项；其次，是规模人数小于等于 100 人的赛事，有 73 项；最少的是规模人数在 1000 人及以上的赛事，仅有 13 项。2014 年，规模人数为 100～300 人的上海市级赛事最多，有 117 项；其次是规模人数小于等于 100 人的赛事，有 75 项；最少的是规模人数在 1000 人及以上的赛事，仅有 21 项。

总体来看，2011～2014 年，上海举办的上海市级赛事中人数规模为 100～300 人的最多，共 358 项，占全部市级赛事的 38%。其次是规模人数小于等于 100 人的，共 216 项，占全部市级赛事的 23%。此外，赛事规模人数在 1000 人及以上的总数为 51 项，仅占全部市级赛事的 5%。但是，人数在 1000 人及以上的大规模赛事数量在逐年增加。

表 11　上海市级赛事举办规模

单位：项，%

规模	2011 年	2012 年	2013 年	2014 年	总数	比例
≤100 人	61	7	73	75	216	23
100～300 人	112	32	97	117	358	38
300～600 人	48	11	25	45	129	14
600～1000 人	25	13	26	36	100	10
≥1000 人	15	2	13	21	51	5

资料来源：2011 年、2012 年、2013 年、2014 年《上海市体育竞赛计划》。

3. 赛事项目日益多样化

上海的市级赛事项目呈现多样化特点。如表 12 所示，2011 年，在上海举办的上海市级赛事项目，包括足球项目、篮球项目、排球项目、乒乓球项目、汽摩项目、户外项目、冰上项目、田径项目、网球项目等。2011 年，在上海举办的上海市级赛事项目中，户外项目赛事数量最多，共 29 项。其次是汽摩项目，共 16 项。2012 年，在上海举办的上海市级赛事项目中，举办最多的是户外项目，共 21 项。其次是汽摩项目，共 14 项。足球项目赛事只举办了 1 项。2013 年，在上海举办的上海市级赛事项目中，举办最多的仍然是户外项目，共 99 项。其次是汽摩项目，共 29 项，此外，之前没有举办过的冰上项目也举办了 4 项。2014 年，在上海举办的上海市级赛事项目中，举办最多的是户外项目，共 110 项，其次是汽摩项目，共 54 项，而冰上项目赛事只举办了 5 项。

总体来看，户外项目是上海举办的上海市级赛事重点项目，四年共计举办了 259 项，占四年所统计赛事的 49%，其次，汽摩项目的举办数量仅次于户外项目，四年共计 113 项，占四年所统计赛事的 21%。此外，冰上项目举办数量最少，四年共计 9 项，仅占四年所统计赛事的 2%。

表 12　上海市级赛事项目分布

单位：项，%

项目	2011 年	2012 年	2013 年	2014 年	总数	比例
足　球	3	1	9	8	21	4
篮　球	4	3	6	8	21	4
排　球	6	3	8	6	23	4
乒乓球	6	4	16	18	44	8
汽　摩	16	14	29	54	113	21
户　外	29	21	99	110	259	49
冰　上	0	0	4	5	9	2
田　径	6	4	6	6	22	4
网　球	5	4	4	7	20	4
总　计	75	54	181	222	532	100

资料来源：2011 年、2012 年、2013 年、2014 年《上海市体育竞赛计划》。

4. 赛事参与者以学生为主

上海市级赛事针对不同人群均举办了赛事，但现阶段主要是以学生为主。如表13所示，2011年，针对学生举办的赛事最多，共123项，其次是中老年人，共68项，最后是社会人群，共61项。2012年，针对学生举办的赛事最多，共56项，其次是社会人群，共9项，最后是中老年人，共4项。2013年，针对学生举办的赛事最多，共144项，其次是社会人群，共55项，最后是中老年人，共39项。2014年，针对学生举办的赛事最多，共201项，其次是社会人群，共51项，最后是中老年人，共18项。

总体来看，四年来上海市举办的市级赛事主要是针对学生这一群体，共举办赛事524项，占全部上海市级赛事的63%。其次，针对社会人群举办的上海市级赛事共176项，占全部上海市级赛事的21%。此外，针对中老年人举办的上海市赛事共129项，仅占全部上海市级赛事的16%。

表13　上海市级赛事针对人群情况

单位：项，%

参与人群	2011年	2012年	2013年	2014年	总数	比例
学　　生	123	56	144	201	524	63
社会人群	61	9	55	51	176	21
中老年人	68	4	39	18	129	16
总　　计	252	69	238	270	829	100

注：比例为占全部上海市级赛事的比例。

资料来源：2011年、2012年、2013年、2014年《上海市体育竞赛计划》。

5. 经费自筹是市级赛事经费主要来源形式

上海市级赛事经费来源主要有政府补助、报名费和政府补助、自筹等三种方式，但是自筹是市级赛事经费来源的主要方式。如表14

所示，2011 年，上海市级赛事经费自筹的有 118 项，经费来自报名费和政府补助的上海市级赛事有 71 项，政府补助的市级赛事仅有 36 项。2012 年，上海市级赛事有 113 项为自筹，经费来自报名费和政府补助的上海市级赛事有 37 项，仅有 31 项经费为政府补助。2013 年，上海市级赛事有 135 项为自筹，经费来自报名费和政府补助的上海市级赛事有 76 项，政府补助的有 51 项。2014 年，上海市级赛事有 114 项为自筹，经费来自报名费和政府补助的上海市级赛事有 91 项，政府补助的有 64 项。

总体来看，自筹是上海市级赛事经费来源的主要方式，四年共计 480 项，占全部统计数据的 51%；其次，兼有报名费和政府补助两种方式的上海市级赛事共计 275 项，占全部统计数据的 29%；最后，采用政府补助方式的上海市级赛事共计 182 项，占全部统计数据的 19%。

表 14　上海市级赛事经费来源

单位：项，%

经费来源	2011 年	2012 年	2013 年	2014 年	总数	比例
政府补助	36	31	51	64	182	19
报名费和政府补助	71	37	76	91	275	29
自筹	118	113	135	114	480	51
总计	225	181	262	269	937	100

资料来源：2011 年、2012 年、2013 年、2014 年《上海市体育竞赛计划》。

6. 赛事时间分布波段明显

上海每个月都有市级赛事举办。如表 15 所示，2011 年 5 月是上海当年举办上海市级赛事最多的月份，共举办了 45 项上海市级赛事。其次是 4 月，共举办了 34 项上海市级赛事。而 1 月和 12 月是 2011

年上海举办上海市级赛事最少的月份，各只举办了3项上海市级赛事。2012年5月，共举办21项，是当年举办上海市级赛事最多的月份。其次是10月，共举办了19项上海市级赛事。2012年上海举办市级赛事最少的月份为1月，只举办3项市级赛事，其次是12月，只举办了5项上海市级赛事。2013年5月，共举办40项上海市级赛事，是当年举办市级赛事最多的月份。其次是10月，共举办了39项上海市级赛事。2013年2月是上海举办市级赛事最少的月份，只举办过4项上海市级赛事。2014年5月，共举办44项市级赛事，是当年举办上海市级赛事最多的月份。2014年上海举办市级赛事最少的月份为12月，只举办2项市级赛事，其次是2月，只举办了5项市级赛事。

表15　上海市级赛事举办时间分布

单位：项，%

月份	2011年	2012年	2013年	2014年	总数	比例
1	3	3	5	13	24	3
2	5	6	4	5	20	2
3	26	10	24	39	99	11
4	34	17	35	34	120	13
5	45	21	40	44	150	16
6	14	15	24	31	84	9
7	22	7	17	19	65	7
8	15	10	15	15	55	6
9	11	6	19	19	55	6
10	11	19	39	61	130	14
11	10	18	23	37	88	10
12	3	5	12	2	22	2
总计	199	137	257	319	912	100

资料来源：2011年、2012年、2013年、2014年《上海市体育竞赛计划》。

上海赛事时间布局波段明显。总体来看，每年的5月是上海举办市级赛事高峰月份，2011～2014年共计举办了150项上海市级赛事，占四年全部上海市级赛事的16%。其次是10月，四年共计举办了130项市级赛事，占四年全部市级赛事的14%。而每年的2月和12月均是上海举办市级赛事低谷月份，四年中这两个月份分别只举办了20项和22项上海市级赛事（见图2）。

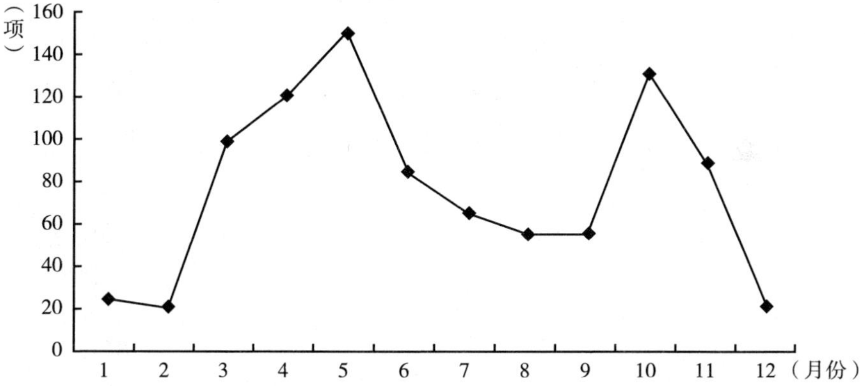

图2　上海四年（2011～2014年）每月市级赛事举办情况

资料来源：2011年、2012年、2013年、2014年《上海市体育竞赛计划》。

（三）上海区县级赛事举办情况

除了国际赛事、全国赛事和市级赛事，上海80%的区县已经形成了高水平、高等级的“一区一品”赛事。“一区一品”特色赛事目前已成为上海市各区体育发展的亮点。实施区县区域品牌和知名赛事的“品牌联合”战略，大大提升了上海各区县的品牌形象、文化内涵和综合竞争力。

如表16所示，崇明有环崇明岛女子国际公路自行车赛；金山有国际排联沙滩排球世界巡回赛上海大满贯；杨浦有亚洲极限运动锦标赛；黄浦有中国体育舞蹈公开系列赛；静安有国际剑联男女花剑世界杯赛等。这些“一区一品”赛事级别高，多为国际顶级赛事，受关注程度高。区县级赛事在获取可观的市场价值与社会效益的同时，也为各区县的政治、经济和社会文化发展注入新的动力，形成了一套区县和赛事互动发展的运行机制。

表 16　上海部分区县品牌赛事

区县	赛事名称	赛事级别
崇明	环崇明岛女子国际公路自行车赛	国际
金山	国际排联沙滩排球世界巡回赛上海大满贯	国际
杨浦	亚洲极限运动锦标赛	国际
黄浦	中国体育舞蹈公开系列赛	国际
徐汇	上海国际飞镖公开赛	国际
静安	国际剑联男女花剑世界杯赛	国际
嘉定	F1 汽车世界锦标赛	国际
长宁	体操健美国际大赛	国际
松江	网球 ATP	国际

（四）上海赛事场馆服务

赛场为上海赛事产业的发展奠定了良好的基础，体育场馆设施是体育赛事能够得以顺利开展的外部保障。上海体育场馆设施条件也处于国际领先。上海现拥有上海八万人体育场、上海体育馆、上海虹口体育场、上海源深体育中心、佘山高尔夫球俱乐部、卢湾体育馆、上海国际赛车场、上海旗忠森林国际网球中心等一大批具有承办国际赛事能力的体育场馆。这些场馆不仅为赛事的举办提供了优质的硬件条件，也成为当地的地标建筑和商业休闲中心。

（五）上海办赛模式

经过近几年的不断思考和探索，上海基本上形成了“3 + X”的办赛新模式。

所谓“3”，指上海先后成立组建的东浩兰生赛事管理有限公司、上海久事国际赛事管理有限公司和上海东亚（集团）有限公司三家大型专业赛事公司，这三家公司承办由上海市体育部门主管的上海70%的顶级国际品牌赛事。

如表17所示，从上海现有主要顶级品牌国际赛事的承办方来看，有三场顶级品牌国际赛事是由上海久事国际赛事管理有限公司承办，分别为F1中国大奖赛、网球ATP和上海浪琴马术大师赛。国际马拉松赛由东浩兰生赛事管理有限公司（前身为市体育竞赛管理中心）承办。斯诺克上海大师赛由上海东亚（集团）有限公司联合承办。

表17　上海顶级品牌国际赛事承办

赛事	赛事级别	赛事承办方
F1 中国大奖赛	国际	上海久事国际赛事管理有限公司
网球 ATP	国际	上海久事国际赛事管理有限公司
上海浪琴马术大师赛	国际	上海久事国际赛事管理有限公司
斯诺克上海大师赛	国际	上海东亚(集团)有限公司
国际马拉松赛	国际	东浩兰生赛事管理有限公司(前身为市体育竞赛管理中心)

“X”即体育总会、单项体育协会、各类体育社会组织以及国际、国内其他专业赛事公司。主要包括四类：一是原有品牌赛事的承办方，如田径黄金大奖赛由上海国际田径黄金大奖赛有限公司承办，高尔夫世界锦标赛由奥丰体育产业发展有限公司承办；二是“一区一品”赛事的承办方多为区县体育局或者区县体育局委托的专业赛事

公司；三是其他具有国际影响、市民喜闻乐见的，如短道速滑世界杯赛、NBA季前赛等赛事的承办赛事机构；四是大批的市级赛事的承办方——体育总会和单项体育协会。

如表18所示，2011年，上海市级赛事采用协会承办的有184项，采用协会和俱乐部共同承办的有26项。2012年，上海市级赛事采用协会承办的有82项，采用协会和俱乐部共同承办的有16项。2013年，上海市级赛事采用协会承办的有165项，采用协会和俱乐部共同承办的有21项。2014年，上海市级赛事采用协会承办的有114项，采用协会和俱乐部共同承办的有5项。总体来看，上海市级赛事采用协会承办方式居多，四年来共计545项，占所有统计数据的89%；其次是采用协会和俱乐部共同承办的，共计68项，占所有统计数据的11%。

表18　上海市级赛事承办方式

单位：项，%

承办方	2011年	2012年	2013年	2014年	总数	比例
协会	184	82	165	114	545	89
协会和俱乐部	26	16	21	5	68	11
总　计	210	98	186	119	613	100

资料来源：2011年、2012年、2013年、2014年《上海市体育竞赛计划》。

今后，上海体育赛事将按照“大赛靠专业公司，小赛靠体育协会”的模式推进，这也体现了上海体育行政部门管办分离、简政放权、加强监管、做好服务、推进立法的创新转型的新思路。

二　上海赛事产业的效益分析

体育赛事对上海的城市发展和城市竞争力产生了多方面的积极影响，主要体现在以下几个方面。

（一）推动上海城市经济增长和城市转型

上海城市的整体功能正由生产型向服务型转变。体育赛事产业具有环境污染少、资源消耗低、发展潜力大、市场需求强、产业关联性强等诸多特点，作为朝阳产业、绿色产业和新兴服务产业，其已经成为上海经济发展中不可忽视的推动力量。发展体育赛事产业不仅对上海市产业结构的优化升级具有良好的促进作用，对加快上海的社会经济转型发展具有十分重要的意义，而且赛事产业也为上海带来各种直接和间接的经济效益。

首先，体育赛事产业是体育产业的核心子产业，赛事特别是大型体育赛事的状态不仅是体现体育产业发展水平的重要衡量标准之一，而且能够帮助所在城市在短时间内吸引大量的游客，并刺激市民增加消费。赛事带来的观、吃、住、行、玩等消费活动已经大幅度地带动了上海城市及其周边地区的经济发展，成为上海经济发展的一项重要的动力来源。

一项体育赛事的经济价值高低主要受运动员、教练员和媒体记者等赛事参与者数量、现场观众总人数、专业观众数量、外来客源比例、在上海的逗留时间、观众消费能力等因素的影响。F1 参赛的十支球队中有九支来自欧美日等发达地区。这些参加上海 F1 赛事的车队有着数量庞大的服务团队，规模大的车队成员达 200 ~ 300 人，最小规模的车队成员也有 60 ~ 70 人。根据上海市人民政府外事办公室统计，F1 比赛期间，入境车队人数达 1300 ~ 1500 人。同时，F1 为上海带来了大规模的观赛和参赛人群。由图 3 可见，2004 年和 2005 年观众人数一度超过 20 万人次，经历过 2009 年和 2010 年的低谷后，F1 观赛人数开始回升。2011 年，F1 赛事三天现场观众总人数高达 18. 5 万人次。F1 上海站已经成为我国有史以来现场观众人数最多的单场体育比赛，总门票收入高达 3 亿元，这也是我国有史以来票房收入最高的体育比赛。8 年来，F1 三天累计的观众人数均超过了 10 万人次。

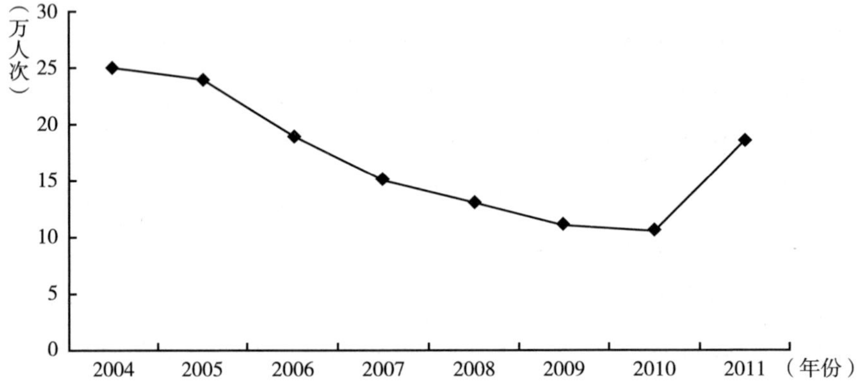

图 3　F1 现场观众人数

据统计，2004 年，F1 大奖赛（中国站）拉动上海旅游相关产业增长 20 亿元左右。例如，F1 赛事期间，上海以及周边城市的酒店入住率上涨 20%，客房价格也上升了 1 倍。离赛场较近的一些酒店的住房价格甚至上涨至平时价格的 4 倍。在 F1 中国站举办的 2004 年 9 月 19～26 日，锦江国际集团在上海的 30 家星级酒店的收入比 2003 年同期的收入增加了 3800 万元，增幅达到 65.7%；而上海香格里拉饭店在 2004 年 9 月 22～28 日的这一周内，客房收入比平时一周收入增加了 780 万元；金茂凯悦酒店平时每周的收入在 900 万元左右，而在 2004 年 9 月 22～28 日 F1 比赛的这一周的收入为 1560 万元，超过上海 APEC 会议时期的收入。上海体育学院体育赛事研究中心 2010 年的调查显示：2009 年，上海 ATP1000 大师赛给城市旅游业创造的税收收入为 2553.4 万元，新增就业岗位近 2040 人。

其次，体育赛事产业能有效带动如健身体育、休闲体育、体育中介、体育会展等上海体育服务产业的兴起与发展。

最后，体育赛事产业还能够带动如交通运输业、餐饮服务业、通信业、娱乐业、百货业、建筑业等相关产业的发展。例如，上海国际赛车场投资建设带动了上海的建筑和工程服务、旅店、餐饮、零售、机车修理和维护、保险、交通、房地产等多个行业的发展。2001 年，上海政府根据国际汽车联合会要求的赛道标准，投资 26 亿元在嘉定区安亭镇东北建设了上海国际赛车场；同时投资大约 7 亿元建设道路、通信、给排水等基础设施；用于赛车场周边的娱乐和商业设施的建设投资达 36 亿元。

（二）提升上海城市品牌影响力

塑造良好的城市形象、不断提升城市知名度是一个城市可持续发展的重要保证之一。大型体育赛事的举办对提升城市的知名度和塑造城市形象都可以起到积极的促进作用。

首先，在大型体育赛事的申办、筹备、举办、收尾的各个环节中，城市都受到国内外传媒的密切关注，这会大大提高上海的曝光率和知名度。例如，F1 大奖赛、ATP 系列赛等大型体育赛事的举办会在短时间内吸引大量境内外媒体关注，获得大规模、长时间的报道。通过国内外媒体的关注，上海独特的地理风貌、体育场馆建筑、代表性的城市地标、风俗习惯等通过媒体报道传播出去，世界各地的人们会通过这些媒体报道记住和认识上海。而经过著名国际体育组织的严格筛选，上海能成为最后申办成功的城市也自然会被投资者和旅游者视为优秀的城市，对上海城市品牌的塑造非常有利。

其次，大型国际体育赛事的举办会在短时间内吸引大量的境内外观众和业内人士的到来，借助赛事可以使人们实现对上海城市的感性和直接的认知，如果可以带来美好的体验，那么不仅这些观众和业内人士会显著提高将上海作为他们再次旅游目的地的概率，提高他们对上海城市形象的好感度，而且通过他们的口碑宣传，也可以影响其周边人群，直接带动上海城市旅游目的地发展，帮助塑造上海城市品牌形象。国际顶级赛事的媒体和观众中，境外观众和上海之外的国内地区的观众相对更多，这有利于上海的国际影响力和全国影响力的提高。例如，2012 年，上海 F1 赛事中，来自境外的观众占到 33%，其中，又以欧美人群为主；来自上海之外的国内其他地区的观众占到现场观众的 37%。

最后，上海现有的很多大型赛事拥有大量的媒体观众，这些观众虽然不能来到赛事现场，但是他们关注赛事，在观看赛事的过程中，也产生了对上海城市的认知。例如，2009 年 F1 大奖赛上海站，在国内外都获得了很高的曝光率，赛事的境外电视观众共计达到 6 亿人次，这对上海城市影响力的扩大起到了积极的促进作用。

可见，赛事产业已经为上海带来更多的媒体关注，增加了其曝光度，提高了其城市知名度。特别是一些大型赛事可以有效提升上海的城市品牌影响力，起到积极的城市营销作用。

（三）优化上海城市人文环境

大型体育赛事不仅可以展现上海特有的文化，而且可以促进上海的城市文化繁荣和发展，优化上海的城市人文环境，在上海世界城市建设中发挥重要作用。

首先，体育是现代城市生活的重要构成部分，是市民获得健康的最积极的途径和有效手段，是体现城市市民生活质量的重要指标之一。赛事可以有效带动上海市民体育运动的开展，丰富上海市民的社会文化生活。观看赛事已经成为上海市民休闲生活中的新热点，推动了上海文化的多元化进程。赛事提升了城市生活质量，形成了市民健身素养的健康氛围和科学、健康、文明的生活方式。

其次，赛事和与赛事相关的文化活动给上海留下丰厚的文化遗产，上海通过举办各类赛事可以将赛事体现的体育精神和文化特质融入上海城市文化，丰富上海的城市内涵，拓宽上海市民的文化视野，提高上海市民的素质。例如，网球场上有许多优良观看传统。网球观众观赏比赛有如欣赏一场音乐会，观赛途中需要保持安静，不能走动，也不能发出声音。球员与观众，球员与球员需要以礼相待。比赛进行中，网球场上，除了击球声，是希望听不到任何杂音的。当一分结束时，观众才能给予热烈掌声，表达他们对运动员精彩表现的赞赏和鼓励。上海市民从最初的吵闹、不懂观赛礼仪到现今已经基本掌握了网球的观赛礼仪，进行文明观赛，向全球体现了上海市民较高的素质。这都要得益于 ATP 大师杯上海站赛事多年的不懈培育。

最后，赛事文化的普及，可以推动上海的体育公共精神，提升上海市民对上海城市认同归属感，提高城市文明程度，改善城市价值体系，提升上海的文化品位。

（四）改善城市基础设施，调整休闲旅游空间布局

举办大型体育赛事会对城市基础设施数量的增加和质量的提升提出要求。因此，体育赛事已经普遍成为一个城市旧城改造及新城建设的催化剂，是城市功能整合规划和城市布局调整的一个重要契机。上海为了保障系列大型赛事的成功举办，陆续对各类体育场馆、城市交通运输、城市信息网络、社区卫生环境等基础设施建设进行了大规模的投资和改造，这使得上海市城市建设进入一个更加持续高速发展的阶段。

体育赛事的举办推动了城市休闲和旅游空间的扩展。如上海 F1 赛车场、旗忠网球中心、东方体育中心和金山城市沙滩等建筑和区域都是因体育赛事而逐渐产生和成长起来的上海新兴的城市休闲和旅游空间。

三　上海体育赛事产业发展中存在的问题

虽然上海赛事取得了很大的成就，对上海城市发展起到了积极的促进作用，但是仍然存在一些问题。

（一）体育赛事对上海城市经济贡献度较低

现场观众是赛事旅游价值的最直接的体现。上海的各项国际顶级赛事和国际上其他同级别赛事相比，赛事的现场观众人数都偏低。例如，同级别的印第安维尔斯 ATP 大师赛的现场观众总人次能达到近40 万人次，而上海 ATP 大师赛仅有十几万人次。F1 摩纳哥站现场观众总人次可以高达 120 万人次，而上海 F1 仅有 20 万人次。2011 年，纽约马拉松共有 4.7 万人参加，其中 60% 为外地参赛者。而 2011 年上海的参赛人数为 2 万人，其中外地参赛者比例较低。这说明上海的各项赛事的旅游价值尚待开发，上海标志性的几项体育赛事对上海城市经济贡献度相对较低，上海的各项体育赛事对旅游的带动作用也尚有进一步提升的巨大空间。造成上海顶级体育赛事对上海城市经济贡献度较低的原因是多方面的，比如，上海赛事和旅游部门缺乏必要的长期合作机制、上海举办赛事的历史较短、上海缺乏赛事文化和底蕴、赛事的宣传推广不到位等。

（二）体育赛事项目结构不合理

著名旅游城市的赛事项目结构一般有两大特点：一是国际主流项目赛事比例高；二是城市传统特色项目赛事比例高。国际主流项目普及率高，观众人群规模大，消费者能力强，对举办城市的旅游贡献度高。而城市传统特色项目可以体现城市旅游的差异化。因此，国际主流项目赛事和特色赛事是当今世界著名旅游城市的赛事重点。2008 年，伦敦举办了约 34 项主要的国际、国内重大赛事，在运动项目的数量分布上，除了伦敦传统的赛船和赛艇赛事占了 6 项外，其余的赛事几乎都集中在当今相对主流的运动项目上。

上海旅游的高端定位和打造世界著名旅游城市的战略目标都需要上海能够拥有一批具有高度影响力的国际赛事和体现上海本土气息

的特色赛事。而和伦敦相比，上海的赛事涉及的运动项目面比较广，但很多项目为国际冷门项目，对欧美等主流市场的旅游吸引力并不大。同时，上海也缺乏具有本土特色的赛事。

（三）固定体育赛事比例偏低

城市赛事产业的长序稳定发展需要城市拥有更多的固定周期赛事和一批自主品牌赛事。而现阶段，上海的固定周期赛事比例偏低，缺乏有影响力的自主品牌赛事，这都影响了体育赛事对上海城市旅游的持续推进力。固定赛事是指在一个城市长期举办的赛事。固定体育赛事有利于城市体育项目的文化塑造和专业观众的培育，也有利于对举办城市品牌进行持续性包装和营销，更有利于城市品牌认知度的提高。成熟的赛事观赏市场是一个以专业观众群为稳定核心、普通观众为外围的结构。专业观众是指热爱一项赛事和运动项目的观众，他们了解、认同该项运动的文化，对赛事的忠诚度高，往往每年都会固定来观赛，为城市带来稳定长期的旅游收益。例如，经过多年的培育，每年 F1 赛事观众中的重复观赏率都在上升。2011 年，对中国网球公开赛（简称“中网”）的观众调查显示，超过 5% 的中网老观众已经成为中网的忠诚观众。普通观众往往并不出于对赛事和运动的爱好来观看比赛，而是出于新鲜感、从众等因素来观看比赛，他们的规模比较大，但是相对不稳定。在缺乏体育文化基础的我国，很多运动项目专业观众市场都需要逐步培育，而这都需要有固定周期赛事发挥其影响和作用。2008 年，上海一共举办了固定周期赛事 24 项。而同期，纽约的固定周期赛事为 77 项。上海的固定周期赛事较少，不利于上海打造稳定的赛事旅游市场。

（四）自主性体育赛事培育不够

自主性品牌赛事是城市拥有永久举办权或者所有权的赛事。自主性品牌赛事有利于城市围绕赛事进行旅游产品的设计开发，有利于城市赛事旅游的长序稳定发展。上海现有的六大品牌赛事中没有具有影响力的自主品牌赛事。虽然上海已经形成了以六大品牌赛事为核心的赛事群，但是在上海现有的六大品牌赛事中，仅有上海国际马拉松赛是上海自主品牌赛事，其他的品牌赛事都属于申办赛事，这些赛事不仅需要高昂的申办费用，而且由于所有权归属于国际体育组织，会制约上海对赛事的长远规划和打造，也不有利于城市赛事旅游的长序稳定发展。

（五）国内体育职业联赛主场赛事旅游带动效应弱

职业联赛对主场城市的旅游增长有着长足的推动作用。高水平的职业体育比赛，可以为举办城市吸引广泛的注意力，为举办城市带来巨大的观赛及其相关经济效益。职业联赛为每年固定周期比赛，和赛会制赛事相比，职业联赛赛季持续时间长。意甲、英超和西甲等国际知名足球职业联赛都要持续将近 9 个月的时间，中超联赛从每年 3 月一直持续到 11 月。CBA 联赛是从每年的 12 月到第二年的 4 月。职业联赛一般都采用循环赛制，职业队的主场城市会获取举办多次比赛的机会，例如，2012 年中超联赛，上海共有 30 次主场比赛机会。另外，联赛的观众多是相对稳定的忠诚球迷群体，多会选择重复观赛。

多场次的联赛比赛可以成为提升主场城市旅游的重要吸引物。每一个高级别职业联赛中的俱乐部数量都是受到控制的。根据职业队的表现，职业队的球迷除了主场城市市民外，还有很多外地甚至境外的球迷。例如，根据权威市场调查机构 Kantar 2012 年 5 月提供的最新数据，曼联是全球最受欢迎的足球俱乐部，在全球拥有 6.59 亿名球迷，其中，中国的曼联球迷有 1.05 亿名之多。每个曼联主场比赛日，球场几乎场场爆满，球迷们从全世界各地潮水般涌来。而曼联球队和其主场老特拉福德球场也已经是全球曼联球迷重要的观光点。很多球迷为了曼联来到曼彻斯特。曼彻斯特已经成为世界上因足球而闻名的城市之一。曼联队也成了曼彻斯特最具世界知名度的标志性元素。曼联队为曼彻斯特旅游带来了丰厚的收益。

上海现在是中超申花俱乐部、申鑫俱乐部、上港和 CBA 联赛东方大鲨鱼队等众多职业俱乐部主场。但是，现阶段，中国职业联赛的水平不高、观众对联赛的信任度低。同时，球队对球迷培育重视不够，各俱乐部对球迷营销开发力度都不够，球迷群体规模有限，球市并不理想，这都影响了职业联赛对主场城市的带动效应。

（六）体育赛事运作主体市场化程度不高

现阶段，上海除了部分体育赛事由企业运作外，相当部分的赛事由非市场主体的体育相关政府主管部门主办。该类赛事并没有收益的考核，因此，主办方缺乏和旅游企业合作挖掘赛事旅游价值的动力。赛事主办方和旅游企业的合作也仅仅停留在简单的接待服务方面，而没有在赛事旅游产品设计、赛事推广和观众组织等核心层面开展合作，这也造成该类赛事资源开发度低，没能以体育赛事为龙头，构建上海体育赛事旅游的产业链。体育赛事对上海的城市旅游贡献度尚低。

市场化程度低的赛事运作企业对旅游市场的运作特点也缺乏了解，在赛事运作各环节上也没有充分考虑旅游市场的特点。例如，旅游产品一般需要至少提前一年时间进行推广，但是现有很多赛事的出票时间往往临近比赛；赛事运作企业在产品设计中过分追求竞技性，活动相对单一，对普通观众的吸引力不强；赛事运作方的宣传不到位，市场对赛事的知晓度不够。

（七）旅游等配套产业对体育赛事产业的支持力度有限

国际上，赛事产业是相对高端的一种旅游产品，赛事产业的长序发展需要普及赛事文化、培育赛事专业观众。赛事专业观众人群注重体验和参与，有别于传统的观光型旅游人群。而我国现有旅游企业对赛事市场文化和运作特点普遍缺乏了解，在赛事旅游中仍然沿用以往“只注重人数，不注重质量”的粗放低端的开发模式。例如，现阶段，我国的旅游企业尚未细分出体育赛事旅游市场，更没有针对专业观众开发设计出专门的赛事主题旅游产品，而仅将赛事作为其原有旅游产品的补充。这种模式首先无法满足赛事专业观众的需求。其次，在现有旅游市场运作模式下，通过旅游企业带来的观众和赛事的匹配度低，也难以为赛事带来专业观众。

近几年，F1 观众数量的变化是对赛事专业观众重要性的最好诠释。在 F1 最初的2004 年、2005 年，F1 的观众一度达到25 万人次，而之后，因为我国尚未形成真正的 F1 文化氛围，很多观众并非 F1 车迷，只是图个新鲜，待新鲜感一过，观众人数也开始逐年锐减，2009 年 9 月的 F1 上海站的观众数仅为 13 万人，最低谷的 2010 年，F1 上海站仅吸引了 11 万多名观众入场观看比赛。直到2011 年，观众人数才开始回升。因此，我国旅游市场现有的运作模式很难适应赛事旅游的需求，对赛事的支持力度有限。

四 上海体育赛事产业发展对策

（一）强化体育赛事规划指导，优化体育赛事结构

从上海城市整体发展战略的高度，依据“政府引导、社会参与、市场运作”的运作模式，对赛事的申办、引进、举办和运作等事项进行宏观决策规划。从城市品牌形象提升、城市竞争力增强的角度和标准选择与安排赛事。要积极申办、引进各类具有群众基础的主流国际体育赛事，创办丰富多样的群众喜闻乐见、参与度高的群众性赛事，最终形成以足球、篮球、排球、乒乓球、羽毛球、网球、田径、游泳、水上、棋牌等主流和特色项目的联赛、擂台赛、挑战赛为主

体，多种赛事并存的赛事体系。注重赛事的可持续性，提高固定赛事比例，要选择一批具有较高发展潜力的赛事，争取长期举办。积极培育上海自主品牌赛事，在现有赛事基础上培育、扶持、形成一批“规模大、级别高、影响广、效益好”并能凸显上海形象的品牌赛事，对部分前期投入成本高、社会效益较明显的赛事，政府需要加大扶持力度。要深入挖掘、发扬上海城市独具一格的体育文化元素，并使之融入上海的赛事发展。

（二）培养体育赛事运作团队，提高体育赛事运作效益

大力培育赛事管理人才、职业经理和经纪人。积极引入优质的国内外赛事专业公司与机构落户上海，培育本市自主品牌的高水平专业赛事运作公司。扶植专精尖的赛事运营服务机构，鼓励更多市场主体进入赛事产业，引导赛事运作团队采用赛事专业策划、赛事专业操作、赛事专业营销和赛事专业服务，来提高赛事运作专业化水平，进一步提升办赛质量和赛事运作效应。进一步协调与媒体的关系，开展积极合作，探索推动体育赛事无形资产的开发。建议设立赛事产业专项资金，出台赛事专项资金申请指南和评估办法，并以此为杠杆培养优质赛事运作团队，提高赛事运作效益，推进上海赛事产业发展。

（三）积极推动体育赛事与上海城市良性互动发展

推动体育赛事与城市互动发展是上海建设世界著名城市的重要战略举措。首先要以体制机制创新为动力，以整合赛事和上海其他城市资源为核心，以重点赛事为突破口，充分发挥政府、社会和市场的力量，将上海打造成为全国乃至世界范围内著名的赛事示范区，为上海世界著名城市建设做贡献。

B.6

上海体育场馆服务业发展现状与展望

钟天朗　司方祺*

摘　要：本文通过分析梳理上海体育场馆服务业的运营管理现状认为，上海体育场馆服务业发展具有全方位融入市场经济、多元的管理模式、社会效益和经济效益并举等特点，并指出，上海体育场馆服务业务的发展过程存在着场馆之间发展不平衡、优惠政策支持不够、管理法制化程度低、缺乏专业的管理人才等问题。从发展现状和存在问题出发，结合历史发展趋势，进一步展望了上海体育场馆服务业的发展态势。

关键词：体育场馆服务业　发展历史　运营模式　上海

体育场馆作为国家投资或筹集社会资金兴建的，属国家或各级体育行政部门管理的，用于开展社会体育活动的，满足广大群众进行体育健身休闲娱乐或观赏体育比赛以及运动员训练、竞赛需求的体育活动场所，是政府提供基本公共体育服务、实施《奥运争光计划》和全民健身计划、构建社会主义和谐社会、从体育大国迈向体育强国的一项重要物质基础。①

---

* 钟天朗，学士，上海体育学院教授，研究方向为体育经济、体育产业经营管理；司方祺，教育学硕士，上海宝山体育中心管理有限公司，研究方向为体育场馆。

① 钟天朗：《体育经营管理——理论与实务》（第二版），复旦大学出版社，2012。

体育场馆服务业是体育产业的重要组成部分。上海体育场馆从20世纪80年代开始出现经营活动。经过30多年的发展与探索，上海积累了丰富的体育场馆服务管理经验，同时也发现了不少问题。以2014年《上海市体育局开展体育场馆使用情况专项检查工作的自查报告》及相关调查数据为基础，就上海体育场馆服务业的发展情况及发展态势进行分析。

一　上海体育场馆服务业运营管理现状

（一）上海体育场馆服务业运营管理模式概述

改革开放以来，上海体育场馆服务业的运营管理模式呈现以事业单位自主运营为主、多种运营管理模式并存的现状。《上海市体育局开展体育场馆使用情况专项检查工作的自查报告》提供的统计数据显示，到2013年底，上海采用事业单位自主运营的场馆67个（占69.07%），采用企业单位自主运营和委托专业机构运营的场馆各14个（各占14.43%），采用其他运营管理方式的场馆2个（占2.06%）（见图1）。

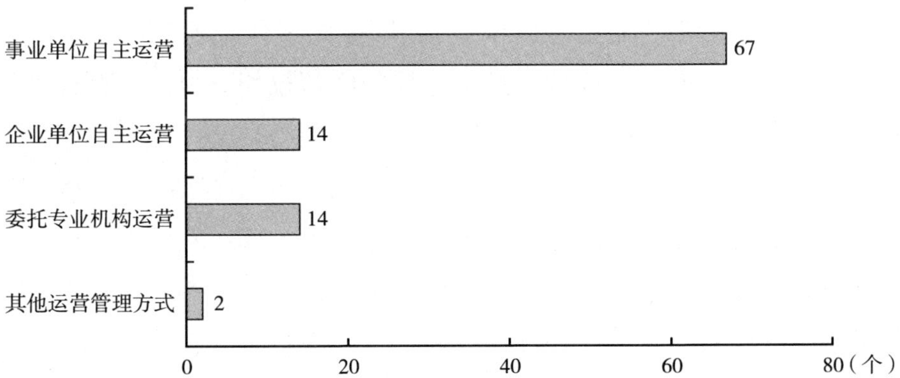

图1　上海体育场馆运营管理模式情况

资料来源：参见上海市体育局计财处《上海市体育局开展体育场馆使用情况专项检查工作的自查报告》，2014。

1. 事业单位自主运营模式

事业单位自主运营模式有“全额预算”运营管理和“差额预算”运营管理两种类型。

所谓“全额预算”运营管理的体育场馆，即实行“收支两条线”。政府主管部门将体育场馆作为自己的下属机构直接对其进行管理。体育场馆的一切运营和维护费用由财政部门统筹安排核准后，从国库或预算外资金财政专户拨付，体育场馆的经营性资产全部剥离划归国资委，体育方面的经营收入则作为行政事业性收费全额上缴国库或作为预算外资金进入财政专户。目前，上海闵行体育馆、闵行游泳馆、长宁国际体操中心等体育场馆就实行这一运营管理模式。

所谓“差额预算”运营管理的体育场馆，即在建立相应的目标考核机制的前提下，体育场馆的人员费用一般由财政部门拨款，其他费用自筹；或体育场馆运营收支相抵后的不足部分由财政部门拨款，或是进行托底拨款。目前，上海市仙霞网球中心、田林体育俱乐部等体育场馆就实行这一差额预算事业单位的运营管理模式。

2. 企业单位自主运营模式

所谓“企业单位自主运营模式”，即按照现代企业制度要求建立的体育场馆管理模式。其特点是所有权和经营权相分离。所有权属于国家或代表国家行使资产管理的国有资产管理委员会，经营权则属于企业（或公司），企业（或公司）对体育场馆的经营活动全权负责。政府主管部门一般只负责提供场馆的大修和改扩建经费的划拨，体育场馆的其余所有运作费用（含日常维修及各类人员的工资、奖金、福利等）均由自己承担。场馆财务采用企业财务制度，独立核算、自负盈亏。各级体育主管部门与该体育场馆没有行政隶属关系，但在业务上会存在一定的往来或沟通。目前，上海东亚体育文化中心就实行这一企业单位自主运营模式。

3. 委托专业机构运营模式

所谓“委托专业机构运营模式”，就是甲方（体育场馆产权方）在不改变该体育场馆功能定位和产权性质的前提下，委托乙方（公司、企业或其他社会组织）在被委托的期限内全权负责体育场馆日常运营管理的一种方式。双方在托管合同中一般会明确约定委托期间双方的权利和义务以及相应的违约条例，并负责对被委托方的经营活动进行监管和约束。目前，上海江湾体育场就实行这一运营管理模式。

4. 事业单位企业化运营模式

所谓“事业单位企业化运营模式”，即体育场馆在保留原来的事业单位编制及管理团队的基础上，再成立一个具有法人资格的公司对体育场馆的经营活动进行运营管理，该运营管理团队的人员均来自原来事业编制的管理团队人员，故被称为“一套班子，两块牌子”。在这种运营管理模式下，体育场馆的重大决策需要报体育主管部门审批或备案。公司内部采取统一的分配形式，所有员工均采取同工同酬的分配制度。该体育场馆的财务管理制度采用独立核算、自负盈亏的财务管理制度。体育场馆的日常维修及聘用人员的工资、奖金、福利等运作费用均由自己承担。政府主管部门一般只承担事业编制员工的工资收入以及场馆的大修、改建等费用。目前，浦东源深体育发展中心、卢湾体育中心、浦东游泳馆均采取这一运营管理模式。

（二）上海体育场馆服务业经营状况概述

1. 上海体育场馆服务业的经营收入稳步提升

长期以来，体育服务业的经营状况不容乐观，特别是体育场馆，由于担负着政府提供公共服务的重担，所以不能完全地市场化运作。但与过去相比，上海体育场馆服务业的经营整体状况得到逐渐改善，经营收入也呈现稳步上升的趋势。

《上海市体育局开展体育场馆使用情况专项检查工作的自查报告》提供的统计数据显示，2013 年，上海市体育场馆经营总收入合计达 3.05 亿元，较 10 年前的 1.40 亿元增长了约 117.86%。其中，开展体育及相关活动经营收入 19458.42 万元；改变体育功能进行商业性娱乐性经营收入合计 4116.61 万元，占场馆经营总收入合计比重 13.5%[①]。

2. 上海体育场馆服务业的经营范围不断拓展

上海体育场馆在满足运动训练和大型赛事需求的同时，积极对外开放，并充分利用体育场馆的各种功能用房、闲置土地、疏散平台以及看台下的空间等附属设施，开展多种经营开发工作，经营范围不断拓展。

《上海市体育局开展体育场馆使用情况专项检查工作的自查报告》提供的统计数据显示，上海多数体育场馆不仅围绕体育功能进行多种经营，也改变体育功能进行商业化、娱乐化经营。其中，开设餐饮服务的场馆数量为 17 个，占用面积合计 16326.8 平方米；开设咖啡馆的场馆数量为 1 个，占用面积合计 600 平方米；开设茶馆的场馆数量为 5 个，占用面积合计 3343.4 平方米；开设住宿服务的场馆数量为 4 个，占用面积合计 20081.5 平方米；开设理发、美容服务的场馆数量为 1 个，占用面积合计 80 平方米；开设洗浴服务的场馆数量为 1 个，占用面积合计 3000 平方米；开设体育用品销售的场馆数量为 13 个，占用面积合计 3565.9 平方米；开设百货、超市零售的场馆数量为 3 个，占用面积合计 3150 平方米；开设食品、饮料销售的场馆数量为 2 个，占用面积合计 407.3 平方米；开设彩票销售的场馆数量为 7 个，占用面积合计 301 平方米；开设其他销售服务的场馆数量为 1 个，占用面积合计 110 平方米（见表 1）。

---

① 上海市体育局计财处：《上海市体育局开展体育场馆使用情况专项检查工作的自查报告》，2014。

表 1　上海体育场馆开展多种经营项目一览

经营范围	餐饮服务	咖啡馆	茶馆	住宿服务	理发、美容服务	洗浴服务	体育用品销售	百货、超市零售	食品、饮料销售	彩票销售	其他销售服务
数量(个)	17	1	5	4	1	1	13	3	2	7	1
面积（平方米）	16327	600	3343	20082	80	3000	3566	3150	407	301	110

资料来源：参见上海市体育局计财处《上海市体育局开展体育场馆使用情况专项检查工作的自查报告》，2014。

二　上海体育场馆服务业发展的特点

（一）全方位融入市场经济

上海体育场馆服务业自改革开放特别是在党的十四大以后逐步开始市场化运营，将市场作为资源配置的主要方式，根据市场需求提供各种服务。经过 30 多年的摸索，上海体育场馆快速、繁荣发展，竞赛表演市场、体育健身娱乐休闲市场皆显示了巨大的市场潜力。其中，以上海东亚体育文化中心为代表的部分体育场馆已实现了从“政府负担”到“企业财富”的转变。上海东亚体育文化中心体育赛事承接频繁，体育培训服务市场日益火热。据统计，上海东亚体育文化中心平均每周都有体育赛事，平均每日都有超过四个项目的体育培训班开课。除此之外，其运动健身、包厢俱乐部、上海体育场贵宾区、体育名品专卖店、中心参观旅游等相关业态也呈现良好的发展态势（见表 2）。

目前，上海体育场馆全部实现对外开放，开放时间也基本覆盖全年。《上海市体育局开展体育场馆使用情况专项检查工作的自查报告》提供的统计数据显示，上海开放场馆户外公共区域及户外健身器材的场馆 37 个，占总场馆数量的比重约为 35%，全年平均开放天数为

表2　2006～2008年上海东亚体育文化中心体育赛事承接一览

年份	赛事名称
2006	2006上海国际田径黄金大奖赛 2006国际跳水冠军巡回赛上海站 中国WBA国际职业拳击拳王争霸赛 第一届环沪港国际自行车大赛 2006CBA全明星赛
2007	2007夏季特殊奥运会 2007世界斯诺克荣威上海大师赛
2008	2008梅赛德斯－奔驰"明日之星"青少年网球训练营 2008上海斯诺克·上海荣威大师赛 2008上海国际田径黄金大奖赛嘉年华 2008上海国际田径黄金大奖赛 2008全国极限运动精英赛 2008上海市学生运动会跳水比赛 2008"菲亚特"杯足球邀请赛 2008年迎奥运"申威杯"上海青少年网球锦标赛 2008美国洛杉矶银河队VS上海东亚联队 2008东方体育日报"红双喜"杯迎新春羽毛球赛

资料来源：参见田军、曹欢欢、陆亨伯《公共体育馆市场化运营模式研究》，《浙江体育科学》2011年第3期。

330天；开放户外场地的场馆50个，占总场馆数量的比重约为47%，全年平均开放天数为340天；开放室内场地的场馆数量62个，占总场馆数量的比重约为58.5%，全年平均开放天数为360天（见表3）。

表3　上海部分体育场馆运营管理模式一览

开放区域	数量(个)	所占比例(%)	年均开放时间(天)
场馆户外公共区域及户外健身器材	37	35	330
户外场地	50	47	340
室内场地	62	58.5	360

资料来源：参见上海市体育局计财处《上海市体育局开展体育场馆使用情况专项检查工作的自查报告》，2014。

（二）服务项目种类齐全

上海体育局系统下属的体育场馆服务项目的设置日益齐全，1987年12月底，上海体育局系统下属的体育场馆拥有各类运营项目只有37项，仅到2003年12月底，上海体育局系统下属的体育场馆拥有的各类运营项目已经达到176项。2003～2013年，体育场馆服务项目陆续充实，又增加了赛车、马术、帆船帆板、射击射箭等服务项目，上海体育场馆服务项目种类基本齐全。在体育场馆的服务项目中，大众化项目发展较快，这是由于此类项目具有广大的群众基础，对运动技能的要求相对较低，群众上手较快，娱乐性较强，且从事此类项目需要的经济成本较低，市场对此类项目的需求较大。目前，羽毛球、乒乓球、篮球等大众化体育项目基本成了上海体育场馆的标准配置，此类项目也给上海体育场馆带来了大量的体育消费者与丰厚的经营收入（见表4）。

表4　上海体育场馆运营项目设置及发展概况

单位：项

项　目	1987年12月底	1992年12月底	1999年12月底	2000年12月底	2001年12月底	2002年12月底	2003年12月底
溜　冰	4	4	7	7	6	7	7
健　身	3	3	10	14	17	17	17
乒乓球	4	6	17	25	26	22	25
羽毛球	—	—	20	24	25	15	26
足　球	7	7	10	11	11	8	11
保龄球	—	1	3	3	3	4	4
网　球	2	6	14	15	16	12	18
游　泳	16	16	22	25	25	24	26
棋　牌	—	—	4	7	9	9	10
台　球	1	1	7	9	10	15	16

续表

项　目	1987 年 12 月底	1992 年 12 月底	1999 年 12 月底	2000 年 12 月底	2001 年 12 月底	2002 年 12 月底	2003 年 12 月底
壁　球	—	—	—	1	2	3	4
飞　镖	—	—	2	2	2	2	3
弓　箭	—	—	1	1	1	1	1
其　他	—	—	3	5	7	7	8
总　量	37	44	120	149	160	146	176

资料来源：参见钟天朗《上海体育场馆运营现状研究》，第22届中国国际体育用品博览会体育产业与体育用品业发展论坛论文集，2008。

（三）坚持社会效益与经济效益并举

上海体育场馆在运营管理中坚持社会效益与经济效益并举的方针，积极探索与建立公益惠民与市场运营相协调、训练保障与市民开放相兼顾、社会效益和经济效益并举的公共场馆的运营机制与服务管理方式方法。《上海市体育局开展体育场馆使用情况专项检查工作的自查报告》提供的统计数据显示：2013 年，上海体育场馆全年接待体育健身 18359993 人次，举办体育赛事活动 670 次，举办群众体育活动 721 次，举办文艺演出等活动 72 次，举办其他公益性活动 286 次，基本确保既服务好市民群众，又保障好业余训练，并取得应有的经济效益，保证了场馆的平稳运营（见表 5）。

表 5　上海体育场馆举办活动一览

举办活动类型	体育赛事活动	群众体育活动	文艺演出等活动	其他公益性活动
频数(次)	670	721	72	286

资料来源：参见上海市体育局计财处《上海市体育局开展体育场馆使用情况专项检查工作的自查报告》，2014。

（四）倡导多元化的运营管理模式

体育场馆经营模式的选择对其经营状况的改善具有重要的意义，体育场馆的管理模式与运行机制的对应不是绝对的。不同类型的体育场馆采用的运营管理模式不尽相同，同一种管理模式可以对应不同的运营机制，不同的管理模式也可以对应同一种运营机制。

在坚持体育场馆经济效益和社会效益并举方针的前提下，上海不少体育场馆引入市场机制，大胆改革创新，倡导多元化的运营管理模式。目前，上海体育场馆除了有全额拨款、差额拨款、自收自支、委托管理、企业化管理等运营管理模式外；同时存在“自主运营＋委托管理”“自主运营＋购买服务”“自主运营＋租赁”“自主运营＋租赁＋委托”等不同类型的运营管理模式。

（五）凸显政府提供基本公共体育服务的职能

基本公共体育服务，就是指建立在一定社会共识基础上的，由政府主导提供的，与经济社会发展水平和阶段相适应的，与市民身体素质和生活质量密切相关的，旨在保障、覆盖全体公民基本体育需求的体育环境与条件的公共产品和服务行为的总称。享有基本公共服务属于公民的权利，提供基本公共服务是政府的职责。

随着社会经济的发展、人民生活水平的提高、余暇时间的增长、体育意识的增强，上海居民对基本公共体育服务的需求在不断增长。体育场馆作为政府提供公共体育服务的窗口与主要阵地，应该成为政府基本公共体育服务的主要供应者。为此，上海体育场馆在运营管理中，除了提供竞赛表演及体育健身场地设施服务外，还十分重视提供体育活动、体育健身组织、体育健身指导、体育信息咨询、体质监测等其他类型的基本公共体育服务，以凸显政府提供基本公共体育服务的职能（见表6）。

表6　上海体育场馆提供基本公共体育服务类型一览

被调查的上海体育场馆提供基本公共体育服务的类型	占被调查者的(%)	排序
体育健身设施服务	100	1
体育活动服务	96.43	2
体育健身组织服务	92.86	3
体育健身指导服务	71.43	4
体育信息咨询服务	67.86	5
体质监测服务	32.14	6

资料来源：参见徐敏《上海公共体育场（馆）提供体育公共服务现状与对策研究》，上海体育学院硕士学位论文，2013。

三　上海体育场馆服务业发展中存在的问题

（一）体育场馆之间发展不平衡

目前，上海体育场馆的运营管理与发展思路不统一，既有完全公益性的场馆，又有完全经营性的场馆，也有两者兼顾的场馆。首先，体育场馆发展思路不统一是导致体育场馆之间发展不平衡的重要因素之一。其次，区位环境的差异也是导致体育场馆之间发展不平衡的影响因素之一。上海市各区域经济发展水平差异较大，居民消费水平不一，地价差距明显，这导致上海体育场馆在运营管理过程中面对的是完全不同的市场环境，做出的是不同的市场决策。最后，上海体育场馆的场馆大小、场馆建设时间、场馆功能等自身禀赋不尽相同，这些场馆自身禀赋的差异也导致了场馆之间发展的不平衡。

服务价位不平衡。场馆之间发展不平衡最显而易见的表现就是场馆服务产品价位上的差距大，同样服务项目的产品价格可能是呈倍数的差异。例如，闵行体育馆室外网球项目的夜场收费是60元/小时，而杨浦区体育活动中心的则是120元/小时，同样的体育项目，同样的时间段，价格却相差1倍。

服务时间不平衡。以网球项目为例，被调查对象中上海市康东网球馆的周开放时长比东方体育中心的周开放时长多出42%，网球项目上的开放时长安排差异较大（见表7）。

表7　上海市部分体育场馆网球项目周开放时长一览

场馆	东方体育中心	上海旗忠森林体育城网球中心	杨浦体育活动中心	上海市仙霞网球中心	上海市康东网球馆
周开放时长(小时)	84	101.5	105	112	119

资料来源：各体育场馆的官方网站。

经营收入不平衡且差距较大。有关统计资料的分析表明：东方体育中心、上海体育馆、上海市体育宫2013年年经营收入皆超千万元，而中原体育场则刚过百万元，最大经营收入之差可达到数十倍（见图2）。

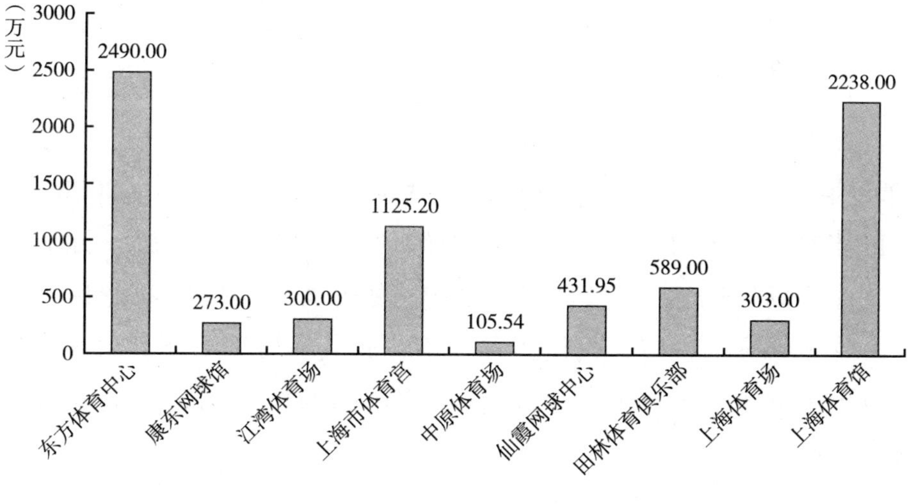

图2　2013年上海市部分体育场馆年经营收入

资料来源：各体育场馆的官方网站。

公共服务范围和力度不平衡。政府没有制定统一的公共服务标准与要求，导致各体育场馆在提供基本公共体育服务的内容与标准差异性较大，如体质监测服务仅有杨浦区体育活动中心等少数体育场馆能够提供。

场馆内部管理水平不平衡。体育场馆的管理涉及场馆的人员管理、财务管理、设备管理、票务管理、风险管理等内容，对于如此庞大的管理工程，虹口足球场、闵行体育馆已引入 ISO9000 系列标准进行规范化管理，而大部分体育场馆则仍维持传统的管理方式，管理效率相距较大。

（二）缺乏优惠政策的支持

近年来，上海体育场馆发展面临的突出问题是缺乏相应的优惠政策支持，体育场馆被要求承担公益开放的任务，但在其实际开放的过程中，体育场馆与其他经营单位一样，其经营活动也需要缴纳各种各样的税费，且缴纳的税费种类繁多、税费过重。据笔者调查，上海体育场馆在运作过程中，需要缴纳的各种税费主要有：企业所得税、营业税、增值税、房产税、土地使用税及其他附加税费。在走访调查中，我们了解到，某区体育局下属的一个游泳馆 2007 年上缴各类税费 250 万元，占总收入的 17% 左右。2008 年，某区体育局下属的一个游泳馆缴纳的税费也超过 60 万元。除此之外，体育场馆的水、电、气等能源使用费也完全按照商业标准收费。这些繁重的税费不仅使体育场馆开放成本居高不下，也在一定程度上限制了体育场馆特别是有经营指标的体育场馆的公益性开放①（见表 8）。

① 钟天朗、程业贵：《上海体育局系统游泳馆运作效益及影响因素》，《体育科研》2009 年第 6 期。

表 8　2008 年某区体育局下属的游泳馆交纳的税费一览

游泳馆需要交纳的税费类型	纳税的税率(%)	纳税总额(元)
企业所得税	20	151523.41
营业税	3	314181.66
营业税	5	58135.55
增值税	4	11941.83
附加:河道管理费收入	1	3842.60
教育费附加收入	3	11527.80
城市维护建设税	7	26898.20
房产税		57258.00
土地使用税		30360.00
合　计		665669.05

（三）管理法制化程度较低

法律、法规和条例是市场经济的“游戏规则”，因此，体育场馆进入市场，开展经营活动也需要建立、健全和完善相应的法律法规和条例。目前，上海也出台了《上海市市民体育健身条例》《保龄球市场管理条例》《营业性体育场所管理条例》等地方性的体育方面的行政法规或条例，但是，针对体育场馆运营、服务、管理方面的法律法规条例几乎空缺。体育场馆在运营、服务、管理等方面只能借鉴其他相关的法律法规或条例，从而导致体育场馆的服务标准问题、服务安全监督问题、高危性体育项目的监管问题、体育服务质量认证等问题均无法可依。

（四）缺乏体育场馆经营管理的专门人才

上海体育场馆的经营管理者有一部分是退役教练员、退役运动员、退伍专业军人等，其中大多数管理者没有专业的体育场馆运营管理知识体系，缺乏缜密的体育场馆营销思维，缺少行之有效的管理技术手段，这就导致体育场馆运营效率不高。例如，场地预约方面通常采用人工管理的传统模式；场馆内部管理较为松散，普遍缺乏绩效评价方法和考核机制。因此，迫切需要一批既懂体育又懂现代经营管理理论、手段、方法的体育场馆运营管理人才来从事上海体育场馆服务业的市场开发，同时也迫切需要引进一批具有战略眼光、懂经济、懂法律、懂政策的人才来加盟上海体育场馆服务业的运营管理队伍。

四　上海体育场馆服务业的发展态势及发展展望

（一）上海体育场馆服务业发展动力将不断增强

按照世界各国的经济发展规律，一个国家或地区当人均 GDP 达到 1000 美元时就进入文化消费快速启动阶段；当人均 GDP 超过 3000 美元这个门槛时，则进入对文化消费的快速增长阶段①。2014 年，上海居民的人均 GDP 已经超过了 15000 美元，居民人均可支配收入也已超过 7600 美元②。

因此，随着经济的持续增长和人们收入水平的提高，上海居民的消费结构也将发生巨大的变化，总的趋势是，反映城乡居民消费需求变化的恩格尔系数将进一步下降，人们对物质消费品需求的增势在减弱，而对服务消费品尤其是与人的健康和生活质量提高直接相关的健身休闲体育服务产品的消费需求将较快增加，这将为上海体育场馆服务业的发展创造巨大的市场空间。

与此同时，政府倡导全民健身，全民健身已经上升为国家战略，

---

① 李一森：《我国文化创意产业发展战略中的公共政策研究——基于产业区位分布和财务绩效角度的分析》，厦门大学博士学位论文，2009。

② 上海市统计局：《2014 年上海市国民经济运行情况》，《新民晚报》2015 年 1 月 23 日。

这也将引导更多的普通百姓加入健身的行列。因此，人民生活水平不断提高，消费结构升级拓展，居民的健身休闲体育消费需求将较快增长，这为上海体育场馆服务业的发展提供了强大的原动力。

（二）上海体育场馆服务业的本体经营规模将不断扩大

目前，上海体育场馆在从事全民健身、运动训练等本体行业经营时盈利状况不理想或亏损的状况已是不争的事实，为了弥补本体产业的经营亏损，部分体育场馆走上了多元化经营的道路，通过副业的经营盈利来支持本体产业的经营，以副养本。但部分体育场馆出现了本末倒置的现象，在副业的巨大利润诱惑下，将部分体育场馆的主要资源配置用于发展副业，将能对外出租的房屋都对外出租，经营完全与体育无关的项目，严重挤占了体育场馆提供体育服务对外开放的空间，严重侵蚀了全民健身、运动训练等本体产业，导致体育场馆功能的部分异化。

2014 年 9 月，上海市人民政府已同意批复《上海市公共体育设施布局规划（2012 ~ 2020）》，上海市体育局也提出了体育场馆要“退租还体”的工作思路，同时，上海市体育局会同上海市财政局共同构建了《关于加快推进上海公共体育场馆公益性开放的指导意见》。因此，上海体育场馆在日后的运营管理中，将遵循“以体为本”的原则，慎重选择商铺及场地租赁对象，在充分利用各种资源进行经营开发的过程中，将根据市场的需求和体育场馆资源的性质和特点，积极实施体育配套服务业的经营，形成以体育健身、运动竞赛为中心的体育本体产业服务链，以满足广大居民日益增长的体育健身消费需求，并实现体育场馆服务业本体经营规模的不断扩大。

（三）上海体育场馆服务业的服务领域将不断拓展

国务院《关于加快发展体育产业促进体育消费的若干意见》明确

指出：要创新体育场馆运营机制，增强大型体育场馆复合经营能力，拓展服务领域，延伸配套服务，实现最佳运营效益[①]。这就要求体育场馆关注体育市场消费需求，积极开发适销对路的体育服务产品，不断拓展体育场馆的服务领域，以不断满足居民日益增长的体育消费需求。

为此，上海体育场馆服务业在提供健身设施服务方面，要规范服务标准，扩大服务的内容，增加体育健身器材的使用与维修服务，实行多层次、多时段、多种优惠的多元化服务，为市民提供更多便利。

提供健身组织服务方面，要提高健身组织服务质量，加强群众性体育组织、体育团队的培育与管理，帮助自发性体育群体增强自我组织和管理能力。开展体育援助与配送服务，培育和发展体育社团，建立体育骨干培训培养体制，鼓励有组织地进行体育活动。

提供健身指导服务方面，要加强体育健身咨询、体育健康促进教育和科学健身指导工作，要主动为市民制订锻炼计划、提供运动处方，要积极为市民提供社会体育指导员培训服务，以提高市民健身科学化程度。

提供体育活动服务方面，积极开展形式多样的群众性体育活动，丰富体育活动内容，提高体育活动效果。大力提倡体育项目创新，积极引进适合不同人群的新型体育项目，对深受群众欢迎、有较好健身作用的新体育项目进行资助。要努力提供赛事组织编排服务和健身类体育竞赛、展示、表演活动，以吸引更多的市民参与全民健身。

提供信息咨询服务方面，要强化体育宣传教育，为国民提供体育情报及咨询服务。要积极主动地为广大市民提供科学健身咨询服务、医疗康复保健信息服务，并定期开办体育健身讲座服务。要通过互联网、热线电话、市民信箱等多渠道构建公共体育场馆提供体育公共服务的信息平台，以方便广大市民自助获得相关体育公共服务的信息。

---

① 国务院：《关于加快发展体育产业促进体育消费的若干意见》，http：//www. gov. cn/zhengce/content/2014 -10/20/content_ 9152. htm。

（四）上海体育场馆服务管理的规范化将不断提升

体育场馆服务业是一个市场竞争十分激烈的行业，其提供的服务与体育健身休闲业从业机构、文化场馆等提供的服务具有较高的同质性。体育场馆服务业既面临来自其他同类从业机构的竞争，又面临来自相关行业的竞争。要提高体育场馆服务业的竞争力，保证体育场馆服务业健康、快速的发展，则需要建立一套与之相应的行业服务标准来规范和促进。同时，行业服务标准的建立也是提高体育场馆服务效率、提升体育场馆服务质量、规范体育场馆服务管理的重要举措之一。目前，上海市体育局已经印发了《上海市体育系统公共体育场馆窗口服务岗位职责与服务规范》，并正在组织有关专家研究制定《上海大型体育场馆基本公共体育服务标准》，这些服务规范、服务标准的相继颁布与实施，必将进一步整体提升上海体育场馆服务业服务管理规范化、标准化的水准。

（五）上海体育场馆服务业的运营模式将不断优化

上海体育场馆服务业的运营管理模式目前是多元的，每一种类型的运营管理模式均存在各自的优点与不足。每一个体育场馆应该综合考虑场馆自身禀赋、场馆经营定位与潜在服务对象、场馆的地理位置与区位环境、当地居民的消费水平等因素来选择适合自己生存与发展的运营管理模式。这是社会主义市场经济发展的基本要求，也是体育场馆产业化运营的基本要求。

但是，应当看到，随着社会经济的发展、居民对体育服务消费需求的不断增强、政府提供基本公共体育服务能力的不断提升，上海体育场馆服务业的运营管理模式将不断优化。“自主经营＋委托管理”“自主经营＋购买服务”等类型的体育场馆的运营管理模式将受到越来越多的上海体育场馆经营者的青睐。

（六）上海体育场馆服务业政府购买基本公共体育服务的力度将不断强化

体育场馆是政府提供公共体育服务的重要阵地和主要窗口，但是，提供基本公共体育服务也会给体育场馆运营单位带来经济效益的流失。因此，上海市政府有关部门已研究制订了购买基本公共体育服务的措施以及体育场馆公益性开放的财政补贴政策，以不断加大政府提供基本公共体育服务的力度，并以此激励相关体育场馆运营单位提供基本公共体育服务的积极性和主动性。

（七）上海体育场馆的行业协会、行业联盟呼之欲出

行业协会是市场经济发展的产物，它由同业经济组织自愿组成，是行业性、自律性的非营利社团组织。作为社会主义市场经济活动中的一个重要中间组织，行业协会具有协调市场主体利益、提高市场资源配置效率的功能。发展行业协会，是规范社会主义市场经济秩序的需要，也是转变政府职能的重要举措[①]。为规范上海体育场馆服务业的行业管理、加快上海体育场馆服务业的发展，有必要建立政府职能部门与上海体育场馆服务业之间联系的纽带和桥梁，来促进上海体育场馆服务业的健康发展，强化上海体育场馆服务业的自律管理，以不断满足社会日益增长的体育消费需求。

建立上海体育场馆的行业协会或行业联盟是保持体育市场的公平竞争的需要，是平等保护所有体育场馆经营者和消费者的合法权益的需要，是推行体育场馆服务管理标准化的需要，也是提升上海体育场馆整体管理水平的重要举措。为此，上海体育场馆服务业的行业协会、行业联盟呼之欲出。

---

① 钟天朗等：《上海体育场所协会实施行业管理的探讨》，《体育科研》2005 年第 1 期。

B.7
上海体育中介业发展现状与展望

李　海*

摘　要：本文围绕体育中介业中各类经纪活动，如运动员经纪、赛事经纪和体育中介组织经纪活动等进行研究，梳理上海市体育中介业的历程、分析体育中介业的现状、提炼体育中介业的特征、发现体育中介业的问题、寻找加快体育中介业发展的措施，完整而细致地对上海市体育中介业的过去、现在和未来进行分析。最后，文章从观念、机构、管理、培训等方面对上海体育中介业的发展提出了几点建设性意见。

关键词：上海　体育经纪人　体育中介业　中介机构　人力资本产权制度

体育中介业作为上海体育产业的核心组成部分，近年来在体育产业的整体发展过程中扮演着越来越重要的角色。2010 年，上海市人民政府颁布实施了《关于进一步促进本市中介服务业发展的若干意见》，明确了中介服务业是上海整个服务经济的重要组成部分，对上海进一步提升城市国际竞争力和更好地服务长三角地区经济具有重要

---

* 李海，博士，上海体育学院教授，博士生导师，研究方向为体育博彩、职业体育和运动项目市场化等。

意义。[①] 而体育中介业作为上海中介服务业的一个重要方面，也将直接影响上海服务经济的发展。加快上海体育中介业的发展是牢固树立和全面落实党中央科学发展观的重要战略举措，也是社会主义市场经济条件下，促进上海经济发展和精神文明建设的迫切要求。[②]

一 上海体育中介业的历史沿革

从历史上看，上海体育中介业的发展历程，是上海整个体育产业发展的一个缩影。作为体育产业发展程度的一个重要标志，不难看出，上海体育中介业的发展经历了三个阶段，即孕育准备阶段(1984～1997年)、萌芽起步阶段（1997～2001年）以及规范发展阶段（2001年至今），经过多年的发展，上海体育中介业已经开始步入业务广泛、门类齐全、从业人员素质逐步提高的蓬勃发展阶段。

（一）孕育准备阶段

改革开放初期，上海在全国率先对体育产业进行探索，虽然在此过程中遇到了很多挫折和问题，但是，对于体育事业，上海体育人一直怀着饱满的热情。上海体育人始终秉承解放思想、创新求变的改革理念，最终促使上海体育市场规模不断扩大、体育健身消费群体日益增多。上海体育市场的发展也带动了本市各项事业的发展。1992年，党的十四大提出了建立中国特色的社会主义市场经济体制的目标后，上海体育产业再一次迎来了春天。

1993年，上海举办了首届东亚运动会，借此机会，上海东亚发展公司成立，这在某种程度上标志着上海独立体育服务企业的诞生，具有十

---

① 上海市人民政府：《关于进一步促进本市中介服务业发展的若干意见》，2010。

② 林显鹏、虞重干、杨越：《我国体育产业发展现状及对策》，《体育科学》2006年第2期。

分重要的战略意义。此时上海体育产业的大环境已经呈现进一步产业化、社会化的大趋势，并带动了一批委托代理企业赞助体育赛事来进行商业运作的服务公司的成长。但是，这一时期，上海从事体育中介活动的单位都是来自与体育无关领域的行业或者干脆由一些个人组成。可以发现，此时上海的体育中介活动在诞生初期的发展还是很不完整、很不规范的，尤其是在中介活动的组织管理、中介活动的界定方面都还只是在表面做文章。

（二）萌芽起步阶段

从 1997 年开始，一批可以代表上海以及广大上海市民的职业体育俱乐部开始成立，这些俱乐部包括足球俱乐部申花、篮球俱乐部大鲨鱼以及乒乓球俱乐部圣雪绒等。这些职业体育俱乐部在上海落户以后，大大地刺激了市民对体育的热情，体育市场规模随着市民对体育需求的不断增长而不断扩大。

1997 年的第八届全运会在上海举办，进一步促进了上海市民参与体育的热情，也直接助力了上海体育中介的萌芽。同年，朱建华（前跳高世界纪录保持者）创立了全国第一家体育经纪人公司——“希望国际”，注册地点也不出意外地选择了上海。“希望国际”的成立，标志着上海体育中介行业的诞生。在此事件的带动下，全国首家体育经纪人培训班也在上海交通大学开班，学员如按期完成课程并通过考试，就会获得由上海体育行政管理部门和上海市工商行政管理部门联合颁发的体育经纪人证书，这在一定程度上遏制了我国体育经纪人市场的混乱状态，标志着我国开始形成自己的体育中介从业人员的培训体系，为进一步培养合格、专业的体育经纪人搭建了平台。

（三）规范发展阶段

2008 年北京奥运会之后，我国体育产业进入一个新的发展阶段。

上海市人民政府与上海市体育局汇集各方智慧，最终决定发挥自身地缘优势，提出以国际顶级单项赛事的举办为龙头，积极打造国际体育大都市的体育发展目标。其中以F1上海大奖赛、网球大师杯、斯诺克中国公开赛等品牌赛事最为著名。

鉴于上海国际体育赛事的不断增多，加之中国职业赛场的转会制度也有了较大突破，上海体育经纪中的运动员转会经纪和体育赛事经纪成为上海体育中介业的两个主要构成部分。与此同时，为了进一步规范上海体育中介业的发展，上海市体育局出台《上海市体育经纪人管理试行办法》① 等相关政策法规，保障本市体育中介业的科学合理运行和发展。姚明的经纪人团队——“姚之队”成功将上海的“小巨人”打造成世界首屈一指的中锋，使其运动价值、经济价值与人文价值得到合理的利用；ATP网球大师杯的运作团队——上海新新体育文化有限公司在赛事无形资产的开发方面成绩显著。

经过多年的发展，上海健身休闲业和竞赛表演业的迅速发展，给上海体育中介市场提供了更为广阔的发展空间，许多先进经验和优秀做法在全国成为榜样和试点。上海体育中介业也成为全国体育中介行业的榜样和领头羊。

二　上海体育中介业现状

（一）上海体育中介业的发展现状

1. 上海体育中介市场的总体规模

近年来，上海体育中介市场的总体规模不断扩大，体育中介的从

① 上海市体育局：《上海市体育经纪人管理试行办法》，2001。

业人员人数日益增多，上海体育中介业为上海乃至全国体育产业发展的贡献也在逐渐提高①。上海作为我国体育中介业发展最繁荣的地区，体育中介行业的总体规模多年来在全国名列前茅，然而，由于我们国家的特殊国情以及上海市的自身环境，体育中介市场的发展在客观上也有很多不完善的地方。

据上海2010年和2011年体育及相关产业专项调查，在上海体育中介业中，目前从事体育经纪、公关、策划投资管理的公司已有81家，体育中介公司达到153家。在全国，体育中介业的从业人员绝大多数分布在北京、上海、广东、江苏及浙江这几个省市，还有一小部分分布在福建、安徽、重庆等省市。而2010年，上海市体育及相关产业总产出为263.09亿元；增加值为100.20亿元，占全国体育及相关产业总增加值的比重为4.51%；从业人员为13.36万人。而同年，上海体育中介活动的总产出为11.91亿元；增加值为3.94亿元，占上海体育及相关产业总增加值的比重为3.93%；从业人员为0.36万人，占全国体育中介业总从业人员的比重为11.8%。2011年，上海市体育及相关产业继续蓬勃发展，总产出达到290.51亿元；增加值为112.42亿元；从业人员为13.75万人。而体育中介活动的总产出为13.58亿元；增加值为4.38亿元；从业人员为0.38万人。通过上述数据可以发现，体育中介活动在上海所有体育及相关产业类别中所占的比例是比较小的，仅比上海市的体育彩票和体育场馆建筑的产出比例高一些，并且相较于其他行业增长缓慢。此外，上海市的职业体育经纪人数也在逐渐增加，平均每年以50~100人的数量增长，这些职业体育经纪人从事各类经济中介活动，其中包括运动员经纪、体育赛事经纪等业务，这些中介业务对上海职业体育联赛的发展起到了非常重要的推动作用。体育经纪经营活动对提高上海体育市场营销水平

① 李海：《我国体育经纪业的发展研究》，人民体育出版社，2008。

也起到了积极作用。

2. 上海体育中介的组织机制

在上海，各类运动队和社会体育组织，如职业体育俱乐部、各类单项体育协会、大型体育赛事的组委会以及相关大型体育场馆的所有人都会选择形式多样的体育中介机构或者体育经纪人，为他们争取赞助或进行相关的市场开发和广告营销活动。近年来，上海市的各类体育项目协会、运动俱乐部等加强了与体育中介公司的合作，成为上海体育中介资源的主要供给主体。

目前，根据我国新的《经纪人管理办法》（2004 年 8 月 28 日起实施），上海市体育中介的组织资源包括以下四类：个体体育经纪人、个人独资体育经纪企业、合伙体育经纪企业和体育经纪公司。[①] 在这里，体育经纪公司是指在我国境内设立的有限责任公司和股份有限公司。相关部门的资料显示，在上海，目前，绝大多数的体育经纪公司是以有限责任公司的形式出现的。

与此同时，我们发现，个体经纪人和经纪公司仍然是目前上海最常见的体育经纪人组织形式。由于当前上海整个中介行业还在不断发展和完善的过程中，在此过程中，很多经纪中介活动还存在很多具体纠纷没有依据解决，而且中介行业本来就很看重个人能力，自由发挥的空间也比较大。因此，目前在上海的足球、篮球和排球的职业联赛中，个体经纪人占据着主要位置，他们代理负责运动员的转会、商务开发，有突出能力的个人还为赛事承办、策划等业务提供中介服务。经过多年的发展，目前，国内的专业体育经纪公司已达数百家，而上海更是成为全国体育经纪公司的聚集地。例如，由上海东亚（集团）有限公司与上海八万人商务有限公司共同投资成立的上海东亚体育经

① 杨再淮、余询：《我国体育中介机构发展的类型与模式》，《上海体育学院学报》2000 年第 2 期。

纪有限公司就是目前国内唯一拥有大型体育场馆设施为载体的现代型体育经纪公司，为上海的体育文化事业建设做出了很大的贡献。还有，上海森威体育经纪有限公司是专业从事体育经纪和赛事推广的公司，它们主要承担职业运动队、职业体育俱乐部的各类代理活动，把与之相关的体育服务纳入整个体育产业的范围，加强了体育本体产业与其他服务类产业，尤其是广告赞助、咨询、公关等各个领域的联系和交往。这些经纪活动不仅可以提高各类赞助体育活动的企业和其产品的知名度，也可以营造社会关心体育的氛围，促使民众参与体育、热爱体育，吸引社会各界开始将目光转移到体育产业上，促进整个上海服务类产业的发展。

3. 上海体育中介从业人员的培训机制

自 1998 年以来，上海交通大学已经举办了 16 期体育经纪人培训班，向社会输送了近万名合格的体育经纪人。值得一提的是，上海体育学院作为专门的体育类院校，还邀请体育产业管理和体育赛事运作专业的专家开设体育经纪人培训班，在社会上取得了良好的口碑。

2007 年，上海市体育局颁布实施《上海市体育发展“十一五”规划》，其中规定：“全面培育和发展上海市体育经纪市场，以及努力培养一支实际操作能力强、素质高的体育经纪人队伍。”[①] 有了明确的发展目标，加之上海体育产业市场更加成熟和完善，上海市的体育经纪人队伍不断壮大，体育经纪活动范围也在不断延伸，可以说，上海市的体育经纪活动迎来了又一个春天。目前，上海市举办的体育经纪人培训班中，举办单位主要有如下形式：一是体育局联合工商部门模式；二是协会承办模式；三是体育院校承办模式。各地培训班以短期集中授课为主，培训时间一般为 5 天左右，如采取晚上或双休日授课的形式，则培训时间一般持续 1 个月左右[②]。

---

① 上海市体育局：《上海市体育发展“十一五”规划》，2007。

② 陆树兵、陆英浩：《我国体育经纪人培训体系研究》，《成都体育学院学报》2008 年第 12 期。

目前，在上海，体育经纪人培训班的授课内容主要有两部分：第一部分为体育经纪活动中所涉及的工商管理领域的内容，重点包括经济法中的各个领域，诸如合同法、公司法等内容；第二部分主要涉及体育领域，尤其是体育产业领域，包括运动员转会、赛事运作、企业赞助以及体育竞赛表演业中的相关活动。值得一提的是，上海体育产业处于蓬勃发展阶段，又与国外先进体育产业交叉发展，许多国际体育赛事在上海举办，所以会涉及很多涉外事务，因此，在上海，对体育经纪人的英语和第二外语的要求会很苛刻。除了上诉两类授课内容外，英语和第二外语也在很多的体育经纪人培训课程中占据了重要位置。上海体育经纪人资格的考核一般采用以笔试成绩来界定一个学员是否合格的方式。一名学员如果成绩合格，最终会获得体育经纪人职业资格证书。

上海市参加体育经纪人培训的学员一般有房地产经纪人、证券经纪人、保险经纪人、体育工作者、广告策划人、记者、律师、教师、公务员、中高层管理者等。其中，体育工作者、教师和管理者所占比例最大①。可喜的是，最近由于上海国际体育赛事越来越多，群众参与体育的热情逐年旺盛，体育经纪人考试的报名者不论生源、年龄还是职业划分都发生了显著变化。从生源范围来看，报考者不仅仅只限于北京、上海、广州等经济发达地区，越来越多的学员加入了参加体育经纪人培训的队伍。体育经纪人报考人员的年龄结构也出现了年轻化的趋势；而从职业划分来看，很多职业原来和体育不相关的人士也积极报名参加体育经纪人的培训和考试。

4. 上海体育中介法制建设

目前，在全国范围内尚未对体育经纪业做出全国统一的立法。效

---

① 莫君晶、张林：《上海体育经纪人的现状与发展对策》，《上海体育学院学报》2003 年第 1 期。

力等级较高的法律参照文件是于2004年由国家工商行政管理局颁布的《经纪人管理办法》，虽然这仅仅是一部有关规范我国整体服务行业中从事中介业务人员行为的行政规章制度，但是还是具有一定的法律效力。该法律文件对我国整个经纪业的从业资格认定、经纪组织、经纪活动和法律责任等方面做出了规定。此外，根据《中华人民共和国劳动法》的有关规定，从全国范围内讲，《体育经纪人国家职业标准》的出台，对我国体育经纪人的职业活动范围、工作内容、能力要求和知识水平都做了明确的规定。

上海市体育局和上海市工商行政局联合颁布实施了《上海市体育经纪人管理试行办法》，该办法结合上海市的实际情况，以规范上海体育经纪行为、保障体育经纪活动当事人的合法权益、促进上海市体育市场的健康发展为总体目标，成为上海市体育经纪业立法的最直接的法律依据。

此外，上海市还有一些经济管理和市场规范方面的法规，例如，1997年12月8日，上海市人民政府第54号令修正并发布的《上海市经纪人管理办法》，以及在2000年12月15日，上海市第十一届人民代表大会常务委员会第二十四次会议通过的《上海市经纪人条例》①，都是上海体育经纪人管理必须依据的基本法规。

针对上海市中介服务业的发展需求和实践中出现的问题，上海市加快了中介服务业的规范管理步伐，2010年2月8日，上海市人民政府印发了《关于进一步促进本市中介服务业发展的若干意见》，这一系列的法律和文件的颁布与执行对净化上海市体育经纪市场具有很大帮助，对于规范上海市体育中介人员的行为具有指导性作用。

---

① 上海市第十一届人民代表大会常务委员会：《上海市经纪人条例》，2000年12月15日。

（二）上海体育中介服务业主要门类的发展现状

1. 运动员经纪

李海在《我国体育经纪业的发展研究》一书中将我国的运动员经纪主要分为运动员转会经纪、运动员商务开发经纪和运动员参赛经纪三种类型。[①] 上海作为全国的经济中心，大型体育赛事的频繁举办为运动员参赛经纪在这个城市的发展提供了得天独厚的条件。运动员的参赛经纪活动也越来越多地出现在上海这个城市。以下分别分析和讨论上海运动员转会经纪、运动员商务开发经纪以及运动员参赛经纪。

（1）运动员转会经纪

运动员转会是建立在职业体育或者体育产业高度发展的基础上产生出来的一种特殊的经纪中介活动。通常来说，运动员转会经纪是体育经纪人受运动员或俱乐部委托，为运动员在不同国家协会间或同一国家的不同俱乐部间转会提供的居间或代理服务。目前在上海各个运动项目的转会经纪活动中，足球、篮球、乒乓球等职业联赛中的运动员转会是其中影响力和涉及面比较大的几个项目。而在这三个项目中，足球和篮球又是运动员转会经纪活动最为频繁的领域。一般来讲，职业体育运动员的转会分为国内转会和国际转会。以足球为例，由于我国中超足球联赛在最近几年的发展，国内球员转会越来越频繁，这也促进了运动员转会市场的繁荣。在全国范围内，我国足球运动员的转会都要受到中国足协、所在俱乐部等多方面的制约，尚未达到真正的自由转会，所以，球员在国内转会中足球经纪人较少介入其中，然而随着我国转会制度逐步与国际接轨，足球经纪人在国内球员转会方面发挥的作用日益显著。运动员的转会更多的是俱乐部之间的

---

① 李海：《我国体育经纪业的发展研究》，人民体育出版社，2008。

交涉，甚至球员在某种程度上也无法把握自己的去向。国内运动员涉外转会经纪以前主要以赞助模式为主，如李玮峰、李铁登陆英超，邵佳一在德甲，这种模式主要针对高水平的欧洲职业联赛；而当前有一种趋势，由于我国足球运动员的水平当前较难适应高水平的欧洲联赛，所以，他们将眼光放到日本、韩国的职业联赛，如李玮峰、冯潇霆，这种转会模式与当前国际足球运动员转会制度一致。在赞助模式中，尤以“科健模式”和“鑫源模式”最为典型，它们往往是中国企业通过赞助对方俱乐部，使国外俱乐部引进中国球员，最终达到“三赢”的结果。后一种模式主要还是靠球员的实力来转会，遵循国际通用的球员转会形式。

在外援引进方面，我国外援的引入多数是遵循国际球员转会规则。但由于我国足球经纪人出现较晚，上海转会市场中外援的引进尚没有制度化、规范化，所以，目前外援的引入是多种形式并存的。当前主要有两种方式：一是俱乐部派代表（俱乐部经理、教练或其他官员）亲自赴国外挑选外援；二是国内俱乐部通过国内足球经纪人，由他们操作引入外援。

（2）运动员商务开发经纪

李海将运动员无形资产商务开发经纪定义为：“运动员借助其自身的知名度或个人成就，以企业赞助、广告或公益活动为载体，委托经纪人对其名义、肖像权等无形资产进行开发的经营活动。”[①] 在一些体育产业发达的国家，比如美国、英国、德国和法国，自他们体育产业或者说职业体育诞生的那一天起，优秀运动员的广告和宣传作用就早早被体育企业看中，这一市场现在也越来越多地变成商家争相竞争的领域，科学合理地找准自身品牌的代言人，成为企业主要考虑的因素。随着上海自由贸易区的建立和社会主义市场经济的进一步深入

① 李海：《我国运动员转会经纪中的产权问题分析》，《成都体育学院学报》2006 年第 2 期。

发展，体育产业的发展空间将会更大，企业更加主动地赞助体育比赛和开发优秀球员的价值，所以在上海，运动员无形资产的商务开发成为一道独特的风景线。由于运动员的名义权、肖像权等是指不具有实物形态而主要以知识形态存在的运动员独占的经济资源，它能为运动员或合法授权者提供某种权利或优势的固定资产。运动员的这种资产应用得当可以创造经济收益。运动员首先委托经纪人对其进行商务开发，然后企业与经纪人联系，经过长时间的谈判和商定等一系列中介活动，企业通过购买运动员的部分肖像权、名义权从而实现为自己产品和服务进行推广的目的，这样一来形成了供需双赢的经营活动。在这种大环境下，近年来，上海运动员的商务开发得到了快速的发展。目前在上海运动员中，商务开发最成功的应该算是姚明，他的背后活跃着一支经纪人队伍——“姚之队”。目前上海运动员商务开发经纪主要有三种形式。

第一，体育经纪人代理运动员和企业进行谈判与交涉，进行市场开发，这种形式在上海运动员商务开发经纪活动中最为普遍。例如，在美国芝加哥大学商学院攻读 MBA 的章明基，就是当时“姚之队”的首席经纪人①，专门负责姚明在赛场外的一切，最重要的就是姚明的商业价值开发。章明基领导的“姚之队”有极强的公关能力，作为上海甚至是全国比较优秀的体育经纪人团队，“姚之队”不断地学习国外的先进做法、结合中国体育产业的发展实情、掌握体育经纪活动的谈判技巧，为姚明甚至是整个团队争取到了很多合约和经济利益。其中，包括姚明与中国人寿、苹果电脑、佳得乐、豪雅手表等企业签订的代言合同就在 2011～2013 年给姚明带来了 12 亿元的收入。这些合同都是“姚之队”与各个企业谈判与交涉的努力结果。此外，包括丁俊晖的中方经纪人，同时也是姚明的经纪人——陆浩，作为代

① 孙怡华：《从“翔之队”谈我国体育经纪人的发展》，华东师范大学博士学位论文，2012。

理人，积极与各个企业进行谈判，分别与星牌、蒙牛和维珍航空签订了代言合同。由于丁俊晖仍然是国内最炙手可热的体育明星，他的代言价位一路上涨，而且现在还有二三十家企业找到他的经纪人，希望丁俊晖出任他们产品的形象代言人。

第二，企业和运动员直接联系，并在运作中扮演经纪人的角色，对运动员和企业产品进行市场开发，这种形式的经纪活动目前在我国还比较少见，主要是因为这方面的经纪活动需要企业拥有丰富的体育营销经验和雄厚的人力资源作为支撑，很多非体育类的企业或者中小型企业无法达到这些要求从而放弃直接与运动员联系。安踏、李宁和 Nike 等公司作为国内和世界范围内的知名体育公司，往往会跟体育明星或者有潜力的年轻运动员进行联系，并在运作中扮演经纪人的角色。例如，2004 年 5 月，Nike 公司直接与当时具有奥运会夺冠实力的 110 米栏选手刘翔联系，他们公司率先进行商务开发的文案设计，从奥运会开始前两个月开始策划整个宣传方案，一直到奥运会开始前一个月在网络、电视、广播、报纸等媒体进行大规模、大幅度、高频率的广告宣传。此外，Nike 公司还敢为人先地运用新媒体开始效法“姚之队”，努力把刘翔也打造成像姚明那样的“国家体育英雄”。它们与新浪公司合作设计了有关刘翔新闻采访、信息发布、球迷互动等活动的专属网络平台。Nike 公司善于利用合适的时间点让刘翔进行各种曝光，使刘翔的无形价值得到了最大限度地开发。而我国的本土品牌李宁在选择运动员和运动队时就避开了篮球、足球等热门项目，转而把中国羽毛球队作为赞助对象，进行市场开发。

第三，广告公关公司对企业产品和运动员进行市场运作。广告公司在开发体育明星的无形价值资产方面，主要是把企业产品的特性、品牌与运动员的个性、努力程度有机地结合在一起，以特殊的办法使顾客第一时间记住企业产品，争取获得顾客的肯定。在上海，有众多的广告公关公司把运动员和企业产品包装联系在一起。其中比较典型的有上海盛力世家体育文化发展公司（SECA），该公司主营业务包括体育文化推广、体育及演艺经纪、品牌策划等。该公司旗下的知名体育运动员包括申雪、赵宏博，以及拳击奥运冠军邹市明。该公司主要做花样滑冰和职业拳击两个项目。2011 年，该公司成为首次世界级花样滑冰表演“冰上雅姿盛典”的主要策划和推广单位，希望借助体育和娱乐相结合的方式大力推广花滑运动在中国的普及与发展，并借助申雪、赵宏博的个人魅力和市场价值力争把“冰上雅姿盛典”办成中国自己的世界最高水平的花滑表演品牌。还有在 2013 年初，该公司签下 32 岁的邹市明，成功运作邹市明成为 Top Rank 旗下一员，邹市明的职业拳赛进程从此牵动了广大拳迷的心，使邹市明自身和其代言产品的知名度迅速提高。此外，上海万博宣伟公关咨询有限公司，作为世界上最大的传媒集团 IPG 旗下的一个公共关系咨询公司，在体育营销领域也成绩斐然，为上海的企业和运动员市场开发做出了很多贡献。例如，上海万博宣伟公司曾为宝洁公司推荐我国著名羽毛球运动员林丹作为品牌代言人，为其吉列剃须刀品牌做市场推广。

（3）运动员参赛经纪

运动员参赛经纪是指经纪人受运动员的委托，有选择性地安排运动员参加体育比赛或表演，并且帮助运动员通过参加这些比赛或表演而获得经济收益的代理活动①。在过去，由于我国独特的体育管理体制，运动员与项目管理中心具有很明确的附属关系，运动员必须服从管理中心的命令，几乎没有自己的权利自由参加比赛，所以导致当时的运动员参赛经纪活动基本属于停滞发展状态。

但随着我国体育产业的不断发展，政府逐渐放宽运动员参赛经纪

① 李海：《我国体育经纪业的发展研究》，人民体育出版社，2008。

市场的某些规定和限制，允许少部分运动员接受经纪人的代理，参加一些国际性比赛，李娜就是非常有代表性的案例。网球的个人职业化在国际上已经是获得普遍认可的，很多地方国家是不会干涉或者说是强制自己的运动员参加某些比赛。相比于李娜，上海本土运动员刘翔，也曾考虑过走职业化道路，但是由于运动项目种类的差异，刘翔最终没有成为另一个“单飞”的运动员。相比国际上一些以个人为主的运动项目，如田径、网球、拳击等，运动员的收入主要依靠参加商业性比赛，获得出场费、奖金和其他商业机会。经纪人就是从运动员的利益出发，通过给运动员安排参加这些比赛，为运动员争取更多的经济收益。

2. 体育赛事经纪

目前我国体育赛事市场中介有以下类别：一是经纪代理类的市场中介组织；二是信息服务类的市场中介组织；三是评估服务类的市场中介组织。由于我国信息服务类和评估服务类市场中介组织在我国刚刚起步，本发展报告主要围绕经纪代理类市场中介组织的活动进行阐述。

体育赛事经纪是指体育经纪人以居间、行纪或代理三种形式进行体育比赛、体育表演和健身娱乐活动的策划包装、赛事资源开发（无形资产和有形资产的商务开发）、组织实施的经营活动①。随着世界经济一体化和全球化进程的不断加快，全球范围内许多职业体育比赛也相继来到中国，抢占中国市场成为发达国家推广自身体育运动项目的最终目的。诸如 NBA、NFL、网球大师赛、F1 大奖赛都相继进入中国市场，这些国际上关注度很高的体育比赛成为很多企业和媒体关注的焦点，这种现象成为体育赛事媒介活动发展的又一个潜在动力。

---

① 李海：《我国体育经纪业的发展研究》，人民体育出版社，2008。

仅仅由国家体育总局及其所属各运动项目管理中心计划在上海举办的国际性赛事每年就多达千项次，其中包括全国性赛事和在国内举办的国际性赛事。各种赛事由不同组织机构进行管理。而借助上海市的地缘和经济优势，国际体育赛事的举办更是数不胜数，体育比赛国际化的发展趋势在上海这座城市生根发芽并持续壮大。

上海首先对体育赛事的审批和举办实行了大刀阔斧的改革，放宽了很多权限。过去很多只能单纯地由政府举办的赛事更多地向民间组织或者企业倾斜，逐步成为一种商品，并公平地进入市场进行自由交换，这些事实都为上海体育赛事走向职业化、国际化以及商品化提供了动力并为体育经纪人的能力发挥提供了广阔的舞台。如上海久事赛事管理有限公司承办的 ATP1000 男子网球大师系列赛；从 2006 年开始，雷诺体育借助其在体育赞助招商方面的丰富资源和经验，携手上海巴士集团旗下的原上海新新体育文化有限公司（现改名为上海久事赛事管理有限公司），代理 2007 年和 2008 年的网球大师杯的赞助招商工作；2007 年，高德体育组织了 2007 巴塞罗那足球队中国之行等大型国际赛事以及中法文化年北京 - 巴黎汽车拉力赛大型体育活动等；在上海，全球首屈一指的体育营销、娱乐和媒体运作管理公司 IMG 是作为业内第一家进入中国市场的国外公司。2008 年北京奥运前夕，IMG 公司携手 CCTV，成立了央视 IMG 体育赛事管理有限责任公司，2009 年 8 月，IMG 公司与亚巡赛联手，担任亚巡赛媒体合作伙伴，直到 2012 年。

经过多年的发展，上海作为全国体育产业发展的领先城市，大型赛事的举办已经逐渐常态化，经验的积累以及相关具体法律文件的颁布实施，使上海体育中介市场更加规范和合理。整个上海体育中介市场结构也进一步优化，一个以服务体育产业为主要目的、以中外企业共同参与为市场主体、中介机构性质不断多样化的体育中介市场已基本形成。

三　上海体育中介服务业发展存在的问题

（一）体育管理体制不顺

从欧美各国体育产业发展情况来看，体育产业的发展模式大致可分为两类：一类是市场主导型；另一类是政府参与型。我国现阶段选择政府型模式的根本目的在于当市场力量比较弱小还不足以自我生存、自我发展时，依靠强有力的政府的引导、扶持，帮助市场尽快走上自我生存之道。

虽然在全国范围内，上海仅仅较国内其他省市拥有较多的体育赛事资源，而体育经纪活动或者说整个体育中介行业的发展都处在前沿位置，但是与体育产业发达国家相比还是有很多差距。体育中介业的发展规模、体育中介组织机构的性质和数量、体育经纪活动的自由程度与内容广度等方面都有一定差距。追根溯源，我们可以发现上海乃至全国，体育中介行业的发展在很大程度上受限于顶层制度设计。目前，我国整个体育产业的管理体制虽然进一步提倡放开市场、取消群众性和商业性体育赛事的审批权，但是，依然存在体育主管行政部门和体育项目协会之间“扯皮”与“相互制衡”的现象，许多赛事的举办和运动员的转会依然受到很多人为因素的影响。虽然在上海，足球、篮球等职业联赛俱乐部的运动员部分实现了自由转会，但是很多项目还是没有更多的自由竞争的平台，这在某种程度上制约了体育经纪活动的进一步发展。很多有能力、有思想、有魄力的体育经纪人也不免出现“英雄无用武之地”的无奈。

此外，很多地方体育行政部门将那些经济收益高、举办风险小、运作成本低的体育赛事和项目据为己有，运用手中的权力和影响力给市场中本来就处在弱势地位的体育经纪人和体育经纪机构故意设置障碍和困难。更有甚者，许多地方体育局还对优秀运动员的人力资本进行价值掠夺、实行垄断管理。当前，大部分项目管理中心虽然都设立了经济开发部，但是这个部门设立的真正效果并不是很显著，只是换了一个名字来继续对体育中介行业中自由的市场行为进行“软性垄断”，即所谓的“监管”，实质上还是体育行政部门和项目管理中心对运动员的人力资源进行垄断。

多年来，由于全国范围内体育管理体制处在改革“深水区”，进一步实行政企分开、管办分离势在必行，上海体育产业的发展事实已经清晰地表明，过去传统的管办合一的体育管理体制对运动员和体育赛事的商业运作没有丝毫好处，而且还在一定程度上抑制了上海体育经纪行业的发展。

（二）规范体育中介市场的法规不完善

由于上海经济文化发展程度高，体育赛事资源丰富，体育中介机构比国内其他省市的体育中介结构出现地早，数量也较其他地区多，像上海繁荣的房屋租赁中介公司一样，上海就有将近20家专门的体育经纪公司，但在事实上，上海的体育中介机构还是出现了很多问题。虽然上海先后出台的不少相关的法律法规，如《上海市体育经纪人管理试行办法》，也对本市的体育中介经营活动的管理设置了专门条款，但这与当前上海市体育中介经营与市场管理的需要相比尚有很大的差距。例如，某些方面出现交叉管理，某些方面又无人管理，如委托合同、佣金无人检查，发生纠纷后又没有一个有效的解决渠道等。而《上海市经纪人条例》的很多规定虽然适用于体育中介，但在很多方面还是缺乏对体育中介市场特征的清晰认识，导致体育中介行业的规范发展无法得到保障，为以后的健康发展埋下隐患。此外，随着越来越多的国际体育赛事的举办，上海的国外体育经纪公司和个体经纪人如何依法在本市市场开展体育经纪业务也没有明确的规则，特别是随着上海世博会和第十四届泳联世界锦标赛的举办，更多的国外体育经纪人参与体育经纪市场，这个问题已逐渐凸显。

（三）从业人员整体素质不高，培训机制尚不完善

自 1998 年至今，上海市体育局与工商局已联合举办了 16 期体育经纪人培训班，近千人考试合格，取得了体育经纪人资格证书。但总体来看，目前上海体育经纪人培训大致存在以下问题。

1. 培训理念落后

这方面主要体现在上海市的体育经纪人的培训对象几乎没有任何限制，此外，参加培训的人数呈逐步增加趋势，盲目地增加培训人数，不顾及培训质量对将来体育中介市场的发展尤为不利。

2. 培训实践渠道缺乏

目前，上海具有丰富的体育资源，体育赛事的举行也非常频繁。但是，上海的培训机构即使对培训对象进行了理论知识的培训，仍然没有利用好这些充足的体育赛事资源，没有将足够的实际操作机会给予培训对象。

3. 师资力量不平衡

上海市体育经纪人培训班的师资问题主要体现在：理论知识较丰富的学者、部门领导较多，缺乏具有实践经验的体育经纪人的参与。对于短期的体育经纪人培训班来说，专家及讲师的业务水平及讲解能力直接决定了培训的效果和质量。

4. 培训机构单一

上海市已存在由市工商局与市体育局联合举办的培训班。根据现有的情况，上海市体育经纪人培训机构兼顾培训、考核和证书发放的工作，培训工作主要集中于上海市体育局、工商管理局以及执业经纪人协会。

5. 课程设置不合理

上海体育经纪人培训内容大致分两部分：工商部分和体育部分。[①]

---

① 赵一村：《我国体育经纪人培养研究——以上海市为例》，上海师范大学博士学位论文，2010。

前者包括合同法、税法、反不正当竞争法等，后者包括体育产业、体育法规、体育竞赛市场运作等。但是课程时间安排太短，16 期培训班基本都集中在半个月左右，相对于大量的培训内容而言，时间过于紧张，培训效果无法切实保证。所以，规范上海体育经纪人的从业资质、完善经纪人的培训机制、不断提高经纪人的理论知识和实际操作技能，仍然是当前我国发展体育中介服务业亟待解决的问题。

（四）体育中介机构缺乏行业自律组织

胡春红在研究了我国体育中介组织的相关问题后发现："我国很多体育中介组织只是一味地注重收费，而重心不在自身管理上。而且有些项目协会会自己制定游戏规则来规定制约自身地区和部门的体育从业人员行为。另外，很多部门又搞行业垄断，侵占了本应属于体育中介组织的经营领域和业务空间，极大地损害了体育中介组织的根本利益，由于缺乏良好的经营环境，许多体育中介组织的利益得不到保护。"① 目前，全国范围内还没有一个地方率先成立体育中介行业协会。李海也在其《设立中国体育经纪人协会的可行性分析》中，探讨了成立中国体育经纪人协会的可能性，他建议："利用该协会对体育中介市场进行自我管理，切实把体育中介市场所需要的协调、沟通、评判、纠纷解决、培训等服务功能纳入同业协会的职能范围，以作为对国家监管工作必要的、有益的补充，充分发挥体育中介业协会在行业中的领导作用。"②

上海市在 2001 年 2 月 28 日成立执业经纪人协会，该协会是一个执业经纪人的自律组织，它对经纪人群体实行普遍的自我管理。但是，可以肯定的是，这个协会并没有专门针对体育领域的经纪活动进行相应的规章和制度约束。

---

① 胡春红：《我国体育中介组织的培育和规范问题》，《广州体育学院学报》2011 年第 4 期。

② 李海：《设立中国体育经纪人协会的可行性分析》，《中国体育科技》2007 年第 3 期。

因此，成立“上海市体育经纪人行业协会”成为当前上海体育中介市场的迫切要求，希望能由行业协会对体育经纪人的行为制定行业规范，实施监督管理；努力创造公平、公开、公正的行业环境，让上海体育经纪人实现真正意义的“自我管理”。

四　上海体育中介服务业的发展态势

根据上海市政府颁布的《关于进一步促进本市中介服务业发展若干意见》，近几年，上海市中介服务业的总体发展目标为：“力争用5年左右的时间，建立和培育一批知名度高、公信力强、具有较强竞争力的中介服务品牌机构，逐步形成充满活力、公平竞争、运作规范、辐射力强的中介服务市场体系，基本确立与上海‘四个中心’建设进程相适应的中介服务业发展格局。到2015年，本市中介服务业门类拓展到70个以上，从业人员增加到65万人以上，重点领域相关行业的增加值或营业收入保持每年20%左右的增长速度，中介服务业发展的总体水平在全国继续保持领先地位，国际竞争力进一步提高。”[①] 作为上海市中介服务业重要的组成部分，上海市体育中介服务业也会根据本市中介服务业的总体目标，规划自身体育中介服务业的主要任务，在此过程中，上海体育中介服务业的发展可能会呈现以下新特点和新形势。

（一）体育中介市场不断扩大，体育中介市场格局进一步完善

可以肯定的是，上海体育中介市场会随着上海整个体育产业的不断壮大和升级进一步扩大，并最终形成市场和社会共同办体育的局

① 上海市人民政府：《关于进一步促进本市中介服务业发展若干意见》，2010。

面。上海作为我国改革开放政策实施和执行的前沿阵地，未来几年内上海会继续建立职业化水平高、业务能力出众、国内国际认可度高的体育中介公司，这些体育中介公司会成为上海体育中介市场重要的竞争主体，最终推动上海体育中介行业快速、稳健地发展。

由于全国正在进行自上而下地针对体育产业以及相关领域的改革，上海体育中介业也会借助部分鼓励和支持兴办体育中介企业的优惠政策影响，各类体育中介市场势必快速崛起。此外，上海体育行政部门也会进一步加快政府购买体育中介服务的步伐，扩大购买中介服务的范围，从而为拓展上海体育中介服务业的市场空间贡献力量。

目前，上海体育中介机构在树立品牌、输出优质服务、赢得运动员等方面已经走在了全国的前列。如何进一步扩大市场规模、优化体育中介资源配置、获得更大的规模效益成为上海体育中介业的主要工作之一。基本建成以体育经纪、体育信息咨询、体育技术和体育保险类中介为主的较完整的体育中介市场体系①，也成为上海体育中介业改革和发展的方向。希望经过近些年的发展和未来的不断努力，上海体育中介机构在市场主体之间能真正起到桥梁与纽带作用，真正为上海“四个中心”中的国家经济中心、国际金融中心以及国际贸易中心的三个中心建设服务。

（二）健全和完善上海体育经纪人的管理体制和管理制度

上海作为我国体育经纪人活动的最重要的舞台之一，丰富的赛事资源和职业运动员转会市场为上海体育经纪人的发展提供了广阔的空间。随着一些著名的跨国体育资讯公司在上海落地，诸如 NBA 季前赛、上海网球大师杯、F1 大奖赛等众多知名度很高的职业体育比赛

① 谭建湘：《论我国体育中介市场的地位与市场功能》，《广州体育学院学报》2003 年第 5 期。

和商业体育活动逐渐有了更多体育经纪公司和体育经纪人的介入。

但是，当前，上海体育经纪人的经纪活动的发展与国外成熟的体育经纪人市场的管理还存在较大差距，也面临着严峻的挑战。除了体育经纪人缺乏足够的实践检验外，最主要的问题还是现行的体育制度在某些方面不适应相应的体育经纪活动管理制度①。例如，体育经纪人登记注册、管理制度不完备；依然存在某些经纪人无照进行经纪活动的现象；体育中介公司的偷税、漏税行为时有发生；体育经纪活动时常不按规章制度进行，并有很多经纪活动利用“体育中介法律覆盖不到的空白区”进行非法交易和私下交易；等等。

因此，进一步理清上海体育经纪人的管理体制和管理制度是上海体育中介服务业发展的首要前提。只有体育中介市场行为得到进一步制度性规范，才能最终促进体育经纪人队伍的发展。上海要想在今后几年建立起充满活力的体育经纪人管理体制和良性体育经纪人运行机制，首先，必须按照《上海市体育事业与体育产业发展“十二五”规划》中要求的那样，尽快根据实际情况和体育中介市场的最新特点，对《上海市体育经纪人管理条例及管理办法》做出因地制宜的修改，针对具体案例制定对应的体育经纪行为的活动细则和规范。其次，需要进一步严格体育经纪人的资格认证、审定、注册登记制度、保证金制度、合同管理制度、佣金制度、仲裁制度、违法处罚制度以及体育经纪人的培训制度，争取为上海市体育经纪人的发展创造一个法制、公平的发展环境②。

（三）基本建立运动员人力资本产权制度

随着我国加入 WTO，上海市的体育赛事市场更加开放，拥有越

① 张剑：《我国体育经纪人的管理》，《天津体育学院学报》2000 年第 15 期。

② 崔健：《中国体育经纪人的民事法律责任研究》，西安体育学院硕士学位论文，2011。

来越多的国际商业赛事、越来越成熟的职业竞技体育市场，运动员自身经济价值所带来的巨额收入引起了社会的较大关注，运动员自身和赛事主办方，运动员和运动项目管理中心之间均发生了收益分配问题，而这些问题的根源就是没有理清运动员人力资本投资和收益之间的关系。

严格界定运动员人力资本的所有权、占有权、支配权、使用权和收益权等核心概念是首要任务。所谓运动员人力资本，即指特定的投资主体对凝聚在运动员身体上的专业体育技能进行有意识的投资活动，最终是由运动员的知识、技能、能力、健康、声誉和社会关系等质量因素构成。运动员经纪活动也只有在“谁投资，谁所有，谁获益”的产权界定明晰以后才能科学合理和高效地运作。

因此，今后上海运动员经济活动的实践活动要以建立运动员人力资本产权制度为先导，以运动项目管理体制改革为基础，充分发挥上海丰富的国际体育赛事资源，建立健全运动员转会机制，使运动员真正得以自由流动并形成市场竞争，这样才能激活上海市的体育经纪活动，使其最终实现职业化、市场化、法制化发展。

（四）实现体育中介机构现代企业制度运作和体育中介行业自律

当前，上海体育中介机构市场主要以国外著名跨国体育经纪公司为主，已经有像 IMG 和 ISL 这样的世界著名跨国体育经纪公司落户本市。但是，竞争激烈的体育中介市场已经表明，虽然越来越多的国际体育中介机构开始经营中国市场，并有可能加速上海国际体育赛事的推广。但是，目前，上海中介机构存在被国外中介公司逐渐垄断的倾向，甚至逐渐丧失部分项目的自主发展权。面对严峻的形势，上海体育中介机构要及时发现问题，并借鉴国外中介机构的管理经验，认识到在体育中介市场经济条件下，只有建立以“产权清晰、责权明确、政企分开、管理科学”依法规范的新型体育中介企业制度，才能真正符合上海体育中介市场的发展需求、适应市场经济的企业制度。

规范的企业法人产权制度。企业承担有限责任是今后上海体育中介机构管理制度创新的方向和目标。此外，上海体育中介企业还需进一步加强自身建设、借鉴国外体育中介机构的先进经验并结合自身实际情况，积极勇敢地参与更加广阔的国际竞争市场，采用新形式、新方法培育更多的具有一定国际竞争力的本土体育中介机构。

最后，加强上海体育中介行业自律行为的宣传和引导。建议成立上海体育中介行业协会，制定“行规”“行约”，用以约束和规范体育中介各个参与主体的行为。体育中介行业协会作为行业整体的代表，能够促进体育信息资源利用效率，打破“信息壁垒”，提高各个体育中介机构的运作效率。

（五）建立和完善上海体育中介从业人员培训制度

随着上海体育产业的迅速发展，体育中介业从业人员成为体育中介行业中最为稀缺和宝贵的资源。上海 2011 年体育及相关产业专项调查显示，当前，上海市在工商部门注册的从事体育经纪、公关、策划、投资、管理的公司已有 81 家，体育中介公司达到 153 家，从业人员为 0. 38 万人，从规模上看，上海体育中介培训部门、中介从业机构、相关中介服务管理企业的发展已经步入快车道，但同时，上海体育中介从业人员的数量增长缓慢且质量没有明显提高，高素质、复合型的中介从业人才相对缺乏。

因此，上海作为中国的国际化经济大都市，应该借助众多综合性大学，以及相关领域人力资源丰富的优势，充分利用市场经济的开放条件，在未来几年着力优化体育中介人才培育结构、拓展体育中介人才培养途径、加强体育中介人才的理论学习、注重体育中介从业人员的实践经历，为提高体育中介服务的管理质量与竞争力贡献自身力量。

进一步完善体育中介人才培养机制，从源头上解决培训内容单一、培训授课教师专业局限性强、培训考核制度不透明不科学等诸多问题。明确体育中介人才培养目标、努力将体育中介人才培养工作转化为具体的可操作的工作事项，最终为上海体育中介服务业提供更加量多质优的体育经纪人。

五　上海体育中介服务业的发展对策

如何从上海市体育中介服务业的实际情况出发，在巩固现有体育经纪人队伍的基础上，采取积极措施，引导并不断扩大和完善上海体育中介市场规模，促进上海中介市场结构逐步优化，布局更加合理，成为摆在上海市面前的重要实践课题。当前，上海市体育中介服务业迫切需要解决的问题包括以下几点。

（一）改变体育产业传统观念，着力发展上海体育中介市场

上海体育产业的发展已经走在了全国的前列。体育产业广阔的无形资产为上海市体育经济的发展提供了不竭的动力。上海要充分认识到自身体育产业发展的新阶段、新特点、新问题。当前，上海市体育产业已经发生了根本性转变，开始从举办多种体育赛事和经营管理职业体育联赛等创收性活动越来越多地转向如何挖掘体育自身的功能和价值，激发群众参与体育的热情，满足群众个性化、多样化需求的体育产业发展方向。上海在全国范围讲，是体育资源“蕴藏”丰富的地区。

中国人常说：“三流的企业卖产品；二流的企业卖技术；一流的

企业卖专利。”上海在未来体育中介市场的发展过程中，首先要转变体育发展观念，从过去狭隘的体育产业发展圈向更加广阔的体育产业社会化、市场化、国际化转变，充分提升体育产业中注重管理和服务板块的地位，关注中介市场在体育产业发展中的特殊市场功能。体育中介业类似其他第三产业中的经纪活动，是整个上海体育产业乃至经济业发展的一个增长点，能够促进上海体育产业转型升级、加速社会综合性服务领域的建设和发展，并能够优化体育产业的创新环境、加速体育产业资源的流通、合理地配置体育中介资源。因此，要特别重视对中介资源的深层次和法制化开发。

值得一提的是，上海要借助世博会和第十四届国际泳联世界锦标赛等大型事件的影响，给予上海市体育中介机构更多的帮扶和照顾，进一步调整上海市体育中介机构的发展战略目标，促进组织结构更加合理和科学的发展，转变体育中介机构的经营模式，扶持更多以专业体育中介公司为主的市场参与主体，最终助力上海市体育中介行业的快速发展。

（二）加快上海体育政府部门机构改革，实现体育中介资源的市场化

上海市的体育中介资源在我国城市当中相对来说市场化程度还是很高的，但是还远没有完全市场化。受国家体育总局对赛事资源和赛事审批的控制力太强的影响，加上过去一直以来的体育行政体制的影响等多种因素，体育中介市场及体育营销深度的挖掘在上海甚至全国不能得到充分发挥。上海拥有众多的中小型体育中介机构，但是，由于我国体育管理体制的约束，很多中介组织处于无奈的不公平竞争状态，加之国际体育中介公司和机构的竞争，就有很多机构在竞争中逐渐被淘汰，挫败了很多体育机构管理者的积极性。

因此，进一步推进上海各级体育管理部门的改革，加强与国家体

育总局的交流和沟通，着力推行体育行政部门的政企分开、政事分开、政社分开是当前体育中介资源市场化的必然需求。此外，必须放宽某些体育资源进入市场的准入标准，让市场发挥配置体育资源的基础性作用，从而为体育中介组织提供更宽阔的市场空间。

（三）建立上海体育中介市场的管理规范，引导体育中介市场的健康发展

近年来，上海市体育中介市场日益繁荣，与之相伴的体育中介行业迅速壮大，中介行业机构在活跃体育产业市场、促进运动员转会交易、提高体育资源利用效率、保证赛事活动安全等方面发挥了积极作用。然而，上海体育中介市场还存在部分中介组织不规范运营、缺乏诚信的个别行为，影响了整个体育中介行业的声誉和形象。可以说，上海体育中介市场的这种问题可以归咎为其外部监管力度的薄弱，本应该存在的监督在现行的体育行政体制下却成了监管，“以管代监”偏离了政府监督的本质。同时，体育中介行业的自律行为也几乎形同虚设，因此，建立多层次的市场监管机制是保证上海市体育中介市场有序发展的关键所在。

首先，要完善体育中介市场的法规建设，加大管理力度。上海已经在制定体育经纪人发展的地方性法规方面走在全国的前列，于2000年1月7日出台了《上海市体育经纪人管理试行办法》。可以说，上海市在体育经纪人管理方面先行一步，做出了大胆尝试。但事实上，上海体育行政部门与上海工商行政部门在管理权限上依然没有清晰界限，因而出现了许多不应该出现的现象，在某些方面交叉管理，某些方面又无人管理，如委托合同、佣金无人检查，发生纠纷后又没有一个有效的解决渠道等。因此，除了建立有关体育经纪人的管理法规之外，体育中介领域的其他方面也应建立配套法规以规范体育中介市场。

其次，提高体育中介机构的市场准入门槛，全面提升体育中介企

业的规模和实力。鼓励企业通过资产重组、兼并联合等方式，走规模化、职业化发展之路。体育中介企业可以通过与相关部门，如律师事务所、银行、保险公司等密切合作，为自己的客户提供相应的法律服务、金融服务、代办手续服务等，从而提升自己企业的知名度，树立品牌，增加经济效益和社会效益，进一步提高同国际知名体育中介机构的竞争力。

（四）建议成立上海体育中介行业协会，强化体育中介业自律和统一管理

作为服务行业，体育中介业的健康发展离不开行业从业者的自律和统一管理。上海市在 2001 年 2 月 28 日，根据上海市人大常委会会议通过的《上海市经纪人条例》的有关规定，已经成立了上海市执业经纪人协会。虽然进入 21 世纪，上海的执业经纪人发展取得了很大成就，从整体而言，上海经纪业和经纪人的发展是符合上海现代服务业发展方向的。但是，就目前发展的趋势来讲，上海体育中介市场规模的扩大速度已经远远超出体育中介监督和管理机构的建设速度，所以尽快成立上海市体育中介行业协会成为当务之急。

未来的体育中介行业协会可以对上海体育整个中介市场行为进行监督。

（1）体育中介行业协会在本行业中具有一定的话语权，组成人员为业内公认的专家和工作人员。并且，协会外请法律顾问作为协会的人员配置主体，参与制定行业内的规章制度，规范体育经纪行为。体育中介行业协会也可以下设体育经纪人行业协会，制定“行规”“行约”，用以约束和规范各个体的行为。

（2）协调体育中介行业的整体运行。体育中介行业协会作为行业整体的代表，能够促进体育信息资源利用效率，打破“信息壁垒”，提高各个体育中介机构的运作效率。

（3）体育中介行业协会能为个人经纪人和经纪公司提供有关运动员转会、赛事运作、企业体育赞助等专业培训服务，维护整个体育中介业的共同利益，并提供一定程度的法律方面的咨询与服务，改善体育中介行业的制度环境。

（五）构建上海多层次、多渠道的体育中介从业人员培训体系

当前，上海虽然是国内体育中介从业人员培训的主要基地和人才输出地，但是与欧美一些体育中介服务业发达国家的培训体系还有较大差距。要进一步解放思想，集思广益，积极探索开展从业人员素质教育的新途径。

第一，建议建立上海市工商局、上海市教育局、上海市体育局等多部门联合的体育中介从业人员培训体系，网络远程教育与体育中介实践活动互补的体育中介从业人员的培训体系。

第二，借助上海市丰富的高校师资和信息资源，进一步完善现有的体育中介培训制度。具体措施如下：①对现有体育经纪人进行强化性培训，对已经取得职业资格认证的学员继续加强他们的相关知识及实际操作技能；②以高校为依托，构建体育中介从业人员分层培训体系——学历教育层次、执业资格认证层次和体育中介服务研讨会；③加强社会的教育功能，促进体育经纪人的自我学习和知识经验的积累。

第三，严格执行体育中介从业人员的市场准入制度，加强对从业人员的定期培训，不断提高其业务素质、强化诚信考核制度。从业人员也应不断加强自身学习和职业道德修养，不断提高服务技能和服务质量，不仅要懂体育，还要熟悉各种金融、管理、法律及外语等相关知识。大力推进各类资质评定和人员持证上岗，让参与体育中介市场的各类行为主体规范合法，诚实守信。

参考文献

国务院办公厅：《关于加快发展体育产业的指导意见》，2010 年 3 月 19 日。

上海市人民政府：《关于进一步促进本市中介服务业发展的若干意见》，2010 年 2 月 8 日。

上海市第十一届人民代表大会常务委员会：《上海市经纪人条例》，2000 年 12 月 15 日。

上海市体育局：《上海市体育经纪人管理试行办法》，2001 年 9 月。

刘鹏：《在全国体育产业工作会议上的讲话》，2005 年全国体育产业工作会议。

李海：《我国体育经纪业的发展研究》，人民体育出版社，2008。

鲍明晓：《中国体育产业发展报告》，人民体育出版社，2006。

谭建湘、马铁：《体育经纪导论》，高等教育出版社，2004。

李海：《设立中国体育经纪人协会的可行性分析》，《中国体育科技》2007 年第 3 期。

李海：《我国运动员转会经纪中的产权问题分析》，《成都体育学院学报》2006 年第 2 期。

林显鹏、虞重干、杨越：《我国体育产业发展现状及对策》，《体育科学》2006 年第 2 期。

莫君晶、张林：《上海体育经纪人的现状与发展对策》，《上海体育学院学报》2003 年第 1 期。

谭建湘：《论我国体育中介市场的地位与市场功能》，《广州体育学院学报》2003 年第 5 期。

杨再淮、余询：《我国体育中介机构发展的类型与模式》，《上海体育学院学报》2000 年第 2 期。

张贵敏：《我国运动员成绩的产权界定》，《体育科学》2000 年第 3 期。

胡春红：《我国体育中介组织的培育和规范问题》，《广州体育学院学报》2011 年第 4 期。

陆树兵、陆英浩：《我国体育经纪人培训体系研究》，《成都体育学院学报》2008 年第 12 期。

崔健：《中国体育经纪人的民事法律责任研究》，西安体育学院硕士学位论文，2011。

孙怡华：《从“翔之队”谈我国体育经纪人的发展》，华东师范大学硕士学位论文，2012。

赵一村：《我国体育经纪人培养研究——以上海市为例》，上海师范大学硕士学位论文，2010。

B.8

上海体育彩票业发展现状与展望

刘 炜*

摘 要: 本文对上海市体育彩票业发展的历史沿革、发展现状、特点以及发展趋势进行整理、归纳，指出，上海市体育彩票在各区县发展不平衡、与福利彩票开始形成错位竞争、销售渠道渐趋多样化、销量与市场份额持续提高，展现了体育彩票在上海市的良好发展前景。

关键词: 体育彩票 体育产业 上海

根据我国近十年来的实践情况和《彩票管理条例》中的界定，我国的体育彩票是指由国务院特许的、体育行政部门管理的、体育彩票发行机构（目前为国家体育总局体育彩票管理中心）发行和组织销售的彩票。体育彩票业则是指体育彩票的发行、管理、销售活动的集合。根据国家统计局、国家体育总局发布的《体育及相关产业分类（试行）》，体育彩票业是我国体育产业的重要组成部分。本章主要对上海市体育彩票业发展的历史沿革、发展现状、特点以及发展趋势进行梳理、提炼和分析。

一 上海体育彩票业的历史沿革

上海体育彩票业起源于近代上海，近代上海体育彩票给民众业余

* 刘炜，上海体育学院副教授，研究方向为体育统计与体育产业管理。

生活带来了娱乐效果，同时促使形成了最初的行业内规则和联系。

近代上海体育彩票主要包括赛马彩票、赛狗票和回力球票。1850年，英国人就在上海开设了“上海跑马总会”，围绕着赛马兴起的竞猜彩票逐步兴起，在1909年以前，跑马厅的外国人在场内采用挂牌定额分彩方式进行赌博，采用赔率玩法。摊主向跑马厅交纳一笔保证金，盈亏由摊主负责。到20世纪初期，上海跑马总会已拥有三个跑马场，并且于1909年开始向华人发行赛马彩票，赛马彩票的销量因此而迅速增加。辛亥革命以后，由华商独资和中外联合设立的跑马会、赛马会逐渐兴起，江湾跑马厅和引翔跑马厅先后开业。19世纪30年代初期，彩票的竞猜对象也已经扩大到跑狗赛、回力球赛，明园、申园、逸园、上海回力球场相继开业；这些竞赛场彩票的经营也由英商经营转变为由英、法、美各国商人和买办、富商、官僚、帮会首领、金融机构共同参与经营。

新中国成立后，全中国开展了以扫除旧习恶习为主的五反运动，一时间，彩票作为赌博恶习的重要手段之一被肃清，彩票这种社会经济活动消失达30年之久，一直到20世纪80年代中期，在国家大力开展经济发展战略的起步时期，彩票才作为紧缺资金资源的开发途径走进大众的社会生活中。上海市体育彩票的再次销售应追溯到20世纪80年代末亚运会基金奖券在上海的销售，在以后的发展中，上海市体育彩票又经过了几次明显的质的变化。

在1994年国家体育彩票管理中心成立以前，所有上海的体育彩票发行都是由市政府或国务院批准，彩票发行的组织和销售力量是由东亚体育开发有限公司临时组成的。1992年，上海市为运动会筹措资金的奖券发行借东亚运动会之机首次开展，以此为契机，上海市体育彩票开始了业务自主化，自主管理发行为上海市体育彩票业积累了初步的管理经验，销售队伍也进一步扩大。

经国务院批准，1994年4月5日，国家体育彩票管理中心成立，并逐级设立地方彩票中心，逐步形成隶属于体育行政部门的体育彩票系统，正式在全国范围内统一发行、统一印制、统一管理体育彩票，“中国体育彩票”正式诞生。全国31个省、自治区和直辖市陆续成立了各自的体育彩票管理中心（分中心），由此，体育彩票建立了遍布全国的销售网络。上海体育彩票管理中心于1995年4月成立，使上海市体育彩票的发展有了组织保证。

1998年10月，上海市电脑体育彩票上市，使上海成为领先于全国实现电脑型体育彩票销售的少数几个城市之一，体育彩票的销售方式和销售效果以及发展的方向都发生了革命性的变化。2001年9月29日，国家体育总局发布《中国足球彩票发行与销售管理办法》，发行真正意义上的全国联网体育竞猜型彩票，体育彩票的文化内涵开始呈现。2001年，中国足球彩票在上海上市，这标志着上海市体育彩票第一次有了国际通行意义上的体育彩票，即竞猜体育比赛结果的彩票。2005年5月，上海在国内率先建成了热线销售系统，电脑体育彩票销售点全部实施了热线销售，使得兑奖更方便，可以在全市范围内通买通兑。

二　上海体育彩票业的发展现状

（一）销量

我国对年度彩票发行规模原来一直实行额度管理，但在电脑型彩票上市以后，额度管理逐渐放松，直至名存实亡。2009年7月1日起施行的《彩票管理条例》已经不再提及发行额度管理。额度逐步放开后，上海体育彩票总体上呈现持续快速发展的势头，特别是近年来稳定、高速发展，销量已连续八年两位数增长。

1998年以前，因为额度管理，且限于技术手段，上海体育彩票的销量不大。1998年10月，上海市电脑体育彩票上市，1999年销量开始快速增长，出现了第一次飞跃，由1998年的1亿元上升到4.3亿元，此后2000～2001年也保持着两位数的稳定、高速增长。2001年10月，足球彩票上市，以其鲜明的知识性、娱乐性和强烈的参与性受到越来越多球迷的喜爱，大量球迷加入足球彩票竞猜的行列，这些以购买足彩、谈论足球为乐趣的人群，逐渐发展为一支稳定的购彩队伍，也催生了上海体育彩票销量的第二次飞跃，2002年，上海体育彩票销量首次突破10亿元，由2001年的5.7亿元跃升到10.3亿元，增长率达80.7%。

2003年，福利彩票主力玩法"双色球"上市，抢夺了大量的市场份额，同时2003年出现了"非典"疫情，使人们大大减少了社会活动，在此双重影响下，2003年，体彩销量下挫了26%。2004年，西安体育彩票发生"宝马事件"，体育彩票的公信力在全国范围受到极大质疑，上海体育彩票销量受此影响又在2002年的基础上大幅下挫33%，上海体育彩票陷入了低谷。

2004年11月12日，"排列3""排列5"正式上市，这种首次推出的全国联网固定奖金派奖的玩法，大受彩民欢迎。2005年，彩民对体育彩票的信任逐步恢复，同时又得益于排列玩法，上海体育彩票销量的颓势被艰难地扭转。2005年虽然销量增幅不大，但成为一个重要的转折点，此后，上海体育彩票销量一直保持着良好的增长趋势，2006～2013年一直保持两位数的增长（见表1）。近三年来，上海体育彩票更是保持着25%以上的年增长率，销量不断创新高，2013年全年销量达到45.8亿元，市场份额从2012年的40.64%提升到54.9%，市场份额在落后多年后再次反超了福彩。

在销量稳定增长的基础上，上海体育彩票也为公益事业筹措了大量的公益金。2009年，上海体育彩票全年筹集公益金1.67亿元，2010年为4.13亿元，2011年为5.45亿元，2012年为6.4亿元，2013年达到10.4亿元。

表1　上海市体育彩票历年销售量

单位：亿元，%

年份	体彩销量	比上年增长
1994～1995	0.65	
1996	1.1	
1997	1.9	72.7
1998	1.0	-47.4
1999	4.3	330.0
2000	5.0	16.3
2001	5.7	14.0
2002	10.3	80.7
2003	7.6	-26.2
2004	5.1	-32.9
2005	5.3	3.9
2006	7.3	37.7
2007	8.6	17.8
2008	9.7	12.8
2009	12.0	23.7
2010	15.5	29.2
2011	20.7	33.5
2012	26.3	27.1
2013	45.8	74.1

注：本表根据上海市体育彩票管理中心提供的数据和《体彩快讯》中的资料整理。

（二）游戏玩法

上海体育彩票的游戏玩法，经过多年的调整筛选，目前已经形成了一个基本符合上海市场情况、兼顾各人群特点、相互补充的玩法组合。近年来主要的游戏玩法有："22选5""36选7""超级大乐透""排列3""排列5""七星彩""足彩胜负14场""足彩任选9场""足彩4场进球""足彩6场半全场""竞彩足球""竞彩篮球""高频游戏11选5"，以及即开型彩票等，其中，"36选7"电脑体育彩票从2012

年9月28日20点起（第12114期销售截止后）在上海停止销售。

从2013年的销售情况看，竞彩已经成为上海体育彩票的绝对主力玩法，其销量占到总销量的一半以上。高频游戏和超级大乐透销量也很可观，分别占总销量的12.31%和11.20%，且一直保持增长的趋势。足彩胜负14场、足彩任选9场仍然受到不少彩民的喜欢，销量分别占总销量的7.06%和4.18%。另外，即开型彩票也为总销量做出了7.38%的贡献（见表2）。

表2 2013年上海体育彩票各游戏玩法销量比重

单位：万元，%

玩法		销量	比重
电脑型	22选5	1375.08	0.30
	36选7	停售	—
	超级大乐透	51275.67	11.20
	排列3	12514.00	2.73
	排列5	5385.74	1.18
	七星彩	6008.06	1.31
	足彩胜负14场	32318.98	7.06
	足彩任选9场	19135.38	4.18
	足彩4场进球	914.81	0.20
	足彩6场半全场	257.27	0.06
	竞彩	238408.27	52.08
	高频游戏11选5	56353.86	12.31
	合计	423947.13	92.62
即开型		33793.21	7.38
总销量		457740.34	100.00

（三）销售渠道

目前，上海体育彩票的销售是实体渠道和非实体渠道齐头并进。实体渠道是基础，而非实体渠道是重要增长点。实体渠道多年来一直稳步发展，但非实体渠道的发展则一波三折，近两年才开始进入规范稳定的发展期。

1. 实体渠道

上海体育彩票管理中心近年来在广泛进行市场调查的基础上，对销售网点进行了很多调整、扩充和规范工作，强化网点的标准化建设和分级分类管理，对销售网点实行边扩张边淘汰的策略。截至2014年7月底，上海全市有体育彩票传统销售点超过2100个，竞彩销售点600余个，并实现了“年销量过千万的销售网点10个、过500万的网点50个、过300万的网点100个”的目标。销售网点在各区县的分布情况如表3所示。

表3　上海各区县体彩销售网点数

单位：个

区县	销售网点数		
	传统销售点	竞彩销售点	合计网点数
黄浦区	106	23	129
闸北区	120	31	151
静安区	37	9	46
徐汇区	141	34	175
长宁区	100	21	121
普陀区	174	37	211
闵行区	200	63	263
虹口区	125	27	152
杨浦区	134	43	177
浦东新区(含南汇)	397	148	545
嘉定区	117	30	147
金山区	38	9	47
宝山区	186	39	225
青浦区	102	28	130

续表

区　县	销售网点数		
	传统销售点	竞彩销售点	合计网点数
奉贤区	67	19	86
崇明县	34	8	42
松江区	112	33	145
合　计	2190	602	2792

注：根据上海体彩网（上海体育彩票管理中心的官方网站）公布的资料统计整理（2014 年 8 月 3 日）。

2. 非实体渠道

虽然经过多年的整顿、规范，体育彩票于 2012 年 9 月取得了网络销售的试点许可，但互联网销售体育彩票是面向全国的，针对全国玩法，由国家体育总局体育彩票管理中心组织开展，所以，本文不将其纳入上海体育彩票业进行阐述。另外，上海体育彩票目前也尚未开展电话投注业务。但上海体育彩票管理中心非常重视非实体销售渠道，一方面在确保安全前提下与多家彩票推广公司开展体彩销售合作，另一方面与中国银行、中国农业银行的上海市分行合作开展了超级大乐透“306”定投业务，确保了非实体渠道销量的稳定增长。2014 年仅前 4 个月，上海体育彩票非实体渠道销量已达到 16. 48 亿元，在同期总销量中的比重达到 66. 18%，表现出强劲的增长势头。

（四）政策与法规

彩票行业是一个容易带来诸多社会问题的特殊行业，因此，所有国家都非常重视对彩票行业的管制。

我国体育彩票正式批准发行是从 20 世纪 80 年代中后期事件性的奖券集资开始的。我国体育彩票市场从起步到形成、发展，始终伴随着对市场环境的整顿，上海体育彩票市场也不例外。有关彩票的政策和法规基本上都是全国性的，当然也适用于上海，对上海体育彩票业的发展起着制约、规范、促进的作用，并决定着上海体育彩票业的发展方向与前景。

国务院于1991年12月下发的《关于加强彩票市场管理的通知》规定，彩票发行的批准权集中在国务院，由中国人民银行具体履行彩票管理职责，并规定发行彩票只限于省、自治区、直辖市、计划单列市人民政府及国务院有关部门举办社会福利、体育事业和国务院批准举办的其他活动，彩票发行实行额度管理。在1994年国家体育彩票管理中心成立以前，所有上海的体育彩票发行都需要由国务院或市政府批准，实行一事一批。直到1994年3月，经国务院批准，当时的国家体委开始在全国发行体育彩票。

1994年5月，国家对体育彩票的发行、印制、管理部门等有关方面开始进行部署，中共中央办公厅、国务院办公厅下发了《关于严格彩票市场管理禁止擅自批准发行彩票的通知》，并明确中国人民银行是国务院主管彩票的机构。

1999年底，国务院对彩票管理机构进行调整，彩票管理职能开始由财政部承担。为了全面规范彩票业，国务院于2001年10月下发了《关于进一步规范彩票管理的通知》。财政部随后颁布了一系列管理制度，不断完善彩票管理政策，并由规范为主转为规范与促进并举，开始积极支持体育彩票和福利彩票发行机构开拓市场，有效促进了彩票市场的发展，同时也对彩票公益金的使用范围进行了拓宽。

财政部2002年3月发布的《彩票发行与销售管理暂行规定》及2003年11月发布的《即开型彩票发行与销售管理暂行规定》，对规范我国的彩票发行和销售起到了重要的作用。这之后的几年里，总体上说，我国体育彩票业的相关政策在逐步放松，这为全国（也包括上海）的彩票业发展提供了空间。但这期间也开始出现与彩票、博彩有关的非法行为滋长的情况，其中发行私彩和利用互联网进行的非法博彩尤为明显，对社会造成了不良影响。

针对这种情况，财政部于2007年9月发布了《关于加强彩票发行销售管理促进彩票市场健康发展的通知》（财综〔2007〕55号），要求“对彩票机构以外的任何组织和个人未经批准擅自发行或变相发行彩票，或者利用互联网等方式销售彩票的行为，各地财政部门应与公安、电信、民政、体育、工商等部门加强协作，加大查处力度，并坚决予以取缔。对彩票机构利用互联网、电话代购等方式销售彩票的行为，由财政、工商、民政、体育等部门研究制定具体管理办法予以规范”。2007年12月24日，财政部、民政部、国家体育总局又联合发布《关于彩票机构利用互联网销售彩票有关问题的通知》，要求“各级彩票机构应严格贯彻执行《彩票发行与销售管理暂行规定》的有关规定，不得利用互联网发行销售彩票。本通知下发前，已经利用互联网开展彩票销售业务的彩票机构及其网站，自通知下发之日起，一律停止利用互联网销售彩票”，对彩票的网络销售全面叫停。

在2009年以前，我国一直没有规范彩票业的专门性行政法规。从整治的方式来看，由于没有法律层面的严格规定，一直以来主要靠有关部门的政策和规章办事。2009年，我国彩票业的法规建设取得重大突破，《彩票管理条例》于2009年7月1日起正式实施。该条例对我国彩票管理体制、彩票发行和销售、彩票开奖和兑奖、彩票资金管理及彩票违法行为的法律责任等做了明确规定，为维护彩票参与者合法权益、提升国家彩票公信力提供了保障。

随着技术的发展和普及，网络和电话销售越来越多地进入我国人民大众的生活。针对现实需要，2010年，财政部印发了《互联网销售彩票管理暂行办法》和《电话销售彩票管理暂行办法》，对开展电话、互联网销售彩票业务的审批管理、销售管理、资金管理、安全管理以及监督检查等做出了规定。2011 年 3 月 17 日，随着《财政部关于公布废止和失效的财政规章和规范性文件目录（第十一批）的决定》的公布，2007 年连续出台的三个有关“不得利用互联网发行销售彩票”的文件被明确失效。这标志着彩票非实体销售渠道的建设开始得到重视，一直处于灰色地带的互联网销售彩票也看到了合法化和规范化的希望。

2012 年，我国彩票业的法规建设又迈出重要一步。为了进一步规范彩票市场的发展、维护彩票参与者的合法权益，财政部、民政部、国家体育总局于 2012 年 1 月共同发布《彩票管理条例实施细则》。根据《彩票管理条例》和《彩票管理条例实施细则》的有关规定，2012 年 12 月 28 日，财政部又印发了《彩票发行销售管理办法》，该管理办法明确了彩票发行方式包括实体店销售、电话销售、互联网销售、自助终端销售等，首次将互联网销售和自助终端销售纳入规范，对我国体育彩票后续的销售渠道建设具有重大意义。

三　上海体育彩票业的特点及发展态势

（一）各区县发展不平衡

体育彩票的销售不仅受到各区县经济发展水平、人口数量、人口流动性的影响，还和各区县博彩氛围及网点分布、服务及营销宣传的效果有关。目前，上海体育彩票的销量，无论是绝对量还是人均销量，在各区县间都呈现较大的差异，明显呈现中心城区的人均销量较高、边远地区人均销量较低的态势。从表 4 可见，2013 年，黄埔、静安人均销量最高，为 220 元以上；长宁、普陀、徐汇、闸北、虹口也较高，都超过160元；崇明最低，只有40.79元；奉贤、松江、金山、宝山也较低，都为70～80元；其余各区人均销量为90～120元。

销售网点的密度也呈现同样的不平衡态势。从每万人网点个数来看，中心城区除杨浦为1.34个，其余都在1.5个以上；靠近中心城区的闵行、浦东、宝山、青浦，都在1～1.15个；其余较边远的区县则都在1个以下，其中崇明最低，只有0.60个（见表5）。

表4　各区县人均体育彩票销量

区　县	2013年销量(万元)	2012年末常住人口(万人)	人均销量(元)
黄浦区	17532	70.48	248.75
闸北区	14160	84.61	167.36
静安区	5654	25.58	221.03
徐汇区	19258	111.12	173.31
长宁区	13204	69.73	189.36
普陀区	23532	129.20	182.14
闵行区	27341	250.80	109.02
虹口区	13635	84.56	161.25
杨浦区	14003	132.07	106.03
浦东新区(含南汇)	51847	526.39	98.50
嘉定区	13789	152.77	90.26
金山区	5545	76.16	72.81
宝山区	15694	197.19	79.59
青浦区	13151	116.98	112.42
奉贤区	8525	112.99	75.45
崇明县	2854	69.96	40.79
松江区	12856	169.84	75.69

注：本表根据上海市体育彩票管理中心提供的数据整理。

各区县年度合计销量包含全年即开型社会渠道销量分摊部分，不包括社会渠道销售的电脑型体彩。

表 5　各区县每万人网点数和单机销量

单位：个，万人

区　县	合计网点数	2012 年末常住人口	每万人网点个数
黄浦区	129	70.48	1.83
闸北区	151	84.61	1.78
静安区	46	25.58	1.80
徐汇区	175	111.12	1.57
长宁区	121	69.73	1.74
普陀区	211	129.20	1.63
闵行区	263	250.80	1.05
虹口区	152	84.56	1.80
杨浦区	177	132.07	1.34
浦东新区（含南汇）	545	526.39	1.04
嘉定区	147	152.77	0.96
金山区	47	76.16	0.62
宝山区	225	197.19	1.14
青浦区	130	116.98	1.11
奉贤区	86	112.99	0.76
崇明县	42	69.96	0.60
松江区	145	169.84	0.85

注：网点数根据上海体彩网（上海体育彩票管理中心的官方网站）公布的资料统计整理（2014 年 8 月 3 日），常住人口数取自《上海统计年鉴 2013》。

（二）开始与福利彩票形成错位竞争

目前，体育彩票的玩法有即开型和电脑型两大类，电脑型又可分为乐透数字型和竞猜型两类。无论是体育彩票还是福利彩票，目前都是以电脑型为主，2013 年，体育彩票总销量中即开型占的比重已经不到一成。体育彩票中的乐透数字型玩法玩的是数字游戏和概率，与福利彩票的同类型玩法没有本质区别，属于同质竞争。而竞猜型则是以体育赛事为竞猜媒介的玩法，充分体现了体育特色，可以充分发挥体彩的优势。竞猜型彩票是福利彩票所没有的，可以和福利彩票形成错位竞争，共同拓展彩票市场。

在新中国体育彩票的发展过程中，乐透数字型曾经长期占据主导地位，体育彩票和福利彩票也长期处于同质竞争状态，上海的情况也一样。体育彩票的乐透数字型两大主力玩法中，“超级大乐透”对福利彩票的“双色球”，“排列 3”对福利彩票的“3D”，形成严重的同质竞争；近年来，体育彩票推出的高频玩法“11 选 5”也是瞄准福利彩票的高频玩法进行同质竞争的。这种情况在上海也曾长期存在。

但近年来，上海体育彩票已经开始逐步改变这种情况。2011～2013 年，上海体育即开型彩票的销量逐年下降，占总销量的比重，2011 年为 27.26%，2012 年降到 15.88%，2013 年进一步降到 7.38%，目前占的比重很小。上海体育彩票中乐透数字型的销量虽然 2011～2013 年仍然在增长，但占总销量的比重，2011 年为 40.04%，2012 年降到 34.64%，2013 年进一步降到 29.04%，已不到三成了。乐透数字型彩票销量的增长，主要是靠高频玩法的高速增长，以及“超级大乐透”的稳定增长。上海的竞猜型体育彩票的销量近年来高速增长，传统足彩 2011 年、2012 年销售不利，2013 年情况好转，而竞彩三年都保持了三位数的增长，从而拉动了竞猜型体育彩票销量的快速增长。竞猜型彩票的销量占上海体育彩票总销量的比重，2011 年为 32.70%，2012 年上升到 49.49%，2013 年更是占到 63.58%（见表 6）。

可见，上海体育彩票在 2011 年的销量还是以乐透数字型为主，靠和福利彩票进行同质竞争来争取市场份额；2012 年，竞猜型的销量已接近总销量的一半，取代乐透数字型成为主力玩法类型；2013 年，竞猜型销量所占比重达到了 63.58%，已成为体育彩票销量中的主体部分，体育彩票与福利彩票的竞争也由以同质竞争为主转变为以错位竞争为主了。

表 6　不同类型上海市体育彩票近三年销售情况

单位：万元，%

玩法类型		2011 年		2012 年		2013 年	
		销量	比重	销量	比重	销量	比重
电脑型	乐透数字型	82999. 8	40. 04	91057. 8	34. 63	132912. 4	29. 04
	竞猜型	67792. 7	32. 70	130109. 5	49. 49	291034. 7	63. 58
	电脑型合计	150792. 5	72. 74	221167. 4	84. 12	423947. 1	92. 62
即开型		56498. 3	27. 26	41743. 2	15. 88	33793. 2	7. 38
总销量		207290. 8	100. 00	262910. 6	100. 00	457740. 3	100. 00

注：本表根据上海市体育彩票管理中心提供的数据整理。

（三）销售渠道渐趋多样化

由于彩票的特殊性，我国对彩票销售渠道的管制一直较严。上海体育彩票的销售渠道，相当长时间内是以体育彩票系统自己建设和管理的实体销售网点（自有渠道）为主的，上海市体育彩票管理中心长期以来也一直比较重视实体网点的建设，实体网点数量逐步增加，目前已超过 2700 个。近年来，新建了一大批高频彩票网点和竞彩网点，其中高频彩票网点实行边扩张边淘汰的策略，在扩张中进行调整。长期以来，这一实体销售渠道不仅对销量起到了基本保证的作用，而且在体育彩票的宣传方面起到了重要作用。

近两年，上海体育彩票的社会销售渠道也得到了快速发展，上海市体育彩票管理中心与多家彩票推广公司开展体彩销售合作，与中国银行、中国农业银行的上海市分行合作开展超级大乐透“306”定投业务，即开型彩票销售则进了铁路上海站、上海南站、南京路步行街、豫园、人民广场、便利超市等地，大大拓展了销售渠道。社会渠道销量 2011 年为 2892 万元，占上海体育彩票总销量的 1. 40%；2012 年为 7800 万元，占 2. 97%；2013 年实现了飞跃，社会渠道销量为

185161 万元，占总销量的 40.45%（见表 7）；2014 年前 4 个月，上海体育彩票社会渠道销量已达到 16.48 亿元，在总销量中的比重为 66.18%。

表 7　近三年上海体育彩票社会渠道销量

单位：万元，%

类型	2011 年		2012 年		2013 年	
	销量	比重	销量	比重	销量	比重
社会渠道销量	2892	1.40	7800	2.97	185161	40.45
总销量	207291	100.00	262910	100.00	457740	100.00

注：本表根据上海市体育彩票管理中心提供的数据整理。

随着我国彩票销售渠道政策的放松，体育彩票销售渠道将会进一步多样化。现代科技的不断发展，使电话、互联网技术已广泛应用于银行、证券、电子商务等领域，网络支付和电话支付也已经相当成熟和安全。将电话、互联网技术应用于彩票销售，既是我国彩票发行销售工作顺应时代进步、加强技术创新的必然要求，也是拓宽和丰富彩票销售渠道、稳步扩大彩民队伍、完善彩票市场结构的现实需要。我国彩票的网络销售虽然掀起过几次热潮，但都是违背政策或打政策擦边球的，2012 年 9 月，体育彩票正式取得了网络销售的试点许可，这标志着体育彩票销售渠道的一次大突破。而随着 2012 年 12 月出台的《彩票发行销售管理办法》明确将电话销售纳入规范，上海市体育彩票管理中心也在积极进行电话销售的各项准备工作，预计不久上海将开通体育彩票的电话销售渠道。

（四）销量与市场份额持续提高

近五年来，上海体育彩票的销量一直以 20% 以上的增幅快速增长，2013 年以来更是以 70% 以上的增幅高速增长；市场份额也呈逐年提高的态势，从2009年的29.2%，一直提高到2013年的54.9%，2014年前四个月市场份额更是高达61.7%，创历史新高（见表8）。

表8　上海体育彩票近几年市场份额

单位：%

时间	2009年	2010年	2011年	2012年	2013年	2014年（1~4月）
销量增长幅度	23.9	28.8	33.7	26.8	74.1	73.2
市场份额	29.2	34.4	35.1	40.6	54.9	61.7

B.9

上海体育培训业发展现状与展望

宋 昱*

摘 要： 体育培训业是体育产业的重要构成部分之一，涵盖健身娱乐培训、竞赛表演培训和体育彩票培训等领域。本文将体育培训业的发展历程划分为萌芽期、形成期和发展期三阶段，分析了体育培训业中存在的师资队伍缺乏、企业缺乏对品牌和管理的标准化建设、培训中介组织不完善等问题，为此提出应当提升体育师资专业教育水平，健全人才培养机制；融合各行业的政策规定，制定标准化的体育行业培训规则；逐渐实行简政放权，注重市场环境完善，打造具有差异性的本土化培训品牌，提高行业内机构的自身管理水平，从而逐渐积极推动体育培训业的改革与转型。

关键词： 体育培训业 健身娱乐培训 上海

体育培训业指传授体育运动技能的非学历教育范畴的独立核算的组织、机构或个体经营户包括武校、网球学校、足球学校等，不包括健身休闲机构开展的各种运动项目的培训活动。[①] 从最近几年的上海

---

* 宋昱，博士，上海体育学院副教授，硕士生导师，研究方向为体育产业经营管理。

① 张林、黄海燕：《中国体育产业发展报告》，人民体育出版社，2013。

市体育及相关产业调查情况看，体育培训业的产值、增加值和从业人员有加速增长趋势，在体育产业三大核心产业领域（体育服务业、体育用品业、体育建筑业）中，体育培训业属于体育服务业中增长较快的一个分支，2011 年末，体育培训业在上海体育服务业中的比重达到21.48%，所占比重比2010 年减少0.37 个百分点，其中，从业人员为1.10 万人，实现增加值11.37 亿元，从业人员比上年增长0.12 万人，增长速度为12.24%，增加值比上年增长8.27%，体育培训服务的各项指标表现出逐年上升的态势①，体育培训活动和体育健身休闲等活动融合发展，空间很大，助推了上海体育服务业的加快发展。从横向的省市数据比较看，目前，上海体育培训业的产值与北京市相当②，远高于其他省市自治区，体现出较为明显的区位优势和市场发育水平差异。

一　上海体育培训业的演进历程

20 世纪80 年代末90 年代初，随着上海经济社会的改革发展，居民的健康意识开始萌芽，各种健身俱乐部、青少年体育运动兴趣班和以足球、篮球为主导的体育培训班应运而生，经过20 多年的发展演进，上海体育培训业呈现多样化、高端化、国际化和全民化发展的良好态势。

（一）萌芽期（1992～1994年）

随着邓小平同志1992 年的南方谈话及党的十四大的召开，中国的经济发展与现代化建设进入了新时期，上海改革发展速度加

① 钟天朗：《体育经营管理——理论与实务》（第二版），复旦大学出版社，2010。
② 杨铁黎：《体育产业概论》，高等教育出版社，2010。

快，1992 年开始了浦东新区建设和开发进程，大大提升了上海的经济开发速度和水平。与此同时，1992 年开始的体育职业化改革率先在足球领域试点，以上海申花足球俱乐部为代表的体育职业俱乐部开始涌现，越来越多的人开始意识到体育不仅是一种职业机会，而且是一个培养青少年全面发展的特定场域，以青少年足球培训为代表的现代体育培训业开始在上海萌芽。当然，萌芽阶段的体育培训业由于培训手段和经营方式单一，而在项目类别上发展较不全面。此外，其市场特征亦不明显，这是与我国当时刚进入市场经济体制的现状相适应的。这个时期的体育培训业仅仅停留在含义层面，尚未形成产业，更没有其产业特征的显现。

（二）形成期（1995 ~ 2005年）

1995 年对体育产业来说是具有重要意义的一年，这一年，国家体委首次召开了以体育产业为主题的全国体育工作会议，其突破性的意义在于它确定了体育可持续发展的战略决策。本次会议不仅确立了发展体育产业的主基调，还明确指出了体育产业的经济效益。而 2001 年国家体育总局发布的《2001 ~ 2010 年中国体育改革与发展纲要》进一步提出了体育改革与发展的主要目标，即建立与社会主义市场经济体制相适应的、符合体育发展规律的体育体制和运行机制。1995 ~ 2005 年，社会对体育产业的认知程度逐步加深，因此，定位此十年为体育培训业的形成期，体育培训业渐渐被社会人群普遍接受为体育产业的一个组成部分，此十年间，体育培训业正式成为体育产业的一项独立分支。上海体育培训业在这个时期开始出现多元化发展趋势，以足球、篮球、排球和乒乓球为代表的球类项目培训发展迅猛，各种气功培训班和广场舞培训站点开始越来越多地涌现在居民日常生活之中。

（三）发展期（2006～2014年）

2006年之后，上海的体育培训产业出现了多元化、立体化、国际化发展的格局，越来越多的对接国际市场的培训项目开始涌现，比较具有代表性的如帆船和游艇培训、高尔夫培训项目等。当体育培训业被人们认知成为体育产业的独立分支后，大众健身、体育赛事中也渐渐出现体育培训环节。尽管体育培训业发展较快，但仍不成熟，之后国家体育总局提出的“六化六转变”为体育培训提供了极好的发展契机。随着体育产业可持续发展的概念越来越深入人心，2010年3月，国务院颁布的《关于加快发展体育产业的指导意见》进一步对体育培训业提出了如何深化发展的问题和期望，体育培训业被社会投射了越来越多的关注，上海的体育培训业发展前景日益广阔，特别是随着上海自贸区对以上海为核心的长三角地区经济社会的带动发展以及国家取消商业性和群众性体育赛事审批的决定付诸实践，居民体育消费和大众健身的新热潮正在来临，上海的体育培训业又将迎来一轮新的爆发式增长机遇。

二　上海体育培训业的领域分析

（一）体育健身娱乐培训

体育健身娱乐业是体育产业的一个重要组成部分。体育健身娱乐业是指以非实物的形式向社会提供体育健身、娱乐服务产品的经营单位集合。而体育健身娱乐培训业的产生和发展与整个社会经济的发展水平息息相关，只有当整体社会经济发展达到一定的程度，人们生活水平得到提高，才会有更多的人有能力并有需求消费健身娱乐培训产品。

上海的经济发展水平居于全国前列，人均收入水平以及消费结构的调整都优于其他地区，因此，体育健康娱乐业的发展水平也相对较高，拉动了相关的体育健身娱乐培训业的发展。体育健身娱乐业的构成内容可以划分为体育健身项目培训、健身俱乐部运营培训、健康知识培训、体育服务培训、专业减重与塑身培训等。以在上海减重塑身市场具有领先影响力和号召力的巅峰减重为参考实例进行说明（见表1）。

表1　上海体育培训业品牌企业举例：巅峰减重

品牌企业:巅峰减重——健康体重管理专家、国家减肥行业国家标准制定单位
中国健康减肥领导品牌——巅峰减重,于2005年5月在上海体育学院成立。经过十年的稳健发展,巅峰减重已经发展成为集全封闭式巅峰减肥训练营、减肥科学研究所、开放式帮瘦健身会馆、营养代餐减脂MESIZE美寸品牌及基于互联网技术的"云瘦身"服务为一体的全方位、立体化的健康减重综合体
巅峰减重是中国保健服务标准化技术委员会成员单位、中国体重控制服务国家标准起草单位、中国保健协会团体会员单位、上海市营养学会团体会员单位、国家人保部体重控制管理师培训合作单位、CCTV-2大型减肥励志真人秀《超级减肥王》战略合作单位、浙江省健康产业研究会理事单位、中国第九届体育科学大会官方合作单位、上海教育电视台"帮女郎减肥后援团"技术保障单位、上海交通广播台"5-11世界防治肥胖日"主题公益项目发起单位、《新民晚报》官方合作减肥训练营、上海市浦东新区高行镇肥胖儿童少年干预工程技术保障单位
巅峰减重经过十年探索和积淀,逐步形成了一套可持续的商业体系。该体系以巅峰商务宾馆及健身会馆为基础,以减肥训练营为基本手段,以青少年减肥夏令营为特色项目,以美寸代餐营养中心为新的营收增长点,以及基于互联网技术的"云瘦身"服务模式的探索等为一体的产品与服务结合、线上与线下联动的商业模式
公司将健康减肥产业(减肥处方药、减肥外科手术除外)全方位囊括,为高、中、低收入群体提供差异化、个性化健康减肥产品和服务,致力于帮助更多肥胖及代谢综合征群体摆脱肥胖困扰,预防和治疗慢性疾病,改善亚健康体质,提高生命质量

资料来源：巅峰减重官网，http：//www.021sports.com/。

体育健身娱乐培训业的发展依赖于地区的整体经济发展程度，同时也遵循自身所处阶段的特征，上海体育培训业正处于快速提升的发展阶段，虽然发展速度较快，但是，发展还不成熟、不平衡、不稳定，主要表现在以下几个方面。

1. 产品种类

目前市场上的体育健身娱乐培训项目，除了传统的体育健身项目，其余多为直接从国外引进，如跆拳道、瑜伽等，缺乏针对特定客户群体特点自主研发的项目，导致市场上所提供服务高度相似，不能对整个体育培训业的发展起到有效推动。

2. 产品质量

市场上体育健身娱乐培训机构的培训师的资历将直接影响体育健身娱乐培训服务的品质。一名合格的体育健身培训师应具备体育健身背景、专业知识和丰富的实践经验。目前，因为资格认定制度不全面、市场监控制度不完善，上海市场上很多没有体育健身娱乐培训资格的人通过其所在培训机构本身的短期岗前培训，就开始提供健身娱乐指导。这一方面导致市场上不能提供有效的体育健身娱乐培训；另一方面将造成行业信用危机，阻碍自身发展。

3. 产品结构

目前市场上所提供的体育健身娱乐咨询，还没有形成完善稳定的产品结构，常常因为某一社会潮流而出现相对应的健身娱乐培训热潮，如运动瘦身培训等。上海市场缺乏标准化的产品类型和营销模式，难以进行监管和比较。

4. 产品来源

体育健身娱乐培训主要来源于市场，政府公共体育服务所能提供的体育培训则相对较少。

（二）体育竞赛表演培训

体育竞赛表演产业市场的产业关联性强。高水平的体育竞赛表演会直接影响和带动相关的体育彩票、体育旅游、体育培训、体育用品、体育器材和体育传媒的发展，带动和促进城市建设、环境保护、卫生事业的发展[1]。2009 年，F1 中国大奖赛境外电视观众达到 6 亿人次，从而极大地提高了上海的城市知名度，此后以 F1 中国大奖赛和网球大师杯为代表的上海体育竞赛产业格局凸显，引领和带动了赛车、网球等一大批专业培训机构和行业的集聚发展。此外，以体育经纪人培训、体育裁判培训等与竞赛表演业相关的从业人员和从业资质的培训也成为体育竞赛表演培训的新亮点和重要组成部分，上海作为中国体育市场化的前沿阵地，具备走在全国前列的充分条件。特别是上海市老年人和青少年两端市场的体育技巧和健身锻炼需求旺盛，老年人和青少年群体的竞技素养与人文素养培训消费火热，一种融竞技能力培养和文化知识养成于一体的新型综合培训模式正悄然走进寻常百姓家（见表 2）。

表 2　上海体育培训业新模式举例：奥体 360 国际夏令营

行业创新：奥体 360 国际夏令营 奥体 360 国际夏令营活动，以军事拓展、体育特训、户外活动、文化旅游为主要活动内容，同时兼顾学生的语数外等文化课辅导及暑期作业辅导，全程贯穿团体合作、团体竞赛的理念，培养青少年德智体全面发展，提升自我管理能力，强化协调沟通能力，培养积极向上、健康阳光的外向性格，发现潜在的兴趣爱好。该活动是在上海体育局和上海市教委等主管部门的指导下，由上海电视台五星体育、东方绿舟、上海体育局东方绿舟训练基地共同主办，面向全国招生 在引导式互动体验中，小朋友可根据自己的兴趣爱好选择篮球、网球、游泳、羽毛球、乒乓球、田径、足球、武术和体育舞蹈等运动项目进行训练，提高身体素质，发现兴趣爱好，激发内在潜能。户外拓展以野外生存体验、体育竞技游戏、游览军事天地、水上团队竞赛、挑战高难度运动为主；具体项目有内务教育、团队拓展、野战训练、铁人三项、逃生演练、素质测试、夏日水狂欢等专门为小朋友开设、强度适中、丰富多彩的活动

资料来源：奥体 360 官网，http：//www. aoti360. com。

[1] 王艳：《我国区域优势体育产业选择与培育发展研究》，上海体育学院博士学位论文，2011。

体育竞赛表演业及其带动的培训市场的发展潜力不可小觑，从目前上海体育竞赛相关培训行业和企业的发展现状分析，其仍处于起飞阶段，这主要是由于我国体育竞赛培训市场形成的时间较短，基础较差，加上内外部各种因素的影响和制约，它在市场发展进程中仍然存在许多亟待解决的问题。此外，包括上海在内的整个中国竞技体育仍处于艰难的转型发展期，金牌战略主导下的竞技项目市场化程度低，以三大球为主导的热门体育项目成绩持续滑坡，专业运动员和体育特长生的发展前景不明朗，社会上文化成绩决定论仍然有很大市场，导致多数家长对培训孩子的竞技体育能力心存疑虑，这也在社会文化层面上抑制了竞赛表演培训市场的影响力和关注度。

（三）体育彩票培训

体育彩票培训应该是有关部门对在体育彩票业中工作的体育彩票管理中心工作人员、专管员、网点业主及销售员等传授其完成本职工作所必需的正确思维认识、基本知识和技能的过程。上海市体育彩票被培训的对象主要有市区体育彩票管理中心工作人员、专管员、网店业主及销售人员。

近年来，随着上海经济的快速发展和人们生活水平的不断提升，上海体育彩票公益金总量逐年递增，2012 年，全市发行体育彩票 26.3 亿元，共筹集体育彩票公益金 6.51 亿元，2013 年，全市发行体育彩票 45.77 亿元，同比增长 74%，筹集公益金 10.4 亿元，2014 年是世界杯年，体育彩票公益金的数量进一步增大，有力地支持了上海市的“全民健身计划”和“奥运争光计划”，为建设体育强市注入了强大动力，为上海市体育事业发展做出了积极贡献。为了进一步促进上海市体育彩票业的发展、有效防治一些不良社会问题的发生，对体育彩票相关工作人员培训是行之有效的措施，使其相关工作人员工作更加专业。

截至2012年，上海市19个区县已从最初的300个体育彩票销售网点发展至今天的2091个[①]，在体育彩票实际的发行和销售过程中，随着销售网点的大幅度扩增，体育彩票工作人员数量也达到了空前的水平，在庞大的工作队伍中，难免出现工作流程不统一、服务不标准等现象，因此，对其进行培训是势在必行，使其形成标准化管理。针对上海市市区体育彩票管理中心工作人员、专管员、网点业主及销售人员的工作性质、内容及特点分别制订了科学合理的培训方案。

具体的培训内容可以分为三类：一是对市区体育彩票管理中心工作人员的培训，其内容主要集中在管理方面，主要是对体育彩票的安全和分配、网点布局及管理、专管员、宣传及供应商管理等层面；二是对专管员的培训，专管员起着连接体彩中心和网点的纽带作用，要求专管员要达到全才的标准，既要懂理论知识也要熟悉业务操作；三是对网店业主及销售人员的培训，对其的培训主要集中在业务的操作层面上，包括体育彩票的基本玩法、机器的操作、网点环境的美化以及突发事件的处理等方面，此外还要增强其对体育彩票的概况及文化的了解。

（四）其他体育培训

随着居民体育培训需求的多元化和体育培训场所、技术手段的现代化，体育培训的触角正在日益延伸，出现了不同的培训内容和形式，如体育升学考试培训、特长生与特长项目培训等。以上海中考体育培训市场为例进行介绍（见表3）。

① 秦立鹏：《上海市体育彩票专管员队伍管理现状及对策研究》，上海体育学院硕士学位论文，2013。

表 3　上海其他体育培训项目举例：中考体育培训

行业实例:其他体育培训——上海中考体育培训市场管窥 上海中考体育项目分类,第一类项目(6 分):长跑 1000 米(男)、800 米(女)、游泳 200 米(男、女)。第二类项目(3 分):25 米游泳、50 米跑、立定跳远、实心球、跳绳、引体向上、仰卧起坐。第三类项目(3 分):垫上运动、横箱分腿腾跃、单杠、双杠。第四类项目(3 分):篮球、排球、足球 其中,篮球、排球、足球、游泳项目的培训在中考体育培训中所占比例较大。上海中考体育培训机构主要有:申鑫体育、成达体育—中考体育培训机构、德道健身培训机构 这些中考体育培训通常都存在课程收费高、学时不确定、师资来源参差不齐等问题,具体表现在: 一、课程收费高、学时不确定、地点多在第三方 如今,对于中考体育,家长和学生逐渐重视起来,由于有着巨大的市场需求,其价格悄然走高,甚至超过了文化课的补习价格。据悉,一堂 90 分钟的中考体育培训课,各家培训中心的报价迥异,其平均价基本为 80 ~ 120 元。还有培训中心表示,教练可以上门为学生提供体育辅导,其每堂课价格为 150 元。此外,地点多设在第三方,静安区某培训中心的工作人员表示,他们的体育培训班上课地点设在格致中学等几所学校,理由是:在正规的中学,体育场地训练更有助于提升成绩 二、师资来源参差不齐 在上海体育中考培训机构的很多老师并不是专业的体育教师或健身教练,他们原先也不是从事中学体育项目的培训。一家位于虹口区的某培训中心负责人宣称,他们中考体育培训班的教师有着丰富的教学经验。当记者想进一步了解师资来源时,这位负责人很不情愿地表示,培训班的老师多为中学体育老师和大学体育专业在校学生 由以上实际情况可以看出,从总的市场来看,上海中考体育培训产业作为一个新兴行业,政府部门的监管还不到位、相关法律法规还不完善,导致众多的机构涌入这个行业,而且各个机构之间也没有统一的行业标准。但是,总体来说,上海的中考体育培训产业还是具有很大的发展空间和发展前景的

资料来源：根据上海市教委、各区县教育局官网和相关培训机构网站内容整理。

三　上海体育培训业发展存在的问题

（一）优秀体育培训师资队伍匮乏

体育培训业的发展离不开培训教师、教练和管理人员的勤奋敬业，构建一支高水平的城市体育培训专家队伍是行业发展的重中之重。根据相关研究实地调查，上海高校体育场馆向社会开放程度较高，杨浦区五角场附近5所不同院校场馆经营中的培训业收入均值接近场馆总体对外经营收入的1/4，高校的体育培训行业发展态势不错，但除了区域内的专业院校——上海体育学院外，其他4所综合大学和非体育专业院校的体育培训业务稳定性偏弱，优秀师资数量偏少、流动性较强。这一例证从一个视角佐证了目前上海体育培训业仍然存在优秀师资匮乏、师资无法满足消费者体育培训需求的问题，吸引和留住专业高素质人才的能力偏弱，人员流动相对频繁，专职人员比例偏低，大量的从业教师都是在读大学生和研究生，师资经验和水平参差不齐，队伍不稳定，这些问题极易造成服务质量不稳定现象，从而引起消费者投诉量增加，影响培训机构的品牌美誉度和忠诚度。

（二）品牌、内容与管理标准化建设相对滞后

目前，上海体育培训业的服务内容和产品形式主要集中在传统的球类项目、健身健美项目、力量训练项目、水上项目和武术项目上，虽然在与国际接轨方面有了很大进步，但仍然存在着培训机构规模偏小和恶性价格竞争问题，企业建设特别是品牌建设相对滞后。此外，体育培训内容也存在一定的滞后性，对接国际高水平体育培训和新兴项目的速度和主动性偏弱，特别是在国际流行的航空体育项目、河海体育项目方面发展相对缓慢，与上海的国际大都市定位不相适应。同时，培训机构的专业培训和管理培训匮乏，服务的标准化程度偏低，这种情况对培训业的负面影响很大。体育培训行业具有较强的个性化特征，由于每个教练员的训练系统是不一样的，每个系统里的训练方法和动作标准也是不一样的，如果没有对教练员进行系统化和标准化的培训，很有可能导致学员每节课的要求和标准存在认识上和执行上的偏差，那么体育培训机构的可信度将会大打折扣。以分布在上海不

同社区的35家武馆、武校为例进行的调研表明，尽管其办学规模和社区位置以及学员来源有一定差异，但其基本的教学科目是大同小异的，而收费标准却差别很大，以5个月的集中培训项目为例，高位数可能达到1万~2万元，中位数为7000~8000元，低位数则为1000~2000元，培训效果与收费标准的对接很难衡量。2010年，香港导演唐季礼与上海戏剧学院合作推出的香港TVB“育星”模式的动作明星培训班，拟邀请成龙、元彬等功夫巨星客座讲学，其5个月收费高达9.8万元，这一事件引起热议，后来则淡出舆论视野。

（三）中介组织发展不完善

中介服务业是活跃体育培训市场的润滑剂。体育培训机构的主要作用是参与培养和训练、提供运动技能的教育与训练服务。这种培训服务价值的实现需要在市场交换中才能得到实现。市场交换的顺利进行需要完备的市场供求信息，中介服务业的作用在于搭建交换平台，在培训主体与客体间传播信息，为培训机构吸纳人才与输出人才提供必要的服务，促进交换双方的利益实现，对活跃体育培训市场具有重要作用。目前，上海已有久事国际赛事管理有限公司、东亚集团和东浩兰生赛事管理有限公司三大品牌公司，承办上海近70%的优质体育赛事，在赛事中介和赛事经纪方面走在了全国的前列，但体育培训业缺乏高质量中介服务的局面却始终未能解决，这种情况也与沪上如火如荼的出国留学中介服务等文教类中介服务形成了鲜明对比。大力推动体育培训中介组织的发展，才能解决体育培训业市场信息交换和品牌传播力度不够的问题，提升行业发展的压力和动力。

（四）体育培训业整体发展环境氛围有待改善

从社会文化环境看，长期以来，体育培训受到社会重文轻武思潮的影响，整体上不温不火，近几年，随着居民健身健脑意识和全面素质教育理念的兴起，上海的青少年体育培训行业开始快速发展，但依然或多或少地受到高考指挥棒和就业风向的影响。从制度环境而言，体育行政主管部门拥有对优质体育资源的垄断和部分赛事、项目、企业资质的审核权，无形中抬高了体育培训业的门槛，导致无证经营和无资质上岗现象。与此同时，上海乃至全国的体育培训业都具有很强的兼营性和从属性特征，主业兴则行业兴，主业衰则行业衰。在这种情况下，体育培训业始终存在着零散、小规模的碎片化状态，从业者和有志于从事体育培训行业的人缺乏系统的教育培训机会和完善的职业发展路径，甚至一些退役的体育明星也无法获得足够的生活保障，相当多的体育培训从业者最终脱离了这个行业，这是整个体育培训行业不能持续兴旺发展的根源性问题。如2011 年上海市体育局官方曾表示，上海不存在退役运动员失业问题，组织会从各方面帮助解决退役运动员的就业问题，其中一个重要领域就是让退役运动员继续吃专业饭，从事教练和培训工作。然而，随着退役运动员逐年增加，很多非热门项目退役运动员并不能很好地对接社会的专业和业余培训需求，即便依靠体制解决了基本生活问题，很多人也对未来职业发展感到忧虑。此外，上海已经拥有的众多知名体育赛事和职业体育俱乐部在体育培训产业开发、队伍建设和品牌运作方面仍然缺乏亮点，如何充分调动企业积极性推进上海体育培训产业的特色化、个性化、品牌化发展成为一个亟待解决的问题。

四　上海体育培训业的前景与发展对策

为促进上海体育产业结构优化、全面推动上海体育产业发展、提高体育产业在上海市 GDP 中的比重，在立足当前上海体育产业发展实际的基础上，通过审视当前体育产业发展宏观环境的背景下，上海体育培训业发展要从体制机制、政策法规等方面积极采取应对策略，确保健康发展。

（一）构建体育培训业人才培养机制

上海市人民政府要大力培育和扶持体育产业发展，多渠道筹集与建立体育产业发展引导基金，把体育产业纳入地区经济与社会发展规划，尤其是体育培训业更需要在税收、金融等方面给予政策优惠。上海体育培训业发展正驶入快速发展时期，人才是体育培训业发展的根本动力。因此，必须高度重视体育培训业人才的培养。在体育院校开设体育培训相关专业课程，通过开放式办学模式或委托定向培养模式，积极培养能胜任市场需要的人才。积极发挥各级体育行业协会的桥梁作用，通过业内经验交流学习、与相关专业机构合作开设短期培训班、在职进修等方式不断提升体育培训业人才的知识水平。

（二）完善体育培训业法规政策和行业规范标准

目前，上海正在全国率先逐步推进高考制度改革和一考定终身的升学模式，推动学生素质全面发展，这对优化体育培训业乃至整个体育行业、体育产业的外部环境都是一个明显的利好。同时，在当前我国政府职能转型、简政放权和服务型政府建设的背景下，政府体育职能部门要顺应对当前政治体制改革的要求和现实需要，深化体育培训业市场体制和运行机制改革。通过行政审批权的下放，扩大体育培训业的经营范围、鼓励更多民营资本和社会资本参与体育培训业经营、激活体育培训业市场主体。加强体育培训业市场监督管理体系，为体育培训业发展营造良好的外部环境。上海市应在国务院有关促进包括体育培训业在内的体育服务业政策法规文件精神的要求下，结合体育培训业发展的实际要求，上海市人民政府体育职能部门应当制定促进体育培训业的发展政策法规；并且联合教育、旅游和财政等部门制定体育培训产业与相关行业融合发展的政策法规。未来的上海体育培训业将迎来新的发展契机，在这种良好的形势下，如何大力推进养老健康培训业、社交体育培训业、青少年健康培训业、体育管理培训业、体育旅游休闲培训业的全面融合发展，将成为从业者和研究者关注的热点。

（三）提高培训机构自身的管理水平

筹组行业协会，制定行业自律章程和竞争规则，强化等级标准和分类原则，对应国际标准谋划体育培训业发展框架和步骤，真正形成规范运营、公平竞争、团结共进的良好行业氛围，全面推进上海体育培训业的发展。体育行政部门要努力为体育培训市场的发展创造一个优越的外部环境。要加强对体育培训机构法人地位的保障，保证社会培训机构的办学自主权，让社会培训机构也能像全日制公办学校一样，面向市场确定自身的发展规模、招生人数和培训内容等，还可以面向社会积极拓宽投资渠道，实行跨地区联合办学、合作办学等。此外，不断推动体育培训业中介组织的发展，提升行业发展的动力、质量、效益和水平，将最终增加上海体育培训业在整个体育产业中的比重，助力体育产业发展和国际体育大都市建设。

（四）打造本土化高水平体育培训品牌

充分利用 ATP1000 大师赛、F1 中国大奖赛、CBA 和中超本土俱乐部的品牌影响力和资源集聚力，通过队伍凝练、市场开发和品牌推广，打造海派特色浓郁的体育培训业可持续发展的竞技舞台、社会文化舞台和产业市场机遇。以上海徐根宝足球基地－上海东亚足球俱乐部－上海上港集团足球队为延伸轨迹和发展模式的现代市场化体育培训战略路径值得大力赞扬和推广。2014 年 9 月 2 日，国务院总理李克强主持召开国务院常务会议，部署加快发展体育产业、促进体育消费推动大众健身，会议明确提出了取消商业性和群众性赛事审批、盘活现有体育设施和优化体育市场环境三个政策方向，最新的政策走向给上海体育培训业的助力发展提供了全新的动能和机遇，三大政策方向都与体育培训业的发展密切关联：从政府简政放权、提升绩效的角度看，开办体育培训机构和活动的审批限制将逐步放宽，有利于增强从业者的积极性；从体育培训业要素资源激活的角度看，新政策将大大提升行业要素的流动能力和效率，降低从业成本；从内外部行业环境看，优化市场环境、加快人才培养和促进产业融合将非常有利于体育培训业借力发展，体育培训业如何有效融入上海自贸区改革发展的新机遇中，实现转型发展，具有十分重要的理论意义和实践价值。

参考文献

张林、黄海燕：《中国体育产业发展报告》，人民体育出版社，2013。

钟天朗：《体育经营管理——理论与实务》（第二版），复旦大学出版社，2010。

杨铁黎：《体育产业概论》，高等教育出版社，2010。

王艳：《我国区域优势体育产业选择与培育发展研究》，上海体育学院博士学位论文，2011。

秦立鹏：《上海市体育彩票专管员队伍管理现状及对策研究》，上海体育学院硕士学位论文，2013。

案 例 篇

Case Reports

B.10

上海赛车场运营

上海国际赛车场有限公司

摘 要：本研究从分析上海国际赛车场运营机构、赛事活动运营出发，总结了赛车场的两大特色经营活动，指出了上海赛车场在树立上海形象、拉动嘉定经济发展等方面的经济与社会效益。文章最后指出，未来上海赛车场将进一步从提升客户价值、加大场馆冠名开发、提升赛道运营效率、发挥车迷群体影响效应和依靠汽车城发挥区域汽车产业优势等方面加大赛车场运营力度。

关键词：赛事运营 运营效益 产业发展 上海

一　赛车场总体情况

（一）赛车场概况

上海国际赛车道位于上海市嘉定区安亭镇东北，占地面积 2.5 平方千米，是全球硬件设施最先进的赛道之一，被国际汽联（FIA）授予赛道最高级别认证。上海国际赛车场赛道全长 5.45 千米，是全球最具有挑战性和难度系数最高的赛道之一。赛道由 16 个不同转弯半径的弯道和 9 条直道组成，最大高低落差达 12 米，结合辅助赛道共拥有 8 种组合方式，可举办各种级别的赛车运动。赛车场主体建筑面积 16 余万平方米，其中包括主看台、副看台、空中餐厅、新闻中心、能源中心、比赛工作楼、车队生活区、比赛控制塔和行政管理楼等，兼具赛事、商务活动、展示、休闲娱乐等多项功能，整个赛场看台可同时容纳约 15 万名观众，是各项赛车类活动举办的理想场所。

上海国际赛车场距上海市中心 30 千米、距上海虹桥机场 30 分钟车程、距浦东国际机场 1 小时车程。赛车场周边交通十分便捷，毗邻 S5（沪嘉）、G15（嘉金）、G2（沪宁）等多条高速公路与 G1501（郊区环线）、中环线组成的道路交通网络。上海市轨道交通 11 号线是连接上海市中心与上海国际赛车场的重要交通轨道，包括上海周边地区的很多城市都可以很便捷地来到赛场，从而为赛车场的运营奠定了良好的交通基础。

上海国际赛车场（简称“上赛场”）于 2002 年动工兴建，2004 年基本建成并通过国际汽联的验收。作为上海市重大工程项目，上赛场是上海国际汽车城的重要组成部分。自 2004 年起成功举办的赛事和活动不仅有 F1 中国大奖赛、世界房车锦标赛和世界耐力锦标赛在内的三项国际汽联旗下科技含量最高、级别最高、全球影响力最大的汽车运动赛事，还有冠军赛车嘉年华、法拉利嘉年华、超跑嘉年华、中国房车锦标赛、壹基金慈善明星赛、上赛场自主系列赛等顶级赛车活动，平均每年吸引约40万名观众到场参与，车迷甚至还可以在赛车场的车迷日驶入赛道小试身手。整体而言，重大赛事的举办以及大量球迷活动的广泛开展对推动上海汽车工业和汽车文化发展、展示上海乃至中国形象均具有重要意义。

（二）赛车场运营机构

上海久事国际赛事管理有限公司（简称“上海久事赛事公司”）是上海久事公司的全资子公司，注册资金1.2亿元，由原上海国际赛车场经营发展公司和新新体育发展公司整合后于2007年底成立。公司内部机构设置如图1所示，主要负责运营和管理“两大赛事、一个赛场”，即F1中国大奖赛、上海ATP1000大师赛和上海奥迪国际赛车场。经过近7年的成长，上海久事赛事公司经营业绩显著，业务范围不断拓展，收入稳步增长，正日渐成为上海乃至中国具有影响力的赛事运营公司。

上海久事赛事公司职工人数基本保持在110人左右，流动率保持在10%以下。从年龄结构看，35岁及以下员工占总人数的比重约为64%，36~50岁的员工约占18%；从学历结构看，70%以上的员工是大学本科学历；从专业结构看，70%的人专业偏向于管理学和文学，18%的人为理工科专业。

上海久事赛事公司负责上海国际赛场的日常经营、设施设备维护和安全管理。经过多年的商业运作，目前，赛场全年各类比赛和活动安排已处于饱和状态。除了F1中国大奖赛，上海国际赛车场举办的赛事包括世界耐力锦标赛、世界房车锦标赛、MotoGP、V8、A1及全国汽车场地锦标赛等大型赛事。此外，国际知名汽车厂商常年在上赛场举办新车发布、研发测试、精英体验、市场营销等活动，其他非汽车类高端品牌也利用赛场便利设施举办品牌发布活动。

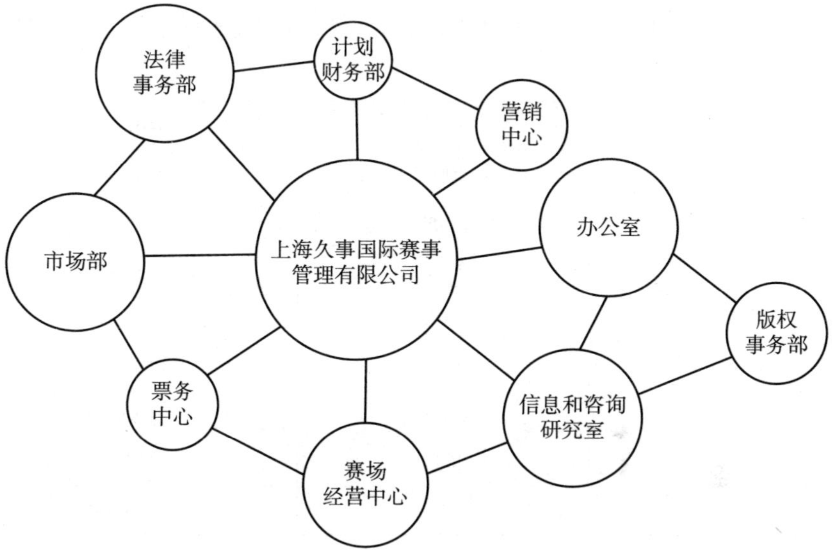

图1　上海久事赛事公司组织架构

二　赛车场赛事活动运营

（一）F1赛事运营

与奥运会、世界杯并称为世界三大体育赛事的F1，是一项有着60多年历史、拥有全球上亿观众的国际顶级赛事。F1中国大奖赛从2004年起落户上海国际赛车场，目前已经举办了十届，并且成为中国目前规格最高的国际顶级常设赛事之一，保持着国内体育赛事单日观赛人数最多的纪录，创造了孕育忠实车迷的良好环境。

近年来，随着F1上海站赛事运作的不断规范，赛事每年吸引了大量观众前来观赛。据统计，2008～2014年，F1上海站每年吸引观众均在100000人次以上（见表1、图2）。

表 1　2008～2014 年 F1 上海站观众人数统计

单位：人次

序号	年份	观众人数
1	2008	130000
2	2009	120000
3	2010	155000
4	2011	163700
5	2012	185000
6	2013	190000
7	2014	185000
合　计		1128700

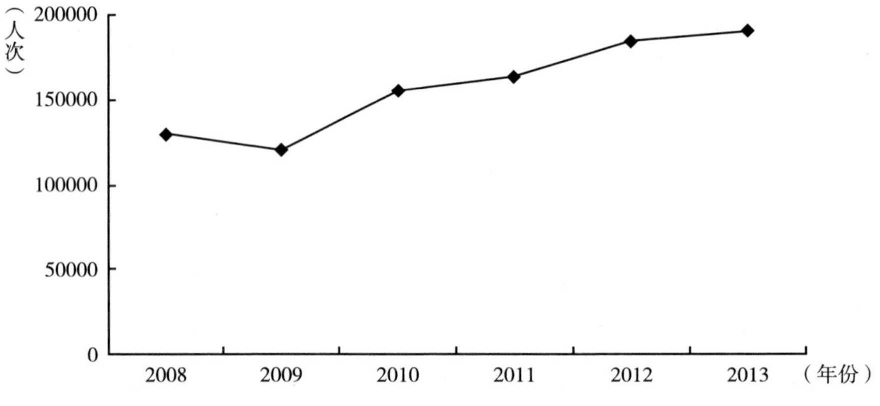

图 2　F1 上海站观众人数

2014 年，F1 瑞银中国大奖赛 3 天累计吸引观众 18.5 万人次。重新规划的水景广场活动区面积扩大到历年最多的 4 万平方米，在内容上以汽车文化为主，集美食、娱乐、互动为一体，相比往年更加丰富多彩，吸引车迷流连忘返。上海旅游局和嘉定旅游局联手打造的上海汽车文化节“经典上海，嘉定主题园”是水景广场的一大亮点，通过举行“声动车世界”汽车音响节、中国汽车广告嘉年华等相关节庆活动，推出新能源汽车试乘试驾、古董车展示、房车及营地展示、巨人网络游戏体验、民俗项目舞台表演等一系列现场观众互动体验的项目，集中推广了嘉定的各类资源，让现场游客和观众更生动形象地认识嘉定、了解嘉定，并取得了良好的效果。别出心裁的韩流文化展涵盖了化妆美容产品、流行服饰、时尚秀、韩国美食特产等一系列第一手热门资讯，带给现场观众不一样的韩式体验。国际汽车改装风尚秀等各种与汽车文化相关的展示和体验活动也吸引了大批观众参与。三个比赛日的上午，广场上就已经人头攒动，摩肩接踵，热闹非凡。比赛结束后，仍有大批车迷聚集在水景广场观看表演，喝啤酒聊天，享受节日的氛围，很多活动一直持续到晚上。

2014 年是 F1 中国大奖赛落户上海的第 11 年，通过赛事公司多年来的不懈努力和社会各界的广泛支持，F1 中国大奖赛已经从一个单纯的赛事，逐步成为以赛事为核心，推动城市旅游业、服务业以及相关产业发展的大舞台，它距离成为城市节日的目标已经越来越近。F1 中国大奖赛经过多年的培育，已初步体现出城市节日的效应。节日氛围的不断营造，丰富社会资源的集聚将会加快赛事平台化建设，为带动上海服务业和相关产业发展做出更大的贡献。

（二）其他赛事运营

上海奥迪国际赛车场每年都会举办多场有高度传播性和影响力的汽车赛事，不仅囊括了所有国际最高级别的场地赛：世界方程式大奖赛、世界房车锦标赛（WTCC）和世界耐力锦标赛，还有世界摩托车锦标赛（MotoGP）、A1 中国大奖赛、V8 国际超级房车赛、冠军赛车嘉年华、法拉利嘉年华、超跑嘉年华、中国房车锦标赛（CTCC）、壹基金慈善明星赛等知名汽车赛事。

1. 世界耐力锦标赛

上海久事赛事公司经过多番艰苦的谈判，克服重重困难，于2012年成功引进了首场6小时耐力赛。为期三天的2012世界耐力锦标赛上海6小时赛在上海奥迪国际赛车场举行，这是上赛场历史上单场比赛时间最长的汽车赛事。耐力赛、奥迪LMS杯、兰博基尼杯、壹基金明星赛、奥迪RS新车发布等五大汽车活动及赛事集中亮相，为沪上车迷打造了一道赛车文化大餐，三天共吸引数万名观众热情参与。

2013年11月9日，上海奥迪国际赛车场秋冬赛季的收官大戏——2013世界耐力锦标赛上海6小时赛圆满落幕，这是WEC世界耐力锦标赛第二次登陆上海奥迪国际赛车场，比赛当天吸引了数万名观众的参与。现场观赛的文化氛围突出，汽车运动和赛车文化概念已经在中国车迷群体中得到较快的推广。赛前举办的车手见面会上共有数十位车手出席，让车迷有机会近距离接触国际顶级耐力赛车的明星车手。同时在赛事服务上也比以往有较大提升。现场专业解说贯穿整个比赛，赛场提供了观赛一号耳机的租借服务，使观众可以通过耳机收听解说，便于他们更进一步地了解这项赛事。除此之外，场外的配套活动也格外丰富。米其林、奥迪等高端品牌产品展示、汽车跳蚤市场、海峡两岸美食节、官方纪念品销售以及各种音乐演唱会和车迷互动游戏让商贸区和水景广场人流如织。

2. 世界房车锦标赛

2013年11月3日，上海奥迪国际赛车场再次迎来世界顶级房车饕餮盛宴。WTCC二度征战上赛道，描绘了“速度与激情”的真实场面，与此同时，中国房车锦标赛的总决赛也在上赛场同期举行，为本赛季的CTCC画上圆满句号。在这个赛事周末，10多款汽车品牌在上海奥迪国际赛车场同场角力，各家厂商在观众活动展示区也展开了较量，搭建了各具特色的舞台，倾情展示其品牌魅力，吸引了上万名车迷到场。全球共有75个国家级电视台对赛事进行了转播。

3. 冠军赛车嘉年华

2013 年 10 月 27 日，冠军赛车嘉年华在上海奥迪国际赛车场成功举办，国际众多顶级汽车品牌悉数登场，共同为全国跑车和赛车爱好者打造了一场精彩的汽车品牌盛会。场地内外的活动精彩纷呈。赛场内，激烈的赛道竞速成为观众最期待的节目，包括亚洲保时捷卡雷拉杯和奥迪 R8LMS 杯以及冠军方程式等赛事在内，这些精彩绝伦的活动得到了现场观众的热烈欢迎和追捧。赛场外，六大品牌的多款经典车型及多款跨越近半个世纪的老爷车让观众近距离感受到汽车文化的传承与魅力。

4. 其他赛事活动

除以上主要赛事外，上海赛车场还举办如下活动，如 MotoGP 中国大奖赛、A1 世界杯汽车中国大奖赛和 V8 国际超级房车赛等。其中，世界摩托车锦标赛是目前世界上最高水平的摩托车运动赛事，每年在全球举办约 16 站。与 F1 不同的是，MotoGP 更加注重车手自身的技能，其观赏性别具一格。2005 ~ 2008 年，在上海国际赛车场连续举办的 4 届 MotoGP 中国大奖赛都取得了圆满成功。而 A1 世界杯汽车大奖赛于每年 9 月至次年 4 月间举行，比赛场地涵盖了世界上至少 11 个国家的顶级赛车场。2006 ~ 2008 年，A1 世界杯汽车大奖赛中国站连续 3 年在上海国际赛车场举行。另外，来自澳大利亚的 V8 国际超级房车赛于 2005 年 6 月登陆上海。作为澳大利亚昆士兰州的友好城市，上海市政府对这一赛事非常关注，该赛事因赛车使用统一的 8 缸引擎而命名，是风靡澳大利亚的国际赛事，同时也是上赛场首次尝试以场地租赁的形式举办的赛事。

三　高端品牌发布活动

作为国际大都市的地标性建筑，上海国际赛车场有着独特的历史价值。上海奥迪国际赛车场每年都会有丰富的驻场赛事和厂商活动，仅2013年就有80多个驻场赛事、车商活动和品牌发布等，真正做到“月月有赛事，周周有活动”。

奥迪冠名上海国际赛车场后，都会定期举办重要的奥迪品牌发布活动，让广大奥迪粉丝亲身体验了奥迪品牌的运动特质，深刻感受奥迪与赛车运动的不解之缘。2013奥迪驾控汇首站启动活动和2013奥迪RS高性能运动车体验季暨新车型发布会都在上海奥迪国际赛车场盛大上演。除此之外，国际顶级品牌的赛道活动贯穿全年，法拉利、保时捷、兰博基尼等众多知名厂商联手上赛场，成功举办品牌活动，2013年全年赛道租赁天数近200天。高品质的赛道设施及服务为汽车厂商的企业宣传品牌推广、新车发布、车辆测试等活动提供了理想的平台。

四　赛车场冠名权开发

2011年4月1日，奥迪正式冠名上海地标建筑“上海国际赛车场”，至此“上海国际赛车场”正式更名为“上海奥迪国际赛车场”。

奥迪冠名上海国际赛车场作为中国大型体育场馆的成功运作范例，政府、媒体和公众都密切关注奥迪冠名上赛场的品牌合作，并高度评价了奥迪在支持中国赛车运动和上海体育产业发展中所做出的积极贡献。

经过近三年的冠名合作，双方共同创造了巨大的品牌合作价值，尤其在2013年创造了40万人次车迷光临上赛场的历史纪录，奥迪品牌逐步扎根于车迷心中，并随着中国赛车运动的蓬勃发展收获了更多的美誉度。可以预见，今后上海奥迪国际赛车场将作为一汽－大众奥迪继续领跑中国高档车市场、提升品牌竞争力的高效助推器。

五　赛车场运营效益分析

（一）赛车场运营的社会效益

作为与世界杯、奥运会并称为世界三大体育赛事的 F1，其社会效益同样十分可观，社会效益的影响力远大于其经济效益，社会影响范围之广，是其他赛事不可比拟的。其产业带动作用之系统，在国内赛事运营方面具有一定的首创性。

1. 外宣平台向世界展现中国形象

2008 年，F1 赛事主办方将原来的 E 看台进行重新改造，通过与嘉定区政府、上海世博会等相关机构进行合作，将原来的 8000 平方米的区域变成广告形象展示区，取得了很好的宣传效果。2009 年，上海世博会的宣传获得上海市第十届对外宣传银鸽奖二等奖，这是银鸽奖设立 10 年来，非外宣体制内的企业首次获奖。2011 年，上海赛车场与商务部合作，投放中国制造的中英文版本，向世界展示中国企业在国际化方向上的坚定信心。2012 年，上海赛车场投放嘉定区政府的广告，极大地提高了 F1 举办地的知名度，增加了当地政府招商引资的机会，巩固了嘉定汽车城的区位优势。

2. 国内外媒体踊跃报道，宣传上海城市形象

上海赛车场以各大赛事为载体和依托宣传上海城市形象。每年 F1 比赛都成为各大媒体争相报道的头版新闻，尤其是主流媒体，对 F1 的大量正面报道，反映了社会舆论对 F1 赛事作为城市名片作用的肯定。2012 年，F1 的社会反响之大，仅次于 2004 年首次登陆，国内外各大媒体对赛事做了大篇幅的深入、正面报道。中央电视台史无前例地在《新闻联播》中报道了当天的赛事情况，肯定了 F1 中国大奖赛作为国际顶级赛事的重要影响力。据统计，赛事三天仅国内媒体

报道就接近1600篇。

3. “节赛合一”助推举办地经济和社会发展

2010年，上海久事赛事公司与上海嘉定区开始一起筹划和举行“汽车文化节”等活动，而F1大奖赛与该活动的开幕式合并举行，借助F1赛事平台，嘉定区还在文化节期间开展文化信息产业、汽车产业等系列招商推介活动，致力于打造国内汽车研发创意产业高地和文化信息产业集群，F1已成为助推嘉定经济社会发展的新的增长点。

2012年，嘉定区除了继续将汽车文化节开幕式与F1开幕式相结合外，还进一步整合历史人文、汽车文化和乡村休闲旅游资源，推出“看F1，游嘉定”汽车文化主题体验之旅活动，进一步加大了F1赛事的吸引力，使F1赛事真正成为嘉定汽车产业集聚发展的重要项目和推动地区社会经济发展的重要资源。

4. 作为旅游产业驱动器，赛事外延性功能巨大

上海市旅游局提供的数据显示，每年F1中国大奖赛举办期间，上海市的客房入住率均提高2%～3%。比赛开始前两天到比赛结束后两天的一周时间里，上海市中心客房和赛场周边客房几乎“一房难求”。另外，F1大奖赛的举办，带动全球每年将近150万名观众和嘉宾到现场观赛，能够给上海带来近100亿元的经济拉动，同时对传媒、酒店、公关、展会等相关行业有很大的推动作用。与此同时，F1赛事落户嘉定，也为嘉定新一轮的旅游产业发展增添了动力源和吸引点。以2005年为例，当年嘉定区旅游人数超过250万人，旅游业带来的收益约4亿元，这与F1接待能级的提升不无关联。

赛事举办期间，各类酒店和住宿的收益明显提升，嘉定区几乎没有空余客房，住宿和餐饮行业能够获得因为比赛而带来的外部效益。上海国际赛车场的建成和F1中国大奖赛的举办，对提升嘉定的软实力作用明显，为嘉定旅游产业发展注入了活力。2001年以来，随着

上海国际汽车城和上海国际赛车场相继开工建设，“汽车嘉定”的功能不断完善，目前，嘉定区的汽车产业集聚区已经初步成型，包括汽车研发、展览和健身休闲为一体的多业态产业集群正在逐步兴起，为嘉定经济社会发展带来了历史性机遇和强大动力，也为旅游产业发展提供了独特的资源。

5. 新就业机会因 F1 而增加

目前，上海赛车场已经成为嘉定乃至上海的城市名片。嘉定区赴海外招商进行汽车产业环境、特色推介时，只要提到 F1，双方沟通的难度就会减小，谈判成功率就会有所提升，这也为汽车产业的集聚起到了助推作用。现在，嘉定有近 100 家汽车研发设计机构，包括上汽工程中心、菲亚特研发中心。世界上最好的外观设计公司也将进驻，研发港也正在建设。大量汽车研发机构将聚集在嘉定。每年嘉定区都要举办汽车文化节、F1 赛事和其他各种汽车赛事。其中的大学生 F1（大学生方程式汽车比赛）通过召集 20 多所全国最好的汽车学院研究生以 F1 赛车为蓝本设计制作真正可以跑上赛道的车，这对培养中国自己的高端汽车人才起到了积极作用。

嘉定区政府非常重视 F1 赛事为嘉定发展带来的优势地位，在嘉定汽车产业积聚和发展的过程中，F1 起到了绝佳的广告作用，起到了标志性品牌标杆的作用。不仅仅是汽车产业，广告业、餐饮业、宾馆等服务业也因为 F1 中国大奖赛而快速壮大。以嘉定为例，因为有 F1，嘉定在建和待建的五星级宾馆达到 10 家。

（二）赛车场运营的经济效益

自 2008 年上海久事赛事公司成立以来，通过赛场的良好运营以及对赛事成本的控制，以 F1 为代表的赛事经营水平不断提升，上海赛车场的运营效益正在逐步改善。

1. 门票收入：不断拓宽销售新渠道，提升销售业绩

门票作为赛事收入的主要来源之一，一直备受赛事运营方的重视，作为专业化运营的上海久事赛事公司致力于提高门票销售，不断拓宽销售新渠道。2010 年，票房收入相对 2009 年增加了 11%。2010 年，淘宝网 F1 票务旗舰店正式上线，在近 70 天的运营期间，实现销售金额约 163 万元，70% 左右的销售在上海以外的地区，扩大了赛事影响力，增加了赛事的经济效益。

2011 年经过同 FOM 的再次谈判，申办费和电视转播费大幅下降，上海久事赛事公司积极调整票务营销策略，下调主副看台的票价，降低观赛的门槛，增加了票房收入。开创“铂金看台”，保留了 3000 元以上的高端票种。2011 年，F1 票房实际收入增长 10%，赛票销售张数比 2010 年高出 1 万多张，增幅达 31%，仅主看台上的销售量就比 2010 年增长 4000 多张，票房增加 523 万元。“铂金看台”上座率近 100%，带动了赛事衍生产品的销售。2011 年，上海久事赛事公司通过直营渠道实现的销售额与全部零售销售额的占比破纪录地达到 71%，呼叫中心电话销售和淘宝网旗舰店网上销售双双创历史新高。2012 年，在吸取历年票务销售经验的基础上，上海久事赛事公司制定更加精准的票务营销方案。2012 年，F1 中国大奖赛三天共吸引 18.5 万人次现场观众，国际汽联主席托德和 FOM 总裁伯尼均给予极高评价。

2. 电视转播权积极开发创新经营

电视转播权是体育赛事盈利的主要来源，是一个赛事经济收入的主要保证，然而，电视转播权在国内还很难转化成经济利益，F1 国内转播也面临同样的困境，上海久事赛事公司积极探索电视转播权的开发，2010 年实现 F1 转播与上汽集团的合作，获得可观的盈利。2012 年上海久事赛事公司打破常规的电视转播模式，建立新媒体传播平台，开发了“F1 赛事电视直播结合互联网线上互动”的全新模

式，创建了“电视直播＋网络直播＋微博社区互动”的综合传播平台，不仅保证了原有的电视观众，还吸引了大量的偏爱新媒体体验的年轻观众，扩大了受众的范围，提高了F1的收视率。

3. 申办费用：专业的谈判降低运营成本

F1中国大奖赛的直接经济效益来自三天赛事的门票、与中央电视台五五分成的广告时段收入、电视转播冠名权，而回报高、盈利好的商业资源，比如，场地广告、赛事冠名权、电视转播权以及相关产品的开发权都归FOM及其掌门人伯尼埃克莱斯通所有。在这种前提下，赛事营销活动的开展几乎不大可能。2008年，上海久事赛事公司刚刚开始正常运转，公司员工开始对F1各方面条款进行研究，对与FOM签订的多达百页的原始英文合同，逐条研究，就合作中的诸多不合理之处与FOM多次交涉，反复协商，最终在合同期内取得突破，重新修订了相关条款。新合同签订后，取消了年度递增的条款，使得每年的F1申办费用大幅下降了近一半。申办费用是每年F1运营的最主要开支，大大降低了赛事运营的成本，极大地增加了赛事的经济效益。在谈判的过程中争取了更多的权益，F1电视版权下降2/3，获得了对上赛场开发的权益，围绕F1中国大奖赛进行了一系列营销推广。

4. 特许经营权开发：减少运营开支实现赛事创收

上海赛车场将原先需要的物流运输、保险等服务变为特许授权合作，大大降低了赛事运营成本，保昌物流、解放中润集团、中国石化、平安保险等公司陆续成为F1上海赛的特许经营合作伙伴。另外，企业还可以运用F1提升自身品牌，降低竞争成本。同时，F1还带动了上赛场的营销。

5. 相关商业资源开发：开拓创新，增加赛事收入

虽然赛场内没有商业开发的权益，上海久事赛事公司仍利用赛场外围的资源，开发赛事的商业价值。北京和澳门两地旅游部门在水景

广场开展城市旅游推介活动。公众活动区引入奔驰的驾乘体验活动，美食天地吸引 54 家餐饮单位，设立 16 个品牌展位，进行品牌展示和纪念品的销售，为赛事创收，增加赛事的经济效益。

6. 上海国际赛车场经济效益逐年递增，盈利可观

近年来，上海赛车场的运营时间几乎覆盖了全年。各类汽车赛事和各类丰富多彩的活动几乎占据了赛车场的所有开放时间。包括 F1 大奖赛举办期间和赛道修复在内，赛场的利用率大大提高，场地的空置情况越来越少（见图 3）。

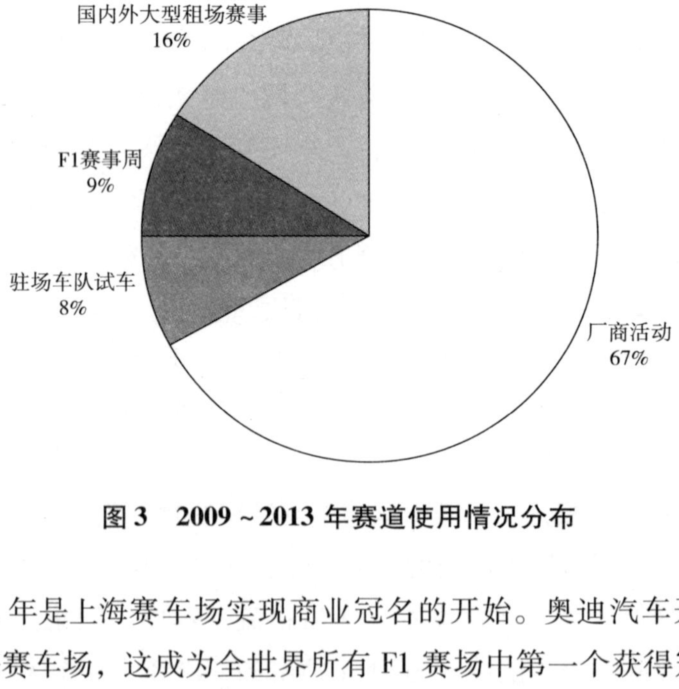

图 3　2009 ~ 2013 年赛道使用情况分布

2011 年是上海赛车场实现商业冠名的开始。奥迪汽车开始冠名赞助上海赛车场，这成为全世界所有 F1 赛场中第一个获得冠名的赛道，2012 年成功实现了奥迪冠名上赛场的续约工作。以创新的模式引进两项重大国际赛事，上赛场以合作的方式引入了国际汽联世界耐力锦标赛上海 6 小时分站赛并实现了盈亏平衡。按照同样的模式，上海久事赛事公司还引进了同为世界顶级汽车赛事的世界房车锦标赛。上海久事赛事公司运作团队还结合上海赛车场的实际情况，根据客户

的需求，资助研究设计了许多创意赛事。例如，法拉利汽车挑战赛和超级跑车赛等，每年也有数万人参加。除此之外，国内外许多顶级品牌的公关活动也经常在上海赛车场举办，为品牌的营销提供了很好的平台。

总之，通过充分挖掘赛场资源、积极拓宽赛车场的营销产品，上海赛车场已经初步形成了以 F1 等大型体育赛事为依托、以赛车场冠名权开发为突破口、以赛车场场地租赁和品牌活动举办为重要内容的运营模式。

六 关于赛车场运营的若干思考及启示

上海国际赛车场作为中国场馆运营行业的重要成员，一直以来在探索大型体育场馆的市场运营之路方面，积累了很多有益的经验。通过以上关于上海赛车场赛事运营状况、赛车场运营社会效益和经济效益的分析，现梳理总结如下几点。

（一）主动服务、拓宽视野，进一步提升客户价值

长期场馆冠名的关键点是提升冠名价值，增加媒体传播效应，这有待双方的共同配合，整合双方的优势资源，深入挖掘冠名的媒体话题，包装和策划有亮点、有特色的赛事活动，在中国汽车运动领域和广大车迷群体中培育和形成上海奥迪国际赛车场的品牌影响力。为此，要形成主动服务的理念和态度，只有通过拓宽视野，从客户价值提升的角度出发，挖掘和树立双方互利共赢的合作模式，才能形成促进上海赛车场可持续发展的重要动力。

（二）立足长远、始于足下，占领场馆冠名的制高点

场馆冠名对上海赛车场的可持续发展具有重要意义，它是赛车

场进行场地营销的重要手段，冠名权的开发不仅能够实现冠名企业品牌的有效推广和宣传，而且与场馆自身资源的有效利用关系重大。从国外发达国家场馆服务业的发展来看，多数国家职业体育场馆均采用企业品牌冠名的开发模式，其营销效果完全可以与电视、广播等传统媒体相媲美。与此同时，很多顶级品牌与场馆合作的期限均不断加长，最高的合作期限能够达 30 年。而有关研究表明，一般而言，20 年的场馆冠名，通过媒体能够接触的人群约 10 亿人次，3 年约 1.5 亿人次，时间越长，传播的价值和效应就越明显。上海赛车场已经逐步意识到冠名背后巨大的价值及其增长潜力，也应该立足长远，认真规划长期发展策略，为冠名效应的最大化共同努力。

（三）科学设计、合理利用，提升赛道运营效率

上海赛车场的赛道运营效率既取决于赛车场自身的运营水平和市场化程度，同时还受到赛车场自身设计科学性的制约，因此，要在开拓赛车场可使用资源方面不断努力。2014 年，上海奥迪国际赛车场的精彩赛事和高端活动在赛道使用几近饱和的情况下还会略有增加，预计将达到 300 天。这也表明赛道的使用效率需要科学设计和合理利用。2014 年即将竣工的第二维修区一定程度上可以缓解赛道经营一日难求的现状，提供更多的赛道组合方式，在提升赛道经营资源利用率的同时，满足更多客户的赛道使用需求，打造“赛事流”和“活动流”两旺的繁荣局面。

（四）利用社交媒体，发挥车迷群体的影响效应

车迷群体是上海赛车场运营模式中不可忽视的重要人群。在自媒体时代，车迷群体间的沟通方式不断革新，这从客观上要求上海赛车场要紧跟时代步伐，不断创新与车迷互动的手段与方式。上海奥迪国

际赛车场锐速车迷俱乐部应进一步提升会员系统的运营能力，并与微博、人人网等迅猛发展的社交网络紧密结合，为热爱赛车的车迷群体提供国内最顶尖的会员交互平台和最领先的会员服务体系，会员数量和黏性必将持续增加，进而全面推升上海奥迪国际赛车场系列赛的长期影响效应。

（五）依靠汽车城，发挥区域和产业优势

充分发挥区域、汽车产业的独特优势，打造特色明显的汽车城与产业基地是未来上海赛车场的重要使命。2012 年，亚洲第一家保时捷驾驶体验中心在上海奥迪国际赛车场相关配套区域全新启动。该项目占地面积 10 万平方米，设施将包括操控赛道、绕桩单元、湿滑赛道、越野路面以及相关的行政服务建筑设施。该中心将成为中国保时捷车主和爱好者体验极致驾驶乐趣、亲身感受保时捷全系顶级车型卓越性能的玩酷圣地。保时捷驾驶体验中心的落成将大大提升上海奥迪国际赛车场区域的人气，助力上赛场及周边地区的开发建设，并推动汽车产业和赛车运动联动的集群效应。

B.11
上海美帆游艇俱乐部运营

上海美帆俱乐部

摘　要： 上海美帆游艇俱乐部是具有专业运营模式的休闲体育俱乐部典范。本文研究回顾了俱乐部三个阶段的发展历程，从以价格为手段吸引人气创造利润、抓精品赛事塑造俱乐部品牌、打造美帆体旅生态圈、加强与政府合作、促进社区发展和助力上海“全球城市”建设等八个方面总结了上海美帆游艇俱乐部运营发展经验。

关键词： 游艇俱乐部　上海美帆　生态建设

上海这座国际化大都市，是一座水的城市。水，成就了上海得天独厚的城市形象和城市品位。上海的水之源头在青浦。青浦拥有上海最大的自然湖泊——淀山湖。淀山湖是上海城市发展的水系源头，淀山湖依托其良好的水系环境已经发展成为上海帆船运动中心。

帆船是一项环境友好、人际关系友好型运动。帆船运动对玩家的知识面有着很高的要求。帆船运动也是撬动蓝色经济的有效支点。帆船运动可以形成从帆船设计、制造、销售、售后、培训、度假、休闲、运动、赛事等一系列产业链条联动，有效长序推动当地的体育、旅游、酒店、餐饮、文化、金融等相关产业发展，是体旅融合产业中最具代表性的项目之一。

上海美帆游艇俱乐部经营模式独特，经营业绩突出，其经验值得借鉴。

一　总体概况

上海美帆游艇俱乐部始于2004年，自创立以来，俱乐部一直致力于中国帆船运动事业的发展和产业化探索与研究。现今，上海美帆游艇俱乐部（简称“上海美帆”）已经成为长三角地区规模和影响最大、国际化和活跃程度最高的帆船主题俱乐部。

上海美帆位于上海市青浦区淀山湖畔，占地面积约19万平方米，所属区域内森林覆盖率达到95%，环境优美，生态和谐，交通便利。俱乐部现拥有帆船、快艇、皮划艇等各式船只200余条，开展篮球、沙滩排球、法式地滚球等陆上户外体育活动项目10余项，面向市民开展帆船培训、帆船租赁、帆船赛事、帆船拓展活动等业务，是一个以帆船运动休闲为特色，兼具其他运动项目及配套设施的大型高端体旅服务类企业。上海美帆现有来自32个国家的不同行业的数千余名会员，每年接待的帆船培训和帆船拓展人数已达到数万之众。上海美帆尝试整合帆船设计、制造、销售、售后、文创、金融等产业链条，带动周边酒店、餐饮、旅游等产业，积累了一定的产业经验与优势，并取得了初步成效。

二　发展历程与规划

淀山湖是上海市市民唯一可以亲水的内湖，但是在相当长的时间里，淀山湖却“湖不见帆岸不成景”。在各级政府的前瞻性规划和长期引导扶持下，淀山湖湖岸的存量资产得到有效开发、开放；沿湖岸线修建了滨湖大道和亲水性公园，淀山湖岸线的灯亮了，淀山湖在政府的长期治理下，水变得更清了，绿化效果更好了，同时也吸引了众多帆船俱乐部陆续入驻。由此，沿着青浦区淀山湖也逐步形成了由水上运动中心、东方绿洲、环湖步道、青西湿地公园、大观园、帆船俱乐部等众多休闲元素构成的由东向西约20000米岸线的环湖旅游线。淀山湖有了更多水上运动与休闲活动内容。十多年来，喜欢水上运动的人多了。上海市民在工作之余可以走到湖边，根据自己的喜爱和兴趣进行各种活动。环湖旅游休闲改变了以前人与水无法亲近的尴尬，改善上海湖区的可达性、亲水性，正在逐步满足城区千万市民的水岸休闲生活需求，提高城市生活环境品质，提高上海作为国际大都市的生活宜居性。

上海美帆的发展和淀山湖环湖休闲旅游的发展几乎是同步的。自从成立后，上海美帆十年磨一剑，过去的十年虽然是波澜不惊，但于无声处见精神。

上海美帆的发展历程和规划可以总结为以下三个五年阶段。

（一）项目先导、扬帆中国、定位产业（2004～2008年）

上海美帆游艇俱乐部的创始者时立宪先生自2004年从香港迁居至上海淀山湖后，开始思索淀山湖水上活动的转型升级和帆船运动在上海推广发展的可行性和前景。

2007年，在国际奥林匹克帆船委员会的支持下，时立宪先生获得了“扬帆中国”青少年OP帆船培训的公益项目，上海美帆开始了青少年帆船普及之路。这是国际帆联帮助亚洲国家向青少年推广帆船运动的系列活动之一。多年来，俱乐部坚持向青少年普及帆船运动，共向数万名来自江浙沪的中小学生及大众传授了航海的基础知识与帆船技能。

“扬帆中国”青少年OP帆船培训的公益项目的运作让时立宪先生更加清楚地意识到，在上海开展帆船运动的可行性和广阔前景，这也坚定了上海美帆坚持以帆船作为主导产业定位的决心。随着帆船的普及，上海美帆作为中国小帆船“第一俱乐部”的发展方向决定了用户眼球和注意力的入口位置，也决定了未来新业务模式的价值变现。

（二）软硬兼备、生态优先、培育产业（2008～2013年）

成立以来，上海美帆修建了一系列固定设施，方便帆船爱好者开展帆船运动，吸纳了来自不同国家的帆船爱好者前来踏浪扬帆。

由于上海美帆将市场定位于中产阶级，并注重挖掘弘扬帆船分享博爱的精神，因此市场发展得非常快。截至今天，在册会员人数超过千名，注册过的会员人数已经达到3000名。他们来自全世界不同国家、不同行业、不同职位。在俱乐部里，会员微笑以对，互帮互助，充分体现了帆船的众人平等的精神。

当帆船成为一种生活方式，它就不只是运动，更是大旅游概念的重要元素之一。帆船是体旅结合的代表性运动之一。在上海美帆玩帆船的时间并没有占据客人的全部时间，他们更多的是把帆船融入业余生活，演绎一种全新的生活方式。玩帆船从准备工作到下水扬帆，再到回来整理船只，都是家人或朋友交流沟通的时间。湖畔咖啡厅小憩，傍晚架起篝火享用户外野餐，晚上再披星夜宿大自然的怀抱。休闲度假就是这样简单、充实、健康而有意义。

发展过程中，上海美帆始终秉承和践行低碳环保、资源节约的可持续发展理念，所有配套设施均按照美国Leed建筑节能环境认证标准建设，为所有消费者创造了一个运动休闲的绝佳生态场所。

为了向更多国人推广帆船运动，自2008年起，俱乐部开始了成人帆船培训，初期由国内退役的帆船运动员担任教练。由于国内帆船教学一贯沿用专业队的教学模式不利于向大众推广，俱乐部将视野放眼于国际，于2012年正式成为全世界最权威的帆船培训认证体系之一“国际帆船培训中心”（International Yacht Training）的官方合作伙伴，该认证得到了全世界30多个国家和地区的认可。多年来，万余名学员从对帆船一无所知到无限痴迷，越来越多的中国人加入上海美帆这个国际大家庭，成为帆船文化的缔造者和守护者。2012年至今，上海美帆承担了青浦区体育局帆船项目的高水平后备人才培养工作。

上海美帆与多家公益和慈善机构合作，投身社会公益和慈善事业。2010年起与“上海唐氏爱心基金会”合作带领唐氏综合征孩子玩帆船、2011年起连续四年与“中国麦田教育基金会”合作办慈善帆船赛。2011年成为“雷励中国”青年公益组织战略合作伙伴，为其提供“雷励甄选营”场地，培训青少年野外生存能力、教授环保知识、帮助青少年成长。低碳环保、回报社会也是帆船精神的充分体现。

上海美帆经过十年拓荒和培育，让这个在西方国家已经普及的运动在淀山湖上蓬勃兴起。上海美帆也发展成为生态建设最好、上海规模最大、国际化程度最高、活跃度最强并拥有36个国家或地区的帆船会员制俱乐部（见表1）。

表1　上海美帆普及帆船运动的形式和惠及人群

单位：人

年份	形式	参加人数
2005～2006	青少年帆船体验	1980
2007～2008	青少年帆船培训、帆船休闲活动	2500
2009	青少年帆船培训、帆船体验、帆船团队活动	3832
2010	青少年帆船培训、帆船体验、帆船团队活动	4001
2011	青少年帆船培训、公众帆船体验、帆船赛事	4980
2012	青少年帆船培训、公众帆船体验、帆船文化推广、大众帆船赛事	5002
2013	青少年帆船培训、公众帆船体验、帆船文化活动、大众帆船赛事	7056
2014年上半年	青少年帆船培训、公众帆船体验、团队活动、爱好者帆船赛事	5001

注：数据来自上海美帆游艇俱乐部。

（三）资源整合、转型发展、升级产业（2014～2018年）

在现有的要素禀赋基础上找出具有比较优势的产业市场，做大、做强，在生态环境、功能效益、国际化和产业化等方面全力突破，实现上海淀山湖国家体旅度假区高端服务业的加速聚集是上海美帆这一阶段的主要工作目标。

越来越多的上海市民认识帆船，爱上帆船，把帆船运动演绎为一种生活方式。有了坚固的市场基础，摸索出稳定的运营模式，上海美帆开始在政府的鼓励支持下，探索帆船产业的整合、转型发展之路。

帆船作为休闲体育高端服务业，具有低资源消耗、低环境污染、技术密集、知识密集、资本密集、高附加值和高产业带动力等特点，可以促进产业结构升级、拉动消费、活跃市场、促进技术创新、凝聚区域软实力、提高地区知名度，完全符合国家海洋强国战略及上海市尤其是上海市青浦区西翼建设的开发和发展战略思路。

该阶段，上海美帆的主要目标和具体举措将围绕青少年帆船“飞鱼计划”而展开。

之所以用“飞鱼”作为该计划的名称，是因为飞鱼可以以每秒10米的速度在海中高速行进，它不仅能够跃出水面十几米，而且可以在空中最长停留40多秒，最远飞行的距离也可以达400多米，是孩子们心中的英雄。“飞鱼计划”是紧跟国际帆船向更快、更高速发展的趋势，着力推广各类现代小帆船、风筝帆板及飞行三角翼运动。2008年中国奥运会以来，中国每年都有成千上万的少年儿童驾驶帆船去亲身体会航海的乐趣，这是“飞鱼计划”实施的重要基础。

“飞鱼计划”的主要目标和重点举措是上海美帆拟在各级政府支持下承办“2018年世界青年帆船锦标赛”。赛事筹备期间，上海美帆还将在中国帆船帆板协会、上海市船艇运动协会支持下，联合俱乐部会员、本市其他帆船俱乐部及全国各地协会，邀请总数不少于11100位、年龄为8~19岁的上海青少年儿童参与“三个一活动”，即第一次接触航海、第一次认识水上飞掠知识、第一次参与迎接国际帆联111周年活动（世青赛）。上海美帆以该赛事为节点和平台将航海航天与少年启蒙科普相结合，推动中国青少年早期航海教育。

2018年是国际帆船联合会成立111周年（ISAF1907年成立），也是2008年中国奥运举办10周年。能在2018年成功举办世界青年帆船锦标赛具有重要历史意义（见表2）。

在中国帆船帆板协会的支持下，上海美帆十年以来坚持开展各项帆船的青少年普及活动与全国比赛。上海美帆在青少年培训方面积累了丰富经验，并在全国具有一定的示范效应。十年来，上海美帆已经培养了8098名青少年学习帆船技能，提高了他们的航海意识，并连续多年举办全国青少年帆船比赛。而上海帝龙航空俱乐部也将近期批准的中国首个超低空水面飞行起降点及飞行资源加入“飞鱼计划”，进一步激发了青少年的兴趣与求知欲。该计划已经在上海外国语大学西外外国语学校与青浦淀山湖地区中小学试点，仅2014年上半年已有近1200名师生参与“飞鱼计划”调研。

表2　世界青年帆船锦标赛案例

世界青年帆船锦标赛是ISAF赛史上众多小帆船赛事中对青少年最有影响力的赛事。该赛事面向19岁以下的青年选手，担负着帮助青年未来进入奥运会、美洲杯帆船赛、沃尔沃环球帆船赛等顶级赛事的职能，是国际帆联赛史上最具特殊意义的赛事，被誉为“选拔未来之星的舞台”
1971年，第一届世界青年帆船锦标赛在瑞典举行，当时有来自16个国家的120名运动员参加。2014年，葡萄牙举行的世界青年帆船锦标赛已有65个国家的500多名青年选手，连同国际帆联ISAF官员、国际裁判、运动员家属，参与本次赛事的人达到数万人，媒体覆盖全球12亿人口

三 发展模式总结

上海美帆十年来的发展经验是双轨制下的成长方式，即平民普及结合消费升级的商业模式，是目前上海唯一仅靠俱乐部规模化营运的营利性帆船俱乐部，在帆船的普及和商业化运作上做出了坚韧不拔的探索并正在引领产业集聚的形成。

（一）亲民俱乐部价格吸引人，发掘衍生需求，创造利润

上海美帆首先是放弃高端化的商业模式和高回报思维，对帆船产品和文化重新理解，以此指导企业的产品设计、研发、生产、营销推广、销售、服务等体系，并在战略高度上规划新的业务形态。尤其是在跨界的时代，传统的优势无法给用户创造完整的用户体验，这就要重构新生态、建立新的话语权和主导能力。

现阶段，上海美帆俱乐部会员费（一个家庭）每年8000元，其中包含全年免费租用帆船、皮划艇、沙滩排球、法式地滚球、篮球、足球等设施。散客门票为每人100元。这样亲民的价格应推广帆船运动的平民化需求而生，也为迅速打开市场打下了坚实的基础（见表3）。

表3 国家体育总局副局长对帆船运动的见解

2014年4月26日，国家体育总局副局长肖天在接受采访时表示，当前中国的大帆船运动还处于初级阶段，这项运动在未来的发展中，要避免当年高尔夫球落户中所走的弯路。不要把一项体育运动简单地与财富、地位、身份和阶层进行划分。肖天副局长希望中国的帆船运动在开展大帆船运动的同时能更大限度地开展小帆船运动，并与市场经济、社会民间资本紧密结合，为这项运动注入活力，形成产业，拉动就业和经济增长，最大限度地帮助这项运动在群众中普及

资料来源：新华网。

庞大的会员基数衍生了对住宿、餐饮、会务拓展、帆船培训、帆船销售、帆船停泊等的需求，对于衍生需求开发主要体现在以下项目上。

1. 打造上海国际帆船港项目

上海美帆十年来已完成多项整合，为打造上海运动休闲活动主题区奠定了基础。下一步将启动上海国际帆船港项目。

上海国际帆船港项目将是世界上最大的内湖帆船主题度假项目。该度假区将由63平方千米的水上赛区、15万平方米的世界级水上泊位、维修区、水上会展区、媒体村、健康运动村、主题乐园和购物街、具有亚欧风情的餐饮区、帆船主题酒店等多个多元功能区构成。这个项目将在上海市打造一个以帆船运动为核心，同时兼顾多个衍生功能的内湖特色旅游度假区。同时，项目还将围绕所在区域的整体发展，形成产业的商务、健康、文创办公、金融服务等多个相关产业支撑，构成一个完整的帆船产业生态圈，产生产业集聚效应，为游客及其周边居民提供服务。“帆船产业生态圈”让帆船港不再仅仅是简单的运动项目所在地，还是一个集运动、健康、消费升级等三大场景于一体的综合经济体。

上海国际帆船港创新发展必须借助中国上海自贸区金融服务功能的外延，最核心的抓手有两个：一是注重上海国际帆船休闲港的内容建设，吸引更多市民、中产阶层及国际人士参与体育消费；二是拓展融资渠道，诸如积极采用高收益债券、认股权证、优先股等国际市场广泛采用的各类融资工具，构架水上休闲运动产业交易和未来的衍生品市场金融化平台，从而使实体经济享受更多金融创新红利，摸索出金融服务与实体的可复制、可推广的新方式、新路径。

以帆船码头为核心，立足于引进国际知名的大型公众企业与行业领衔品牌，共同探寻帆船等水上运动、健康生活、低碳环保、休闲旅游四者之间的平衡，同上海湖区自然资源达到有机共生。围绕水和运动健康，面向中产阶层，充分开发淀山湖和青西地区的自然禀赋、惠及更广阔的人群、保证国际大都市的居住品质、实现长期可持续的发展。

帆船产品线很长，就适合停泊在淀山湖的船型而言，因尺寸、材料、做工、科技含量不同，价位从几万元到上百万元不等。这样，市场便有了不同等级的消费分类。上海美帆坐拥上海青西得天独厚的自然禀赋，应势利导在帆船普及的基础上进行不同消费需求的产品升级。

2. 体教结合，创建帆船特色学校，发展帆船培训产业

青少年是世界的未来，中帆协青少年委员会对全国青少年积极推动帆船运动。帆船运动可以帮助青少年强身健体、磨炼意志、扩展知识面，让孩子从小学习帆船对个人成长和社会发展都有积极意义。上海美帆是全国帆船帆板协会青少年委员会副主任委员。中帆协青少年委员会的成立将更加规范、更加积极地推动青少年帆船普及运动的培训工作，为中国海洋强国梦打下长期稳定坚实的基础。

上海美帆多年努力推广帆船运动的行动受到国家体育总局水上运动管理中心的认可，被授予“帆船帆板项目国家高水平后备人才基地”。

上海外国语大学西外外国语学校的林敏总校长和王晓辉副校长对帆船运动作用于培育学生成为国际化人才的意义有着深刻的认识。在上海美帆培训的8000多名青少年当中，将近1500名来自上海外国语大学西外外国语学校，经过七年的开发，该校已成为上海的帆船特色学校。“扬帆中国”项目第一年，上海外国语大学西外外国语学校是主要合作伙伴，输送了360名学生前来学习帆船。学校还派驻了6位骨干教师与上海美帆员工和来自比利时、荷兰的外籍教练一起，构建了一套完整的夏季青少年帆船培训营体系，为日后上海美帆的帆船普及推广之路打下了坚实的基础。之后，西外外国语学校每年坚持输送各个年龄段学员参加上海美帆的夏季帆船培训营，学期中间也经常组织学生到上海美帆体验帆船。通过多年的努力和经验总结，西外外国语学校与美帆将进一步加强合作，以期探索出一个青少年帆船培训的阶梯式成长途径，为孩子们不断提升帆船技能乃至职业化发展提供条件。除了继续输送学生参加美帆夏季帆船培训营，使学生学习期间体验帆船，西外外国语学校还将开设帆船特色班，将帆船纳入正式课程，打造一支高水平的西外外国语学校帆船队。这将是上海的首创，西外外国语学校成为继上海第一个系统性成立帆船培训后又第一个将帆船纳入正式教育课程的学校，对全市的青少年帆船普及有着示范性的作用。

上海美帆的“飞鱼计划”将帮助西外外国语学校小学部、初中部、高中国际部等分别组成三个帆船队，对爱好帆船的孩子从小学到初中再到高中开展系统长期的培训，让爱好成为终身的技能与精神火炬。上海美帆还将继续努力打造29/49人级快速帆船美帆国家队，让西外外国语学校的孩子也有机会进入帆船职业化发展。我们可以大胆想象，又一个徐莉佳可能就从西外外国语学校走出。

除了西外外国语学校，上海美帆还将与上海体育学院、上海海事大学达成合作，为大学生开展帆船培训，打造帆船特色的大学生队伍。由此，从小学、初中、高中到大学的青少年全链条将被打通，保证学生在完成学业的基础上为帆船的普及与职业化提供长期有效的发展保障。相信这样的发展模式可以很快复制到其他学校从而带动全民帆船运动。

（二）以精品赛事为亮点和抓手，塑造俱乐部品牌

从体旅融合角度看，举办帆船赛事是吸引更多市民学习帆船运动、增加低碳休闲爱好者黏度、提高城市居民生活与国际水平接轨的最佳途径，是展示体旅融合的最佳载体。帆船赛事从前期宣传开始，就是一张城市名片在传递城市信息。从参赛者到观赛者，从主办方到承办方，从媒体宣传到口碑相传，从赛事本身到帆船精神的传播，帆船赛事所覆盖的人群广泛而素质高，社会效应多面而深远。上海是我们国家的经济“领头羊”，举办有特色的帆船精品赛事和旅游活动，对加快体育强市建设、加快世界著名旅游城市建设、提升上海作为国

际大都市的影响力非常有利。青岛、厦门、三亚等城市都通过一些大帆船赛事为城市赢得了荣誉和经济发展。

因此，从2005年开展帆船运动伊始，上海美帆一直坚持两星期一次的友谊赛，上海美帆认为，帆船手们由此夯实了基础、提高了技术。除此之外，上海美帆还多次举办面向全国的大型赛事，曾先后举办过4届上海国际游艇展慈善帆船赛、1届上海市OP帆船锦标赛、3届24小时帆船赛、2013年全国OP帆船锦标赛暨十二届全运会OP帆船预选赛、2014年全国青少年帆板锦标赛、2014年全国青少年帆船帆板训练营、3届上海淀山湖旅游节开幕式百帆巡游等赛事与活动。

表4　上海美帆举办的赛事和活动情况

单位：人

时间	名称	级别	参加人数
2011年4月	上海国际游艇展慈善帆船赛	群众	100
2012年4月	上海国际游艇展慈善帆船赛	群众	100
2012年5月	第一届淀山湖24小时帆船赛	群众	120
2012年6月	上海市OP帆船锦标赛	市级职业比赛	120
2012年9月	淀山湖旅游节开幕式百帆巡游	市旅游节	300
2013年4月	上海国际游艇展慈善帆船赛	群众	150
2013年5月	全国OP帆船锦标赛暨十二届全运会OP帆船预选赛	国家一级赛事	150
2013年9月	第二届淀山湖24小时帆船赛	群众	180
2013年9月	淀山湖旅游节开幕式百帆巡游	市旅游节	300
2014年4月	上海国际游艇展慈善帆船赛	群众	250
2014年5月	全国青少年帆板锦标赛 & 全国青少年帆船帆板训练营	国家级赛事	200
2014年9月	第三届淀山湖24小时帆船赛	群众	200
2014年9月	新铁人三项帆船赛	群众	100
2014年9月	淀山湖旅游节开幕式百帆巡游	群众	300

资料来源：上海美帆游艇俱乐部。

下一阶段，上海美帆正在积极寻求和各级政府及 ISAF 国际帆联、CYA 中帆协的合作，计划引进“2018 年 ISAF 世界青年帆船锦标赛”，并将其打造成上海第八个带有普及性的大众精品赛事和体旅创新活动。

一方面，该项目可以为上海这个国际城市添加帆船元素，让更多市民了解帆船，玩起帆船，让帆船精神助力我们打造中国海洋强国梦。另一方面，该项比赛可以吸引近百个参赛国、百万游客以及全球约 12 亿的媒体观众，成为传播上海城市形象的有效平台。上海美帆不仅计划将该项赛事办成一届帆船之旅盛会，而且积极探索帆船赛事市场化的运作模式。

之所以选择这项赛事，原因有如下几点。

1. 因地制宜

受上海的淀山湖湖域条件限制，不易开展大帆船运动，却是开展小帆船运动的绝佳场地。因此，美帆将首选举办高水平的小帆船比赛。而“ISAF 世界青年帆船锦标赛”是国际帆船联合会赛史上众多小帆船赛事中最有影响力的赛事之一。该赛事承担帮助 19 岁以下的青少年选手未来进入奥运的职能，是国际帆船比赛史上最具特殊意义的赛事。赛事所用的帆船都是适合在淀山湖行驶的小帆船。

2. 市场导向

小帆船赛事极具观赏性，有高品质的辐射人群、强有力的品牌推广效果、广泛的商业价值、长效的后续效应。

帆船运动强国的发展现状表明，该赛事所用的青年 29 人级帆船因其设计独特、速度更快、成本更低、操控手转型路线更广，所以在欧洲、澳大利亚等帆船发展发达地区迅速普及。另外，同一系列的成人 49 人级帆船已经被列入奥运会项目，并逐渐成为各级别项目中最受注目的船型。因此，帆船运动强国发展经验也预示着这两种小帆船在国内将具有广阔的市场发展空间。

3. 填补国内空白

虽然该赛事使用的成人 49 人级帆船已经被列入奥运会项目，并逐渐成为各级别项目中最受注目的船型。但是，遗憾的是，中国还鲜有运动员参与该项目，而上海举办“2018 年 ISAF 世界青年帆船锦标赛”将会极大地促进这项运动在中国的发展。

（三）以俱乐部为平台，构建美帆体旅产业“生态圈”

根据上海城市定位及淀山湖中长期战略规划指引，上海美帆以市场化手段为准则，立足成为上海湖区推进水上经济立体联动发展中的重要棋子和青浦区政府的重要平台，积极构建产业生态圈。

上海美帆现代体旅产业“生态圈”也是一种创新型的公私双体制的伙伴合作模式，是政府和民企基于具体项目开展合作并共同提供公共产品和服务的一种合作模式。这种模式的优势在于能够积极吸引社会资本，有效减少政府的财政支出和债务负担，从而更快地发展城市公共设施和核心功能建设。这种模式通过企业参与承担国家奥运项目，创新了我国体制外的运动项目发展和运动员培养模式。

美帆现代体旅产业“生态圈”由美帆俱乐部、美帆合伙人、金融投资方、政府等多方构成的创新金融模式承担着将社会资本引入实体的领导角色。资本运作使体育产业及大健康产业规模迅速扩大，体育产业、大健康产业的收益注入实体，使实体项目整体规模扩张。项目规模的扩大更利于金融发挥功能，吸纳美帆合伙人，社会资本将继续注入体育产业及大健康产业，最终收益将回馈给美帆合伙人。上海美帆过去走的就是这条“生态圈”合作之路，未来会更具弹性，向纵向、横向发展，让合作伙伴参与进来，实现利益共享。

依托上海美帆现代体旅产业“生态圈”，最终形成以上海美帆小帆船为基础，逐步向以体育产业、大健康产业及金融为驱动因素进行消费升级的运作的产业发展路径和模式过渡。其中，体育产业包括帆船活动、水上运动、水上飞机等产业。大健康产业包括健康养生、体育健身、健康饮食、医疗旅游等。

为此，上海美帆的目标管理过程将为上海湖区开发导入三个不同层次的产业：①导入新兴核心产品29/49人级快速帆船的市场开发与设计专利引入并使之产业化；②进一步引进与水上新兴产业相关联的衍生产业，例如，风筝帆板、水上飞机；③倡导体旅相互融合，打造集工作、消费和生活于一体的健康活力社区，并打造可以沿长江流域进行复制的上海湖区生长的模块。

上海美帆以帆船凝聚了沪上及长三角的高素质人士，打造帆船文化和帆船生活方式。周边各大房地产楼盘纷纷以上海美帆为生活坐标，向客户推介美帆的生活方式，吸引客户的入住。上海美帆无疑已经成为周边地区标杆吸引物，成为区域经济的引爆点。

（四）加强和政府的合作，促进竞技体育共同发展

十年来，上海美帆结合自身优势，积极协助所在地地方政府，共同打造城市水上运动休闲核心功能。围绕该项核心功能，上海美帆以盘活湖区存量资产为原则，以土地的二次高效创新开发方式帮助区域转型，协助政府搭建一个促进区域存量盘活的良性博弈框架，以市场化、产业化为目标，让产业用地真正服务于高端服务业的实体经济。

2014年，上海美帆在国家体育总局及上海市体育局的大力支持下组建了体制外的29/49人级国家帆船队，这是国内首次尝试社会力量办帆船竞技体育，上海美帆力图在发展群众体育和高水平竞技体育两手抓的基础上探索由群众体育上升到高水平竞技体育的通道，寻求帆船体育职业化之路，这也是中国体育改革的目标。

现代新型小帆船skiffs（29人、49人）就超越了传统排水型小帆船，桅杆更高，帆面积更大，无须大风天就能实现快速飞掠。现代新型小帆船skiffs对真风和相对风的反应也不同，因此要求帆船手的物

理知识更全面，思维方式更灵活。对于帆船手来说，传统排水型小帆船船手只能成为单一船型的专家，而现代新型 skiffs 小帆船船手则可以向美洲杯、沃尔沃帆船赛等赛事所用的大帆船发展。从国外来看，在 49 人级、29 人级帆船运动普及的地区，各个级别帆船发展都很均衡。如澳大利亚 49 人级、29 人级就非常普及，在 2012 年伦敦奥运会上，澳大利亚在帆船项目上取得了三金一银的好成绩，取代英国成为新霸主。因此，着力发展现代新型 skiffs 小帆船是迅速促进我国走向世界高水平帆船竞技场（如与奥运会、世界杯、F1 齐名的美洲杯帆船赛）的有效途径，也为帆船手的个人发展提供了保障。

（五）生态优先，促进社区共同发展

多年来，上海美帆一直倡导“可持续开发和经营，人和自然和谐共处，资源循环利用”理念，坚持采用新技术、新材料、节能方法，坚持城镇内涵式发展，推动资源集约的可持续利用，力求打造绿色循环产业集群，建设“美帆绿色循环产业集团”。

如今已经形成了三大板块的绿色产业，分别为以下三点。

绿色金融产业：内部构建融资功能平台，实现集团建设资金自给自足，通过上海美帆原始积累、外部直投、金融衍生品等实现最终建设及扩张资金自给自足。

绿色体旅产业：围绕水资源，以水为依托，以低碳环保的各类水上运动为核心，以帆船运动为抓手，推动体旅产业融合发展走市场化经营道路，回归体旅精神本源。

绿色健康产业：围绕健康养身、体育健身、健康饮食、医疗旅游等，愉悦身心，健康快乐生活。

美帆不仅坚持生态优先，而且注重处理好自身发展与周边农村和社区的关系。

一些国家的发展经验已经表明，在城镇化进程中，如果不能同步发展乡村，那么城市贫困人口增多将会带来“贫民窟”等一系列城市病，同时也会导致农村的衰败。上海美帆发展中倡导要着力融入城乡规划、公共服务等方面，共同推进城乡发展一体化。

上海美帆所处的环境是上海青浦西部欠发达地区，在创造就业、增加收入等方面的吸引力显然强于农村，其经济发展明显使周边社区受益，尤其是推动了周边的社区居民的资产性收入。上海美帆国际帆船港项目落地后，可以陆续为当地提供总计超过16000个的各类就业岗位和上亿元的税收。另外，上海美帆在规划国际帆船港时，打破了传统的单功能、独立发展的帆船港设计理念，为外部创新创业的企业留足空间。因此，上海国际帆船港具有功能多样、模块组合自由、无缝拼接、区域联动等多种发展特点，具有很强的外部经济性。

（六）不忘社会责任，助力上海“全球城市”建设

从建立初始，上海美帆就一贯倡导企业的社会责任，要将俱乐部的发展和上海的城市发展紧密相连。上海市政府在2014年初启动修编2021～2040年新一轮城市总体规划及上海未来30年发展战略研究，在研究中提出，到2030年，要把上海建设成为具有国际影响力的“全球城市”。而美帆基于上海的城市定位和规划，提出积极申办2018世青赛，以助力上海全球化建设。这是上海率先进入建设“全球城市”的需要，如申办成功，意义重大。

1. 有利于促进上海社会经济的和谐发展

通过2018世青赛，上海将充分发挥规模效益和集聚效应，加快帆船优质要素资源向上海的流动，加强上海和其他帆船城市之间的联系与协助，实现青浦帆船产业规模效益扩张，加快青浦淀山湖地区的经济结构转型，提高青浦的经济增长质量。同时，伴随着越来越多的人接受帆船这一平民化的低碳生活理念，人们也将强化健康环保的城市生活风气。

2. 有利于上海创新制度的建设

通过社会力量组织全球参与的国际性大赛，可以加快上海潜在地成为“全球城市”的发展，并促进青浦这个区域城市积极参与全球城市的竞争，有利于上海最快吸收全球范围内的体旅融合、科技知识、文化创意与城市治理革新，并加速将经验扩散到全市其他兄弟区域，提高全国其他各区域城市的制度学习能力、制度创新能力和“全球城市”的推广复制能力。

3. 有利于提升上海对全球帆船体旅资源的聚集吸引力

帆船产业资源的集聚会产生积极的规模效益和正外部性溢出，从而使个人、企业及社会从中受益。世青赛的举办，可以加快全球帆船体旅资源在上海的集聚，使上海成为全球帆船体旅资源的重要节点，提高其在帆船运动领域的资源整合能力，发挥其规模效应，从而进一步提升上海对帆船体旅资源的聚集吸引力。

4. 有利于上海促进帆船普及和产业化发展

全球化时代，一个城市的经济社会发展，将越来越多地依托其拥有的比较优势和龙头产业。世青赛的举办将加快促进上海国际帆船港建设，给上海的水上运动发展带来巨大影响力。青浦将充分吸收世青赛中资源全球化配置所带来的好处，成为上海帆船普及和产业化发展的领导者，并将辐射至上海为中心的城市网络体系内的多个城市，在全球高端体育消费升级和低碳旅游产业价值链中找到自己合适的定位。

5. 有利于对上海资源和环境的合理利用

帆船运动休闲产业的发展将充分释放青浦潜在水资源优势，充分挖潜青浦的水资源与土地利用效率，提升青浦的城市品牌，塑造青浦作为水上特色城市的特色形象，提高青浦人才吸引力，集聚青浦特色专业人口密度，走上更节约土地、更环保的水乡城镇化转型的可持续发展之路。

B.12
上海网球大师赛运营

上海久事国际赛事管理有限公司

摘　要：上海网球大师赛是上海乃至中国的标志性赛事之一，也是亚洲颇具影响力的体育赛事。本文立足于大师赛的历史概况，从观众构成、赞助商的组织结构出发，研究了平面媒体、现场媒体等媒体的传播价值，指出，大师赛促进了当地旅游、餐饮、酒店等相关行业的消费，创造了良好的经济效益，同时提升了观众的服务满意度，在树立上海城市形象、促进网球健身发展及促进国际交往等社会效益方面作用显著。

关键词：赛事受众　赞助模式　媒体推广　运营效益　上海网球

一　总体情况

（一）上海大师赛概况

2007 年 4 月，上海最终获得 ATP1000 大师系列赛的永久举办权，这是亚洲首个获得此荣誉的城市，也是全球顶级网球赛事的举办城市。目前，ATP1000 大师系列赛全球共九站，规模仅次于四大满贯赛事，对球员年度积分具有重要意义（见表 1）。

表1　ATP1000 大师系列赛赛事安排

比赛日期	每年 10 月第 2/3 周
签表	单打正赛 56 签位/双打正赛 24 签位
比赛场次	单打预选赛 21 场(预选赛签表为 24 签位) 单打正赛 55 场/双打正赛 23 场
总奖金	4000000 美元
参赛选手	来自超过 30 个国家与地区顶尖男子选手/世界排名前 20 位选手强制参赛

（二）上海大师赛历史

上海国际网球赛事自 1998 年喜力网球公开赛开始，走过了十几年的发展历程。经过多年举办喜力公开赛和代表网坛最高级别赛事——“大师杯赛”的积累和沉淀，上海已经具备了承办国际顶级网球系列赛的条件。2009 年 10 月，上海 ATP1000 大师赛签约落户上海，国际奥委会主席雅克·罗格先生亲临现场观摩。

近年来，在上海久事赛事公司运作团队的共同努力下，上海劳力士大师赛不断取得突破，无论是赛场环境、运作水平，还是商业开发和球员服务等方面，均取得了显著成绩。赛事主办方注重服务水平的提升，并得到了来自全球范围内球迷的赞许，特别是现场观众的满意度不断提升，自 2009 年至今，上海劳力士大师赛已经连续五次荣膺 ATP 年度最佳赛事。

二　赛事观众

（一）现场观众

我们以 2013 年上海劳力士大师赛现场调研数据为例，从性别构成、国籍构成、居住地构成、年龄构成、职业分布以及网球习惯等方面来综合描述大师赛现场观众的主要特征。

从性别来看，现场观众以男性居多，占受访人数的57.3%；从国籍来看，中国籍观众数量占绝大多数，占受访人数的88.1%（见表2、表3）。

表2　现场观众性别构成（N=3488）

单位：%

性别	比例	累计比例
男性	57.3	57.3
女性	42.7	100.0
合计	100.0	

表3　现场观众国籍构成（N=3488）

单位：%

国　籍	比例	累计比例
中国籍	88.1	88.1
外国籍	11.9	100.0
合　计	100.0	

从现场观众居住地来源来看，国外观众占受访总人数的5.4%，绝大多数现场观众来自中国，其中，上海本地观众比例为71.1%，中国上海以外其他城市观众比例为23.5%（见表4）。

表4　现场观众现居地构成（N=3488）

单位：%

现居地	比例	累计比例
上　　海	71.1	71.1
中国上海以外其他城市	23.5	94.6
其他国家	5.4	100.0
合　　计	100.0	

从年龄构成来看，上海大师赛现场观众中，年龄段为19～23岁的人群最多，占受访总人数的31.8%；其次为24～30岁的，占受访总人数的28.1%。总体来看，上海大师赛现场观众呈现年轻化的特点，年龄在40岁及以下18岁以上的青年人群占总受访人数的79.2%（见表5）。

表5　现场观众年龄构成（N＝880）

单位：%

年龄段	比例	累计比例
19～23岁	31.8	31.8
24～30岁	28.1	59.9
31～40岁	19.3	79.2
41～50岁	10.3	89.5
12～18岁	4.7	94.2
51～60岁	3.4	97.6
60岁以上	1.7	99.3
12岁以下	0.7	100.0
合　计	100.0	

从受教育程度来看，上海大师赛现场观众的受教育程度较高，大专及本科以上学历的观众比例达88.3%，其中，研究生及以上学历的观众为23.3%；而从职业分布来看，现场观众的职业主要包括学生、职员和高级管理人员，累计比例达82.3%，家庭主妇的比例为5.1%（见表6、表7）。

表6　现场观众教育程度构成（N＝880）

单位：%

学历	比例	累计比例
大专及本科	65.0	65.0
研究生及以上	23.3	88.3
高中及中专	9.7	98.0
初中及以下	2.0	100.0
合　计	100.0	

表7 现场观众职业构成（N=881）

单位：%

职业	比例	累计比例
学生	33.7	33.7
职员	30.8	64.5
高级管理人员	17.8	82.3
家庭主妇	5.1	87.4
其他	12.6	100.0
合计	100.0	

从现场观众的网球运动参与情况来看，在现实生活中，大多数现场观众都有打网球的习惯，比例高达81.5%，而坚持“两天一次”的现场观众比例为12.5%。“从不”打网球的观众比例仅为18.5%（见表8）。

表8 现场观众打网球频率构成（N=819）

单位：%

打网球频率	比例	累计比例
偶尔	33.4	33.4
每周一次	20.4	53.8
从不	18.5	72.3
两天一次	12.5	84.8
每月一次	8.1	92.9
两周一次	7.1	100.0
合计	100.0	

（二）电视观众

在现代化媒体技术的推动下，电视观众是赛事观众的重要组成部分。调查数据显示，上海大师赛电视观众的特征与现场观众呈现一定的差异性。

从性别比例来看，电视观众中的男性观众比例比现场观众的男性观众比例更高（见表9）；而从年龄结构来看，电视观众在各个年龄段的分布更为均匀（见表10）。

表9 电视观众性别构成（N=578）

单位：%

性别	比例	累计比例
男性	65.2	65.2
女性	34.8	100.0
合计	100.0	

表10 电视观众年龄构成（N=580）

单位：%

年龄段	比例	累计比例
31~40岁	18.6	18.6
19~23岁	18.4	37.0
24~30岁	17.9	54.9
41~50岁	14.8	69.7
12~18岁	10.5	80.2
51~60岁	10.3	90.5
60岁以上	8.8	99.3
12岁以下	0.7	100.0
合　计	100.0	

从职业分布看，职员和学生的数量总和占到66.2%，家庭主妇占4.7%，高级管理人员占10.9%，说明基本都是有一定休闲时间的人员来观看比赛，以学生为主要目标市场推广的效果显著。

表 11　电视观众职业构成（N = 580）

单位：%

职　　业	比例	累计比例
职　　员	41.3	41.3
学　　生	24.9	66.2
高级管理人员	10.9	77.1
家庭主妇	4.7	81.8
其　　他	18.2	100.0
合　　计	100.0	

从受教育程度来看，与现场观众相比，上海大师赛电视观众的受教育程度相对较低，大专及本科以上学历的观众比例为63.3%，显著低于现场观众的88.3%（见表12）。

表 12　电视观众教育程度构成（N = 580）

单位：%

学历	比例	累计比例
大专及本科	52.1	52.1
高中及中专	28.8	80.9
研究生及以上	11.2	92.1
初中及以下	7.9	100.0
合　计	100.0	

从电视观众的网球运动参与情况来看，在现实生活中，虽然大多数现场观众都有打网球的习惯，比例为63.1%，但明显低于现场观众的81.5%，而坚持"两天一次"的电视观众比例仅为3.2%，"从不"打网球的观众比例达36.9%，说明现场观众比电视观众的网球参与度相对较高（见表13）。

表 13 电视观众打网球频率构成（N =580）

单位：%

打网球频率	比例	累计比例
偶 尔	36.9	36.9
从 不	36.9	73.8
每周一次	12.1	85.9
每月一次	5.9	91.8
两周一次	5.0	96.8
两天一次	3.2	100.0
合 计	100.0	

三 赞助权开发现状

（一）赞助商结构

上海大师赛赞助商结构国际化程度高，多数赞助商为国际顶级或知名企业。以 2013 年上海劳力士大师赛为例，在所有 29 家赞助商中，有 21 家外资企业，8 家内资企业。大师赛赞助等级分为冠名赞助商、钻石赞助商、尊耀赞助商、荣誉赞助商、指定赞助商和独家网络合作伙伴（见图 1）。

（二）市场推广和公关活动

赛事的市场推广和公关活动对赛事知名度的提升、赛事社会影响力的扩大以及赛事与媒体的结合具有重要作用。2013 年，上海劳力士大师赛的市场推广与公关活动主要分为赛前宣传推广、奖杯合作以及赛事期间活动三个部分。

首先，从赛前宣传推广来看，主办方主要采取了“线上”与

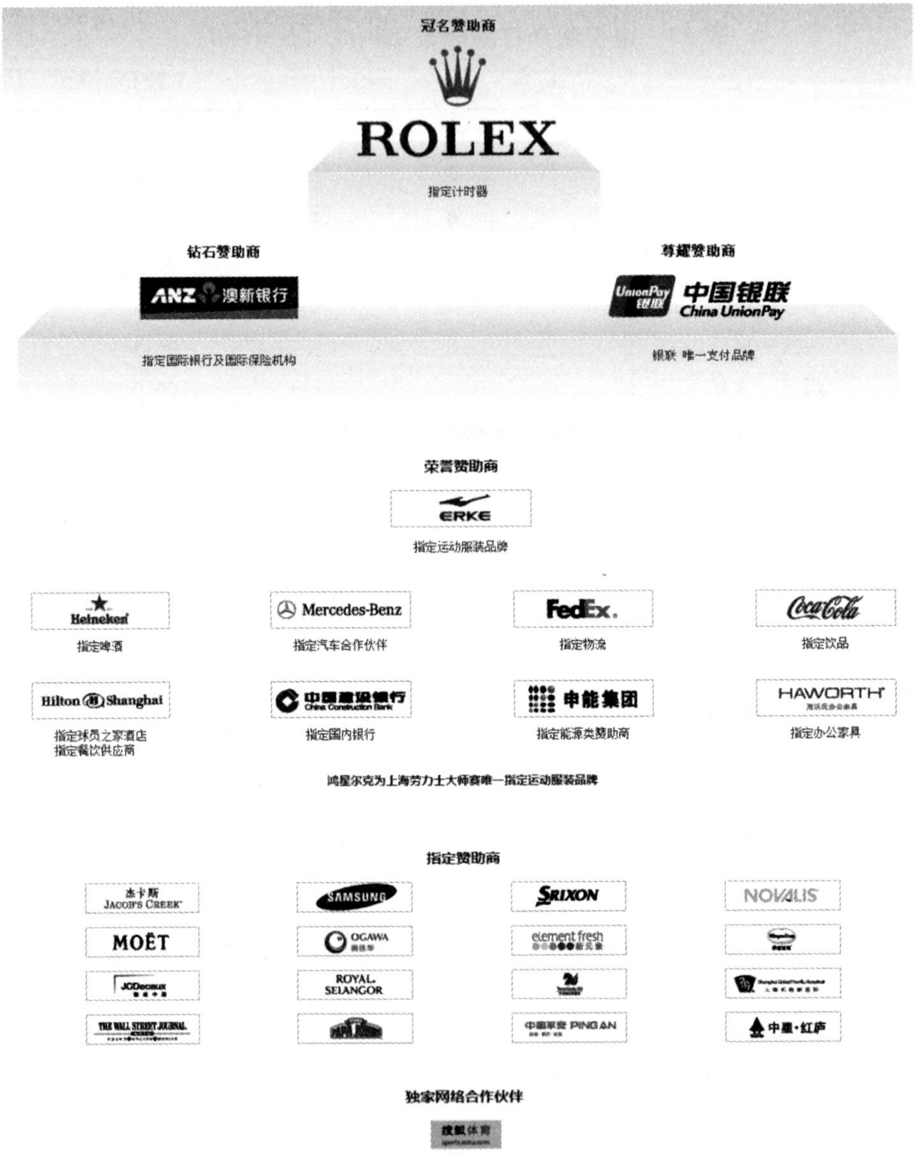

图 1　2013 上海网球大师赛赞助商结构

“线下”相结合的方式。在“线上”宣传推广方面，上海大师赛主要以新浪微博和上海劳力士大师赛“官方微博”为平台，通过举办

“看新闻与赢大奖等微博推广”“天王归来球迷见面会”“我爱我牛照片征集”“文明观赛，大家来找茬”等系列活动，加强与粉丝的互动，使微博粉丝能够充分参与“官方微博”日常信息的发布，培养粉丝的关注习惯与忠诚度，为赛事临近的宣传推广做铺垫。在“线下”宣传推广方面，主办方以上海国际网球挑战赛为载体，在旗忠网球中心举办业余网球选手参加的赛事活动，营造球迷参与网球、亲近大师赛的氛围。

其次，从上海大师赛奖杯合作来看，作为皇家雪兰莪与上海劳力士大师赛第五年的合作，双方合作的重点在于推陈出新，皇家雪兰莪为劳力士大师赛奖杯设计新形象，并为全新的 ATP 挑战赛提供优胜者奖杯。皇家雪兰莪结合品牌与劳力士大师赛的合作关系策划组织富有创意的市场推广活动，上海久事赛事公司为皇家雪兰莪提供支持和协助，上海久事赛事公司也将依托 ATP 挑战赛的平台，为皇家雪兰莪提供富有创意的公关话题和平台。

最后，从赛事期间活动来看，赛事主办方会在赛事举办期间开展一系列主题鲜明的公关活动。例如，2013 年大师赛期间，主办方开展了包括“上海劳力士大师赛单打正选球员抽签仪式”“费德勒球迷见面会”“大师浦江夜活动”“两岸青少年网球交流”“赞助商品牌日活动”“三星 KISS TIME”“颁奖仪式与闭幕式”等活动，这些公关活动立足于宣传上海城市形象、塑造大师赛品牌、为赞助商提供曝光平台并得到了很好的公关效果。

四　媒体传播价值

（一）媒体报道概述

2013 年，各类媒体共为上海劳力士大师赛带来超过 7.6 亿元的媒体价值，其中“上海 Shanghai”国际电视转播的曝光价值，超过6.8亿元，占总价值的89.00%（见表14）。

表14　2013上海大师赛媒体报道价值一览

单位：万元，%

序号	媒体类型	媒体报道价值	
		数量	比重
1	“上海 Shanghai”国际电视转播的曝光价值	68175.59	89.00
2	电视媒体新闻报道	4139.63	5.40
3	平面媒体新闻报道	2983.50	3.89
4	平面媒体推广广告	1177.68	1.54
5	电视媒体推广广告	67.04	0.09
6	大师赛官方网站	55.23	0.07
总　计		76598.67	100.00

（二）电视转播曝光价值

通过超过7610小时的国际电视转播，2013上海劳力士大师赛共为“上海 Shanghai”带来接近7亿元的曝光价值；从转播类型上，直播为“上海 Shanghai”带来的曝光价值最高，超过3.8亿元，占总价值的56.39%。

各类转播地区中，“上海 Shanghai”在欧洲地区获得的曝光价值最高，超过4.3亿元，该曝光价值占总比重的63.64%；“上海 Shanghai”出现在比赛场地的地贴、底线背景板等位置，其中地贴位置的曝光价值最高超过5.0亿元，占总价值的73.49%。

在电视媒体曝光方面，2013上海劳力士大师赛共有6家电视媒体对赛事进行了新闻报道，报道时长接近7个小时，为赛事创造了4139.63万元的电视媒体新闻报道价值（见表15）。

表 15　2013 上海大师赛电视媒体新闻报道价值一览

单位：万元，%

序号	媒体名称	新闻报道时长（小时：分钟：秒）	新闻报道价值	比重
1	CCTV－5	1:38:33	1661.98	40.15
2	五星体育	2:58:37	1534.15	37.06
3	上视新闻综合	0:31:57	547.55	13.23
4	上视 ICS	1:37:31	341.15	8.24
5	CCTV－13	0:03:58	39.10	0.94
6	东方卫视	0:01:37	15.70	0.38
总　计		6:52:13	4139.63	100.00

2013 上海劳力士大师赛在上海电视台五星体育频道投放了 30 秒赛事专题广告，共带来 67.04 万元的专题广告价值（见表 16）。

表 16　2013 上海大师赛电视媒体广告价值

单位：次，万元，%

序号	媒体名称	广告次数	广告价值	比重
1	五星体育	23	67.04	100.00
总　计		—	67.04	100.00

（三）平面媒体曝光价值

2013 上海劳力士大师赛共有 16 家平面媒体对赛事进行了专题广告推广，为大师赛带来了 1177.68 万元的平面媒体专题广告价值；187 家平面媒体在 1026 篇新闻报道中对大师赛进行了新闻报道，共为大师赛创造了 2983.50 万元的平面媒体新闻报道价值（见表 17、表 18）。

表 17　2013 上海大师赛平面媒体专题广告价值一览

单位：万元，%

序号	媒体名称	专题广告曝光价值	比重
1	新闻晨报	390.00	33.12
2	I 时代报	145.60	12.36
3	第一财经日报	115.20	9.78
4	南京晨报	100.00	8.49
5	每日商报	96.00	8.15
6	大酒店	84.00	7.13
7	新民晚报	62.80	5.33
8	东方早报	52.00	4.42
9	Shanghai Daily	29.40	2.50
10	东方体育日报	25.00	2.12
11	宁波晚报	24.00	2.04
12	江南晚报	20.16	1.71
13	City Weekend	18.00	1.53
14	BROS	12.00	1.02
15	无锡日报	2.52	0.21
16	无锡商报	1.00	0.08
总　计		1177.68	100.00

表 18　2013 上海大师赛平面媒体新闻报道价值一览

序号	媒体类型	媒体数量(家)	新闻报道篇数(篇)	新闻报道价值(万元)	比重(%)
1	外地	165	747	1867.50	62.59
2	上海	22	279	1116.00	37.41
总　计		187	1026	2983.50	100.00

（四）大师赛官方网站媒体价值

2013 上海劳力士大师赛期间，赛事官方网站共获得 1841082 次的浏览量，共为赛事创造 55.23 万元的媒体价值（见表 19）。

表 19　2013 上海劳力士大师赛官方网站浏览量价值

单位：次，万元

媒体名称	赛事期间总浏览量	浏览价值
大师赛官方网站	1841082	55.23

（五）户外广告媒体曝光价值

2013 上海劳力士大师赛通过户外飘旗、户外广告牌和户外大屏幕对赛事进行户外广告宣传，户外广告媒体曝光价值为 1240.08 万元；户外宣传飘旗为赛事创造最高的户外广告价值，为 869.28 万元，占总价值的 70.10%（见表 20）。

表 20　2013 年上海大师赛户外广告媒体曝光价值一览

单位：万元，%

序号	户外媒体	数量	媒体价值	比重
1	户外宣传飘旗	1863	869.28	70.10
2	户外广告牌	855	241.49	19.47
3	户外大屏幕	12	129.31	10.43
总　计		—	1240.08	100.00

（六）现场曝光价值

2013 上海劳力士大师赛通过赛场广告的形式对赛事进行现场宣传，共创造了 475.43 万元的赛场广告曝光价值（见表 21）。

表 21　2013 上海大师赛赛场广告曝光价值

单位：万元

现场广告	现场观众认知度	赛场广告价值	人际传播价值
2013 上海劳力士大师赛	100%	26.41	449.02

五　运营效益

（一）赛事运营的经济效益

在赛事管理方面，上海劳力士大师赛连续五年荣获“年度最佳ATP1000赛事”；在赛事运营方面，上海劳力士大师赛同样是国内经济效益最佳的赛事之一，2013上海劳力士大师赛共获得了1亿多元的赛事收入；赛事收入由赞助、票房、电视转播和特许纪念品组成，各项收入结构较为合理。

1. 刺激消费并拉动相关行业发展

每年上海ATP1000网球大师赛吸引超过10万名观众来现场观赛。2012年赛场观众达14.8万人，其中，境内异地观众约占20%，境外观众约占18%。因此，在比赛的9天时间内，共有约6万名异地观众齐聚上海。这些观众会在上海停留、观光、购物或饮食等，对上海旅游有积极的推动作用。此外，很多观众表达了去上海周边城市旅游的意愿，进而促进了周边城市的旅游发展。2013上海劳力士大师赛现场观众共为相关行业带来超过2.1亿元的直接消费，其中为旅游业带来的直接消费最高（见表22）。

表22　2013上海劳力士大师赛对相关行业产生的直接消费（按行业类型分）

单位：万元，%

序号	相关行业	直接消费	
		数量	比重
1	旅游业	6714.50	31.55
2	长途运输业、民航业	3873.13	18.20
3	酒店业	3583.50	16.84

续表

序号	相关行业	直接消费	
		数量	比重
4	零售业	2405.26	11.30
5	餐饮业	2373.57	11.15
6	市内交通运输业	2248.57	10.56
7	通信业	85.12	0.40
总　计		21283.65	100.00

2. 赞助收入屡获突破

赞助销售是赛事经济效益的主要来源，被喻为“牛鼻子”。从2009年开始，赛事便积极开展赛事招商工作。通过一系列的推荐活动，稳固老客户，发展新客户，成功引入了凯迪拉克等知名品牌赞助。当年的赛场广告赞助及合作伙伴共计25家，赞助收入超额完成计划指标。至2010年世博年，赛事紧紧抓住这个“牛鼻子”，加大客户服务力度，与赞助商共商推广计划，共享市场渠道，从根本上改变公司办赛、大客户出钱买广告的纯商业赞助模式。这一模式的转变，标志着赛事逐步走向成熟。在这一模式的基础上，赛事留住了大部分赞助商，并且拓展加深了原有的合作。“劳力士”由呈现赞助商升级为冠名赞助商，并大幅提升了赞助金额。此外，还新发展了钻石赞助商法国巴黎银行和从2011年开始的荣誉赞助商联邦快递公司。2011年，冠名赞助商、荣誉赞助商和指定赞助商增加至31家，加上28家包厢客户，收入累计达到7418万元，为赛事贡献大部分收入。

2011年，赛事赞助继续求新求变，积极寻求赞助商资源，与尔克、喜力等赞助商覆盖全国的经营网络开展联合推广。如在全国100家鸿星尔克旗舰店中设置大师赛专区，此举不仅有助于赛事的推广宣传，更有利于赞助商借助赛事这一高端平台进行品牌营销。这种赛事与赞助商合作开发资源的形式，提高了权益回报和赞助价值，实现了互利共赢。2012年，赛事赞助又找到新的突破口。自2009年赛事举办以来，排名靠前的大赞助商都是国际知名品牌，而本土品牌参与赞助的热情始终不高。为此，赛事开始思考如何利用赛事的传播价值为本土品牌所认可，并为本土企业所用。赛事在法国巴黎银行合作期满、续约不定的情况下，主动邀约国内重量级金融机构参与赞助，通过反复的磋商和谈判，最终赢得中国银行签约成大师赛尊耀赞助商。这是国内高端金融品牌首次成为赛事高级别赞助商，意味着赛事市场化经营的重要突破。中国银联的加入，优化了大师赛的赞助商结构，降低了赛事对国际赞助商的过度依赖，开辟了赛事赞助的新市场，也提高了赛事抵御国际经济变化不定带来的风险的能力。

3. 门票创收不断改善

赛事经营收入的结构存在赞助收入比重过大的问题，因此，赛事一直致力于解决票务市场布局不合理、收入成长不快的突出矛盾。2011年，赛事通过增加后三天低价票种，加速布局长三角、北京、广东和成都等重点异地市场，扩大校园销售覆盖范围等措施，实现了当年票房同口径超过2000万元，同比增长近30%。

同时，赛事前半程观众上座率偏低的问题也困扰着票务市场。2012年，赛事围绕“有效提升大师赛前半程的门票销售数量和有效提升观众上座率”进行专题研讨，深入研究了现场观众增长的主要来源和影响上座率的关键因素。确立了以高校学生为重点目标市场，通过增强赛事程度、营造浓厚现场氛围、改善交通服务、调整票价、优化信息服务和加强现场管理等六项措施来提升赛事的人气。2012年，赛事的现场观众总人数达14.8万人，较2011年增长约四成，创下历年新高。而且，赛事前五日中央场馆的销售票张数和现场观众人数均实现了50%以上的增幅，赛事票务市场有很大改观。

为拓展门票销售的渠道，除了传统的实体销售网点外，门票的网络销售也取得很大进展，如借用中国最大的网络销售平台——淘宝网进行官方门票的销售获得欢迎。此外，赠票的数量有意地控制在1000多张，扩大门票的销售收益。

4. 球迷服务与满意度

根据2013年赛事现场调研的各项服务的满意度情况和满意度排序，可以发现，现场观众对赛事的总体满意度较高，“非常满意”与“较满意”的观众比例达95.2%（见表23）。

表23　现场观众赛事总体满意度构成（N=807）

单位：%

总体满意度	比例	总体满意度	比例
非常满意	51.1	较不满意	0.4
较满意	44.1	非常不满意	0.2
一般	4.2	合计	100.0

从赛事各项服务的观众满意度来看，“比赛精彩程度”和“看台环境”的满意度与赛事总体满意度较为相近。造成这一结果的原因可能是现场观众的满意度高低更多地取决于赛事本身（见表24）。

表24　赛事各项服务现场观众满意度构成

单位：%

具体服务	非常满意	较满意	一般	较不满意	非常不满意
比赛精彩程度（N=730）	54.38	38.36	6.85	0.41	0
观众班车服务（N=356）	36.52	31.74	21.91	6.74	3.09
自驾车停车服务（N=303）	36.63	33.33	20.13	6.60	3.30
现场娱乐活动内容和氛围（N=776）	42.01	40.85	15.72	1.29	0.13
看台环境（N=766）（安保、清洁、看台秩序）	47.39	42.17	9.14	1.04	0.26
现场信息服务（N=793）（赛事信息发布、咨询）	41.99	43.63	11.22	2.02	1.13

续表

具体服务	非常满意	较满意	一般	较不满意	非常不满意
赛场标识(周边及赛场内)(N=792)	47.73	38.76	11.24	1.77	0.51
现场纪念品销售(N=606)	36.47	36.80	23.10	2.81	0.83
现场餐饮服务(N=692)	29.77	35.84	24.28	7.51	2.60
现场检票服务(N=805)	48.20	38.39	10.43	1.86	1.12
大师赛官方网站(N=783)	45.98	36.40	13.67	3.19	0.77

另外，从满意度等级上看，2013 上海劳力士大师赛各项具体服务中有接近50%的服务满意度等级为优秀，而所有11项服务等级均达到了中等及以上水平（见表25）。

表25　现场观众赛事各项服务满意度排序

单位：%

序号	具体服务	满意度	等级
1	比赛精彩程度	92.74	优秀
2	看台环境(安保、清洁、看台秩序)	89.56	优秀
3	现场检票服务	86.58	优秀
4	赛场标识(周边及赛场内)	86.49	优秀
5	现场信息服务(赛事信息发布、咨询服务)	85.62	优秀
6	现场娱乐活动内容和氛围	82.86	良好
7	大师赛官方网站	82.38	良好
8	现场纪念品销售	73.27	良好
9	自驾车停车服务	69.97	中等
10	观众班车服务	68.26	中等
11	现场餐饮服务	65.61	中等

（二）赛事运营的社会效益

作为一项国际顶级网球赛事，上海大师赛具有全球广泛的传播度和关注度，通过全球转播，“上海”也随着赛事传播到全世界，城市实现对外营销，形成对外展示的窗口。与此同时，赛事的举办对宣传城市精神、增强城市凝聚力也有积极作用。此外，赛事还将为民族企业提供平台，成为其实现全球化推广的重要途径。

1. 精益求精，宣传城市精神

网球是一项高雅、精细化、规则化的运动。在赛场上，运动员积极跑动，预判球落点，精准击球，不断竞争与拼搏。同时，赛场进行的是公平、激烈但友好的竞争。这与“海纳百川、追求卓越、开明睿智、大气谦和”的上海城市精神异曲同工。另外，上海市民在观看比赛的同时，也在逐步受到赛事文化和体育文化的渗透，会不断加深对体育精神和网球文化的理解，通过一代代的传承与影响，上海市的城市精神和内涵将会更加丰富，市民的精神文化生活也将会更加多彩。

2. 城市营销，促进国际交往

“展示上海，营销上海”是这项国际性顶级赛事举办的重要意义。长期以来，上海市政府十分注重赛事与城市的互动和融合，并借助于各类顶级赛事的举办，不断扩大上海市的影响力和知名度。而大师赛这一平台既将上海和中国推介给世界，同时也为上海打开了一个新的窗口，让我们更了解世界。世博会期间，赛事主办方与世博局新闻宣传部以及西班牙、英国等七个世博会国家馆共同发起主办“网球大师邀您一起游世博”文化交流活动，利用赛事平台的巨大影响力为世博服务，推广国家和城市形象。这些国家馆把展示内容延伸到大师赛现场，并组织特别的馆日活动，总领事和馆长亲自主持馆日仪式，还带来各具特色的表演活动与观众互动。

3. 参与网球，推动全民健身

经过多年赛事的举办，上海的网球人口呈几何级数激增。越来越多的民众在赛事举办时拿着门票走进赛场。赛事的举办鼓舞了人们参与网球的热情，网球运动的群众基础日渐深厚。网球已经成为这座城市市民运动休闲的项目之一，城市的一个体育传统正在慢慢形成，推动着全民健身运动的发展。为了不断培育网球市场，扩大群众基础，赛事还在票务上做出一些改变，如稍稍下调普通票的价格。因为广大的群众基础也是赛事持续发展的根本。

4. 借助赛事，展示民族企业

作为商业体育赛事，上海大师赛的赞助资源属于稀缺资源。由于在全球范围内具有广泛的影响力和关注度，上海大师赛得到了全球顶级品牌的青睐，国外企业都把品牌营销的目光投向了大师赛。近年来，中国本土企业逐渐熟悉赛事赞助的规则与价值，上海大师赛的本土赞助商也由原来的10%上升至30%。而赛事也在积极为国内企业创造机会，为了让国内企业加入上海大师赛的合作伙伴，赛事主办方做出了积极的努力，并于2012年接纳民族运动装备企业鸿星尔克，开启了国内品牌介入大师赛的尝试。因此，作为一个具有极大关注度和广泛传播度的赛事，它也在积极地为民族品牌完成全球化推广贡献力量。

Abstract

In 2014 the Chinese State Council promulgated an important policy " on accelerating the development of sports industry and promoting a number of opinions of sports consumption ". The policy requires that Let market forces play their basic role in allocating resources. The development of the sports industry is conducive not only to meet people's diverse sports demand, ensure and improve people's livelihood, but also conducive to expanding domestic demand, increasing employment, foster new economic point of growth.

The sports industry of Shanghai is of good foundation and is in a leading position in the country. In order to accurately and comprehensively grasping the basic situation of Shanghai sports industry, Shanghai Municipal Statistics Bureau and Shanghai Sports Bureau jointly carried out a survey about Shanghai sports and related industry about 2010 and 2011. The sports industry development institute of Shanghai university of sport leads expert team and analyzes current situation of sports industry, existing problems, facing opportunities, challenges and future development trend systematicly and comprehensively on the basis of the survey data.

This Report is divided into three parts. First is the general report, It is analysis of the overall situation and trend of development of the sports industry of Shanghai from the overall scale, industrial structure, the development of bottlenecks and countermeasures and so on. Second part is industry reports. It is reviewed and forecasted objectively from sports service industry, sports goods industry, sports fitness industry, sports training industry, etc with full and accurate data and in - depth theoretical study. Third part is case reports it reviews operation experience about the Shanghai Motor Speedway, Shanghai beautiful sail club, Shanghai Tennis Masters Cup.

It is helped to transforming and upgrading to Shanghai sports industry and to accelerating the construction of strong sports city in Shanghai , on the background of sports industry facing the good macro background and good policy , the actual situation of comprehensively the sports industry of Shanghai, seizing the opportunity to reform and innovation, integrating resources and fusing development , supplying diverse sports products.

Contents

ℬ I General Report

Abstract: As an important part of modern sports, sports industry, will surely become a new growth point of economy in Shanghai and further to meet people's growing demand for sports, and becoming a new impetus to the cultural needs. and also becoming an effective means of optimizing the industrial structure. The overall size of the sports industry in Shanghai is increasing, the growth rate is faster, the internal structure is more rationalized, and supplies industry is developing rapidly; Comprehensive present situation and bottleneck of sports industry development, In order to promote the vigorous development of sports industry in Shanghai, we formulate eight strength policy, such as enhancing the leadership of the sports industry, establishing dynamic monitoring of the key field, and formulate policy support of sports industry and so on.

Keywords: Shanghai; The Sports Industry; Sports Consumption; The Sports Industry Entity; The Sports Industry Structure

B Ⅱ Industry Reports

B. 2 The Current Situation and Prospect of Development of Shanghai Sports Service Industry

Luo Lei / 026

Abstract: The size of Shanghai sports services industry is increasing . The venues management and sports training industry accounts for a larger proportion, sports fitness leisure and sports lottery has the fastest growing of the sports services industry. There are different levels of Labor Productivity improved in different field. Sports service industry, however, with small size, lower contribute to the sports industry, the internal structure imbalance. The leading role has not obvious, the marketization level needs to improve; At last, we prospect for a future of Shanghai sport industry from three aspects: the transformation of Shanghai urban residents, the upgraded consumption structure, the globalization, and put forward five relevant policy to promote the industry development, such as accelerate the reform of sports management system, refine the investment and financing system, encourage private capital join the sports service industry to enhance the ability of competition of the industry, focus on cultivate and develop the sports intermediary enterprises, optimize the industrial structure and so on.

Keywords: Shanghai; Sports Service Industry; Sports Service Industry Structure; Contribution

B. 3 The Current Situation and Prospect of Development of Shanghai Sports Industry *Zhu Hongjun* / 039

Abstract: Sports goods industry is one of the most important parts of sports industry, which providing material support and economic security for the development of sports service industry. The output of Shanghai sports goods is increasing, the Sports Wear manufacturing growing significantly, the labor productivity increasing gradually; There exist five problems in sports goods industry development, yet: such as the overall size is small, the internal structure is unreasonable, there is still a big gap among districts and counties. The competition of Shanghai Sporting goods industry is huge and the potential is tremendous, the manufacturing resource is in great tension, and Shanghai with the most abundant human resources and so on. In order to promote the development of Shanghai goods industry, form Shanghai sports supplies strategic transformation, we formulate five strength policy: Accelerate Shanghai sports goods headquarters economy, reasonable the layout of sports goods manufacture industry

Keywords: Shanghai; Sports Goods Industry; the Internal Structure; Development Environment

B. 4 The Current Situation and Prospect of Shanghai Fitness and Leisure Industry *Feng Weisheng* / 056

Abstract: Shanghai sports fitness leisure industry has a long history, the total output increasing year by year, and the added value is higher than other provinces, The content of this industry of is rich, the operating items of enterprises is relatively fine, the business category is relatively perfect. Fitness leisure industry is closely related to the sports fitness in organization form, property rights, the development of the scale and structure. In addition, the development of Shanghai sports fitness leisure industry has a complete content, diversity of form layout, the enlargement of layout etc. Shanghai sports fitness leisure industry also have the advantage, such as economies of scale, density of economic, the upgrade consumption structure, leisure time increased, urban community and rural urbanization etc. However, there are several problems in the development: some departments do not recognize and attach importance to the development of sports fitness leisure industry, the lack of specific industrial policies, the low output and unreasonable structure. To solve above problems, we should refine the Shanghai sports fitness leisure industry space layout and encourage all kinds of sports fitness leisure organization coordinated, etc.

Keywords: Shanghai; Sports Fitness and Leisure Industry ; Physical Fitness

Abstract: This paper analyses the development of Shanghai sports industry through analysising different level of sports events, combining with Shanghai stadiums service and the patterns of holding event. Analysis games industry benefits which through analysis the events impact on the economic growth of Shanghai, city brand, city cultural environment, the city infrastructure construction level and so on. Consequently found that the iconic sports events contribution degree is lower, the sports event project structure is unreasonable, the fixed event percentage is little, the independent events is not enough, domestic sports occupation League tourism driven effect is weak, the operation main body has low levels of marketization, tourism and other supporting industries are limited to Shanghai events industry. Some corresponding suggestions are given: deepen the structure of Shanghai events, enhance efficiency, strengthen the new trend of interactive development and so on.

Keywords: Shanghai; Events Industry; Benefit Analysis; Event Tourism

Abstract: Through analysising Shanghai Sports Venues Service Industry development, we argue that the development of Shanghai Venues Service Industry has such trait: all-round integration of market economy, the pluralistic management pattern, and social and economic benefits simultaneously etc. there are also some deficiency: the development process is not balanced, the preferential policy support is not enough, the degree of legalization management is low, and there is a lack of professional management personnel and other issues. Considering the present development situation and existing problems, combined with the trend of historical, we puts forward the development trend and expectations of Shanghai venue service industry.

Keywords: Venue Service Industry; Public Sports Service; The Operation and Management Mode; Shanghai

B. 7 The Current Situation and Prospect of Shanghai Sports Intermediary Industry *Li Hai* / 133

Abstract: This article concentrates on the research on sports intermediary brokers, sports brokerage and sports organizations in Shanghai sports intermediary brokers, analysis of the past history and the current development of sports intermediary, and refine the sports intermediary characteristics, find out the problems of Intermediary Industry, and find out measures to accelerate the development of sports Intermediary Industry. the past, present and future of Shanghai sports agent were analyzed.

Finally, the article put forward some constructive suggestions, to provide a reference for the Shanghai Intermediary Industry development which from the concept, organization, management, training and other aspects.

Keywords: Shanghai; Sports Agent; Sports Broker Management; Intermediary Service Organization; Human Capital Property Rights System

B. 8 The Current Situation and Prospect of Shanghai Sports Lottery Industry *Li Wei* / 165

Abstract: The article analysis on the history, development status, characteristics and development trends of Shanghai sports lottery industry, and also compare sports lottery and the welfare lottery, find out the dislocation competition between sports lottery and welfare lottery, the advantages and special features of Sports Lottery is conspicuous. At the same time, the issues such as the lax regulation, how to treatment the" Problem lottery buyer" . Through the analysis of the sports lottery market, showing good prospects for the development of sports lottery.

Keywords: Sports Lottery; Sports Industry; Shanghai

Abstract: Sports training industry is an important component of the sports industry, which includes entertainment training, sports training, lottery training and so on. In this article, the development process of sports training industry is divided into three stages: Embryonic stage, forming stage and development stage. facing lack of standardization in the PE teachers, and insufficiency of brand building and absence of standardization management, and imperfection of training intermediary organizations, which suggests that should elevate the level of professional education, improve personnel training system; integration policy provisions of the industry, develop standard of training rules; implement decentralization, focus on improving market environment, to create a difference training brand, improve their management level within the industry sector, which gradually actively promote the reform and transformation of sports training industry.

Keywords: Sports Training Industry; Entertainment Training; Shanghai

B Ⅲ Case Reports

Abstract: This study analyzes the operating agency and events operations of Shanghai International Circuit, two characteristics are summarized overview of the business activities, which point out the International Circuit play an important part in establishing the image of

Shanghai, stimulating economic development and other aspects of economic and social benefits in Jiading, Shanghai . Finally, the article pointed out that the International Circuit will enhance customer value, increase name Sports Stadiums development, improve track operational efficiency, and can rely on the effects of fans group and the advantages of Motor Town City to increase operational efforts in the future

Keywords: Event Operations; Events Affecting; Industrial Development; Shanghai

B. 11 The Operation of Shanghai Meifan Yacht Club

Shanghai Meifan Yacht Club / 216

Abstract: Shanghai Meifan Yacht Club is a typical leisure sports club, which with professional business model. This Study reviewed the development of three stages of the club. And generalize experience operations of Shanghai Meifan yacht Club from eight aspects: from using price as the main means to attract popularity to create profits, to grasping top quality racing to form enterprise brand, and build Meifan brigade ecosystem, and then cooperation with the government, to promote the common development of the community and help Shanghai build "Global City" and so on.

Keywords: Yacht Club; Shanghai Meifan; Ecological Construction

B. 12 The Operation of Shanghai Tennis Masters

Shanghai Juss Event Management Ltd. / 234

Abstract: Shanghai Tennis Masters is one of the landmark events in Shanghai China, also an influential sporting event in Asia. This article study the transmission value which is based on the historical overview of the Masters, from the audience composition and sponsors structure, study the print media, the spread of the value of on-site media and other media. Pointed that Masters promotion the local tourism, restaurants, hotels and other related industries consume. it's create a good economic benefits, while improving service satisfaction of the audience. The Masters not only setting up the city's image of Shanghai but also promoting the development of tennis industry, and also promoting of international exchanges, and other social significant benefits.

Keywords: Event Audience; Sponsor Model; Media Promotion; Events Affecting; Shanghai

皮书起源

“皮书”起源于十七、十八世纪的英国，主要指官方或社会组织正式发表的重要文件或报告，多以“白皮书”命名。在中国，“皮书”这一概念被社会广泛接受，并被成功运作、发展成为一种全新的出版型态，则源于中国社会科学院社会科学文献出版社。

皮书定义

皮书是对中国与世界发展状况和热点问题进行年度监测，以专业的角度、专家的视野和实证研究方法，针对某一领域或区域现状与发展态势展开分析和预测，具备权威性、前沿性、原创性、实证性、时效性等特点的连续性公开出版物，由一系列权威研究报告组成。皮书系列是社会科学文献出版社编辑出版的蓝皮书、绿皮书、黄皮书等的统称。

皮书作者

皮书系列的作者以中国社会科学院、著名高校、地方社会科学院的研究人员为主，多为国内一流研究机构的权威专家学者，他们的看法和观点代表了学界对中国与世界的现实和未来最高水平的解读与分析。

皮书荣誉

皮书系列已成为社会科学文献出版社的著名图书品牌和中国社会科学院的知名学术品牌。2011 年，皮书系列正式列入“十二五”国家重点图书出版规划项目；2012~2014 年，重点皮书列入中国社会科学院承担的国家哲学社会科学创新工程项目；2015 年，41 种院外皮书使用“中国社会科学院创新工程学术出版项目”标识。

中国皮书网

www.pishu.cn

发布皮书研创资讯，传播皮书精彩内容
引领皮书出版潮流，打造皮书服务平台

栏目设置：

- □ 资讯：皮书动态、皮书观点、皮书数据、皮书报道、皮书发布、电子期刊
- □ 标准：皮书评价、皮书研究、皮书规范
- □ 服务：最新皮书、皮书书目、重点推荐、在线购书
- □ 链接：皮书数据库、皮书博客、皮书微博、在线书城
- □ 搜索：资讯、图书、研究动态、皮书专家、研创团队

中国皮书网依托皮书系列“权威、前沿、原创”的优质内容资源，通过文字、图片、音频、视频等多种元素，在皮书研创者、使用者之间搭建了一个成果展示、资源共享的互动平台。

自 2005 年 12 月正式上线以来，中国皮书网的 IP 访问量、PV 浏览量与日俱增，受到海内外研究者、公务人员、商务人士以及专业读者的广泛关注。

2008 年、2011 年中国皮书网均在全国新闻出版业网站荣誉评选中获得“最具商业价值网站”称号；2012 年，获得“出版业网站百强”称号。

2014 年，中国皮书网与皮书数据库实现资源共享，端口合一，将提供更丰富的内容，更全面的服务。

法律声明

社会科学文献出版社成立于1985年，是直属于中国社会科学院的人文社会科学专业学术出版机构。

成立以来，特别是1998年实施第二次创业以来，依托于中国社会科学院丰厚的学术出版和专家学者两大资源，坚持“创社科经典，出传世文献”的出版理念和“权威、前沿、原创”的产品定位，社科文献立足内涵式发展道路，从战略层面推动学术出版五大能力建设，逐步走上了智库产品与专业学术成果系列化、规模化、数字化、国际化、市场化发展的经营道路。

先后策划出版了著名的图书品牌和学术品牌“皮书”系列、“列国志”、“社科文献精品译库”、“全球化译丛”、“全面深化改革研究书系”、“近世中国”、“甲骨文”、“中国史话”等一大批既有学术影响又有市场价值的系列图书，形成了较强的学术出版能力和资源整合能力。2014年社科文献出版社发稿5.5亿字，出版图书1500余种，承印发行中国社科院院属期刊71种，在多项指标上都实现了较大幅度的增长。

凭借着雄厚的出版资源整合能力，社科文献出版社长期以来一直致力于从内容资源和数字平台两个方面实现传统出版的再造，并先后推出了皮书数据库、列国志数据库、中国田野调查数据库等一系列数字产品。数字出版已经初步形成了产品设计、内容开发、编辑标引、产品运营、技术支持、营销推广等全流程体系。

在国内原创著作、国外名家经典著作大量出版，数字出版突飞猛进的同时，社科文献出版社从构建国际话语体系的角度推动学术出版国际化。先后与斯普林格、荷兰博睿、牛津、剑桥等十余家国际出版机构合作面向海外推出了“皮书系列”“改革开放30年研究书系”“中国梦与中国发展道路研究丛书”“全面深化改革研究书系”等一系列在世界范围内引起强烈反响的作品；并持续致力于中国学术出版走出去，组织学者和编辑参加国际书展，筹办国际性学术研讨会，向世界展示中国学者的学术水平和研究成果。

此外，社科文献出版社充分利用网络媒体平台，积极与中央和地方各类媒体合作，并联合大型书店、学术书店、机场书店、网络书店、图书馆，逐步构建起了强大的学术图书内容传播平台。学术图书的媒体曝光率居全国之首，图书馆藏率居于全国出版机构前十位。

上述诸多成绩的取得，有赖于一支以年轻的博士、硕士为主体，一批从中国社科院刚退出科研一线的各学科专家为支撑的300多位高素质的编辑、出版和营销队伍，为我们实现学术立社，以学术品位、学术价值来实现经济效益和社会效益这样一个目标的共同努力。

作为已经开启第三次创业梦想的人文社会科学学术出版机构，2015年的社会科学文献出版社将迎来她30周岁的生日，“三十而立”再出发，我们将以改革发展为动力，以学术资源建设为中心，以构建智慧型出版社为主线，以社庆三十周年系列活动为重要载体，以“整合、专业、分类、协同、持续”为各项工作指导原则，全力推进出版社数字化转型，坚定不移地走专业化、数字化、国际化发展道路，全面提升出版社核心竞争力，为实现“社科文献梦”奠定坚实基础。

社长致辞

我们是图书出版者，更是人文社会科学内容资源供应商；

我们背靠中国社会科学院，面向中国与世界人文社会科学界，坚持为人文社会科学的繁荣与发展服务；

我们精心打造权威信息资源整合平台，坚持为中国经济与社会的繁荣与发展提供决策咨询服务；

我们以读者定位自身，立志让爱书人读到好书，让求知者获得知识；

我们精心编辑、设计每一本好书以形成品牌张力，以优秀的品牌形象服务读者，开拓市场；

我们始终坚持"创社科经典，出传世文献"的经营理念，坚持"权威、前沿、原创"的产品特色；

我们"以人为本"，提倡阳光下创业，员工与企业共享发展之成果；

我们立足于现实，认真对待我们的优势、劣势，我们更着眼于未来，以不断的学习与创新适应不断变化的世界，以不断的努力提升自己的实力；

我们愿与社会各界友好合作，共享人文社会科学发展之成果，共同推动中国学术出版乃至内容产业的繁荣与发展。

社会科学文献出版社社长

中国社会学会秘书长

2015 年 1 月

皮书起源

“皮书”起源于十七、十八世纪的英国，主要指官方或社会组织正式发表的重要文件或报告，多以“白皮书”命名。在中国，“皮书”这一概念被社会广泛接受，并被成功运作、发展成为一种全新的出版形态，则源于中国社会科学院社会科学文献出版社。

皮书定义

皮书是对中国与世界发展状况和热点问题进行年度监测，以专业的角度、专家的视野和实证研究方法，针对某一领域或区域现状与发展态势展开分析和预测，具备权威性、前沿性、原创性、实证性、时效性等特点的连续性公开出版物，由一系列权威研究报告组成。皮书系列是社会科学文献出版社编辑出版的蓝皮书、绿皮书、黄皮书等的统称。

皮书作者

皮书系列的作者以中国社会科学院、著名高校、地方社会科学院的研究人员为主，多为国内一流研究机构的权威专家学者，他们的看法和观点代表了学界对中国与世界的现实和未来最高水平的解读与分析。

皮书荣誉

皮书系列已成为社会科学文献出版社的著名图书品牌和中国社会科学院的知名学术品牌。2011 年，皮书系列正式列入“十二五”国家重点出版规划项目；2012~2014 年，重点皮书列入中国社会科学院承担的国家哲学社会科学创新工程项目；2015 年，41 种院外皮书使用“中国社会科学院创新工程学术出版项目”标识。

经　济　类

经济类皮书涵盖宏观经济、城市经济、大区域经济，
提供权威、前沿的分析与预测

经济蓝皮书

2015 年中国经济形势分析与预测

李　扬 / 主编　　2014 年 12 月出版　　定价 :69.00 元

◆　本书为总理基金项目，由著名经济学家李扬领衔，联合中国社会科学院、国务院发展中心等数十家科研机构、国家部委和高等院校的专家共同撰写，系统分析了 2014 年的中国经济形势并预测 2015 年我国经济运行情况，2015 年中国经济仍将保持平稳较快增长，预计增速 7% 左右。

城市竞争力蓝皮书

中国城市竞争力报告 No.13

倪鹏飞 / 主编　　2015 年 5 月出版　　定价 :89.00 元

◆　本书由中国社会科学院城市与竞争力研究中心主任倪鹏飞主持编写，以“巨手：托起城市中国新版图”为主题，分别从市场、产业、要素、交通一体化角度论证了东中一体化程度不断加深。建议：中国经济分区应该由四分区调整为二分区；按照“一团五线”的发展格局对中国的城市体系做出重大调整。

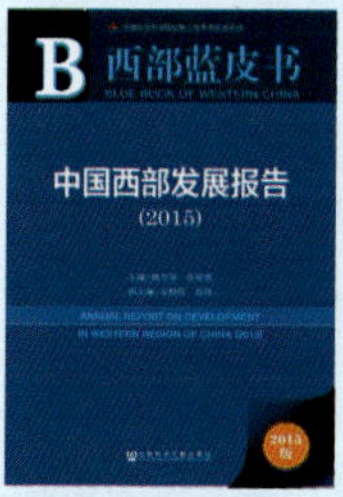

西部蓝皮书

中国西部发展报告（2015）

姚慧琴　徐璋勇 / 主编　　2015 年 7 月出版　　估价 :89.00 元

◆　本书由西北大学中国西部经济发展研究中心主编，汇集了源自西部本土以及国内研究西部问题的权威专家的第一手资料，对国家实施西部大开发战略进行年度动态跟踪，并对 2015 年西部经济、社会发展态势进行预测和展望。

中部蓝皮书

中国中部地区发展报告（2015）

喻新安 / 主编　　2015 年 7 月出版　　估价 :69.00 元

◆　本书敏锐地抓住当前中部地区经济发展中的热点、难点问题，紧密地结合国家和中部经济社会发展的重大战略转变，对中部地区经济发展的各个领域进行了深入、全面的分析研究，并提出了具有理论研究价值和可操作性强的政策建议。

世界经济黄皮书

2015 年世界经济形势分析与预测

王洛林　张宇燕 / 主编　　2015 年 1 月出版　　定价 :69.00 元

◆　本书为中国社会科学院创新工程学术出版资助项目，由中国社会科学院世界经济与政治研究所的研创团队撰写。该书认为，2014 年，世界经济维持了上年度的缓慢复苏，同时经济增长格局分化显著。预计 2015 年全球经济增速按购买力平价计算的增长率为 3.3%，按市场汇率计算的增长率为 2.8%。

中国省域竞争力蓝皮书

中国省域经济综合竞争力发展报告（2013~2014）

李建平　李闽榕　高燕京 / 主编　　2015 年 2 月出版　定价 :198.00 元

◆　本书充分运用数理分析、空间分析、规范分析与实证分析相结合、定性分析与定量分析相结合的方法，建立起比较科学完善、符合中国国情的省域经济综合竞争力指标评价体系及数学模型，对 2012~2013 年中国内地 31 个省、市、区的经济综合竞争力进行全面、深入、科学的总体评价与比较分析。

城市蓝皮书

中国城市发展报告 No.8

潘家华　魏后凯 / 主编　2015 年 9 月出版　　估价 :69.00 元

◆　本书由中国社会科学院城市发展与环境研究中心编著，从中国城市的科学发展、城市环境可持续发展、城市经济集约发展、城市社会协调发展、城市基础设施与用地管理、城市管理体制改革以及中国城市科学发展实践等多角度、全方位地立体展示了中国城市的发展状况，并对中国城市的未来发展提出了建议。

金融蓝皮书

中国金融发展报告（2015）

李　扬　王国刚 / 主编　2014 年 12 月出版　定价 :75.00 元

◆　由中国社会科学院金融研究所组织编写的《中国金融发展报告（2015）》，概括和分析了 2014 年中国金融发展和运行中的各方面情况，研讨和评论了 2014 年发生的主要金融事件。本书由业内专家和青年精英联合编著，有利于读者了解掌握 2014 年中国的金融状况，把握 2015 年中国金融的走势。

低碳发展蓝皮书

中国低碳发展报告（2015）

齐　晔 / 主编　2015 年 7 月出版　估价 :89.00 元

◆　本书对中国低碳发展的政策、行动和绩效进行科学、系统、全面的分析。重点是通过归纳中国低碳发展的绩效，评估与低碳发展相关的政策和措施，分析政策效应的制度背景和作用机制，为进一步的政策制定、优化和实施提供支持。

经济信息绿皮书

中国与世界经济发展报告（2015）

杜　平 / 主编　2014 年 12 月出版　定价 :79.00 元

◆　本书是由国家信息中心组织专家队伍精心研究编撰的年度经济分析预测报告，书中指出，2014 年，我国经济增速有所放慢，但仍处于合理运行区间。主要新兴国家经济总体仍显疲软。2015 年应防止经济下行和财政金融风险相互强化，促进经济向新常态平稳过渡。

低碳经济蓝皮书

中国低碳经济发展报告（2015）

薛进军　赵忠秀 / 主编　2015 年 6 月出版　定价 :85.00 元

◆　本书汇集来自世界各国的专家学者、政府官员，探讨世界金融危机后国际经济的现状，提出“绿色化”为经济转型期国家的可持续发展提供了重要范本，并将成为解决气候系统保护与经济发展矛盾的重要突破口，也将是中国引领“一带一路”沿线国家实现绿色发展的重要抓手。

社会政法类

社会政法类皮书聚焦社会发展领域的热点、难点问题，
提供权威、原创的资讯与视点

社会蓝皮书

2015 年中国社会形势分析与预测

李培林　陈光金　张　翼 / 主编　2014 年 12 月出版　定价 :69.00 元

◆　本书由中国社会科学院社会学研究所组织研究机构专家、高校学者和政府研究人员撰写，聚焦当下社会热点，指出 2014 年我国社会存在城乡居民人均收入增速放缓、大学生毕业就业压力加大、社会老龄化加速、住房价格继续飙升、环境群体性事件多发等问题。

法治蓝皮书

中国法治发展报告 No.13（2015）

李　林　田　禾 / 主编　　2015 年 3 月出版　　定价 :105.00 元

◆　本年度法治蓝皮书回顾总结了 2014 年度中国法治取得的成效及存在的问题，并对 2015 年中国法治发展形势进行预测、展望，还从立法、人权保障、行政审批制度改革、反价格垄断执法、教育法治、政府信息公开等方面研讨了中国法治发展的相关问题。

环境绿皮书

中国环境发展报告（2015）

刘鉴强 / 主编　　2015 年 7 月出版　　估价 :79.00 元

◆　本书由民间环保组织“自然之友”组织编写，由特别关注、生态保护、宜居城市、可持续消费以及政策与治理等版块构成，以公共利益的视角记录、审视和思考中国环境状况，呈现 2014 年中国环境与可持续发展领域的全局态势，用深刻的思考、科学的数据分析 2014 年的环境热点事件。

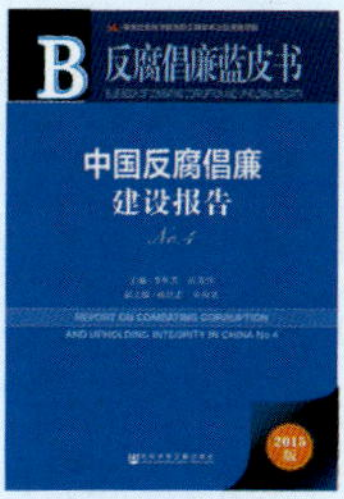

反腐倡廉蓝皮书

中国反腐倡廉建设报告 No.4

李秋芳　张英伟 / 主编　2014 年 12 月出版　　定价 :79.00 元

◆　本书继续坚持“建设”主题，既描摹出反腐败斗争的感性特点，又揭示出反腐政治格局深刻变化的根本动因。指出当前症结在于权力与资本“隐蔽勾连”、“官场积弊”消解“吏治改革”效力、部分公职人员基本价值观迷乱、封建主义与资本主义思想依然影响深重。提出应以科学思维把握反腐治标与治本问题，建构“不需腐”的合理合法薪酬保障机制。

女性生活蓝皮书

中国女性生活状况报告 No.9（2015）

韩湘景 / 主编　2015 年 4 月出版　定价 :79.00 元

◆　本书由中国妇女杂志社、华坤女性生活调查中心和华坤女性消费指导中心组织编写，通过调查获得的大量调查数据，真实展现当年中国城市女性的生活状况、消费状况及对今后的预期。

华侨华人蓝皮书

华侨华人研究报告 (2015)

贾益民 / 主编　2015 年 12 月出版　估价 :118.00 元

◆　本书为中国社会科学院创新工程学术出版资助项目，是华侨大学向世界提供最新涉侨动态、理论研究和政策建议的平台。主要介绍了相关国家华侨华人的规模、分布、结构、发展趋势，以及全球涉侨生存安全环境和华文教育情况等。

政治参与蓝皮书

中国政治参与报告（2015）

房　宁 / 主编　2015 年 7 月出版　估价 :105.00 元

◆　本书作者均来自中国社会科学院政治学研究所，聚焦中国基层群众自治的参与情况介绍了城镇居民的社区建设与居民自治参与和农村居民的村民自治与农村社区建设参与情况。其优势是其指标评估体系的建构和问卷调查的设计专业，数据量丰富，统计结论科学严谨。

行业报告类

行业报告类皮书立足重点行业、新兴行业领域，
提供及时、前瞻的数据与信息

房地产蓝皮书

中国房地产发展报告 No.12（2015）

魏后凯　李景国 / 主编　　2015 年 5 月出版　　定价 :79.00 元

◆　本年度房地产蓝皮书指出，2014 年中国房地产市场出现了较大幅度的回调，商品房销售明显遇冷，库存居高不下。展望 2015 年，房价保持低速增长的可能性较大，但区域分化将十分明显，人口聚集能力强的一线城市和部分热点二线城市房价有回暖、房价上涨趋势，而人口聚集能力差、库存大的部分二线城市或三四线城市房价会延续下跌（回调）态势。

保险蓝皮书

中国保险业竞争力报告（2015）

姚庆海　王　力 / 主编　2015 年 12 出版　　估价 :98.00 元

◆　本皮书主要为监管机构、保险行业和保险学界提供保险市场一年来发展的总体评价，外在因素对保险业竞争力发展的影响研究；国家监管政策、市场主体经营创新及职能发挥、理论界最新研究成果等综述和评论。

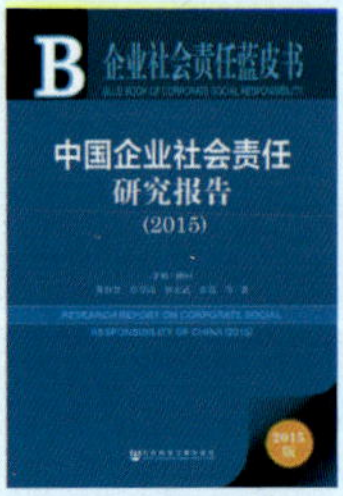

企业社会责任蓝皮书

中国企业社会责任研究报告（2015）

黄群慧　彭华岗　钟宏武　张　蒽 / 编著
2015 年 11 月出版　估价 :69.00 元

◆　本书系中国社会科学院经济学部企业社会责任研究中心组织编写的《企业社会责任蓝皮书》2015 年分册。该书在对企业社会责任进行宏观总体研究的基础上，根据 2014 年企业社会责任及相关背景进行了创新研究，在全国企业中观层面对企业健全社会责任管理体系提供了弥足珍贵的丰富信息。

投资蓝皮书

中国投资发展报告（2015）

谢　平 / 主编　　2015 年 4 月出版　　定价 :128.00 元

◆　2014 年，适应新常态发展的宏观经济政策逐步成型和出台，成为保持经济平稳增长、促进经济活力增强、结构不断优化升级的有力保障。2015 年，应重点关注先进制造业、TMT 产业、大健康产业、大文化产业及非金融全新产业的投资机会，适应新常态下的产业发展变化，在投资布局中争取主动。

住房绿皮书

中国住房发展报告（2014~2015）

倪鹏飞 / 主编　　2014 年 12 月出版　　定价 :79.00 元

◆　本年度住房绿皮书指出，中国住房市场从 2014 年第一季度开始进入调整状态，2014 年第三季度进入全面调整期。2015 年的住房市场走势：整体延续衰退，一、二线城市 2015 年下半年、三四线城市 2016 年下半年复苏。

人力资源蓝皮书

中国人力资源发展报告（2015）

余兴安 / 主编　　2015 年 9 月出版　　估价 :79.00 元

◆　本书是在人力资源和社会保障部部领导的支持下，由中国人事科学研究院汇集我国人力资源开发权威研究机构的诸多专家学者的研究成果编写而成。 作为关于人力资源的蓝皮书，本书通过充分利用有关研究成果，更广泛、更深入地展示近年来我国人力资源开发重点领域的研究成果。

汽车蓝皮书

中国汽车产业发展报告（2015）

国务院发展研究中心产业经济研究部 中国汽车工程学会
大众汽车集团（中国）/ 主编　2015 年 8 月出版　　估价 :128.00 元

◆　本书由国务院发展研究中心产业经济研究部、中国汽车工程学会、大众汽车集团（中国）联合主编，是关于中国汽车产业发展的研究性年度报告，介绍并分析了本年度中国汽车产业发展的形势。

国别与地区类

国别与地区类皮书关注全球重点国家与地区，
提供全面、独特的解读与研究

亚太蓝皮书

亚太地区发展报告（2015）

李向阳 / 主编　　2015 年 1 月出版　　定价 :59.00 元

◆　本年度的专题是“一带一路”，书中对“一带一路”战略的经济基础、“一带一路”与区域合作等进行了阐述。除对亚太地区 2014 年的整体变动情况进行深入分析外，还在此基础上提出了对于 2015 年亚太地区各个方面发展情况的预测。

日本蓝皮书

日本研究报告（2015）

李　薇 / 主编　　2015 年 4 月出版　　定价 :69.00 元

◆　本书由中华日本学会、中国社会科学院日本研究所合作推出，是以中国社会科学院日本研究所的研究人员为主完成的研究成果。对 2014 年日本的政治、外交、经济、社会文化作了回顾、分析，并对 2015 年形势进行展望。

德国蓝皮书

德国发展报告（2015）

郑春荣　伍慧萍 / 主编　2015 年 5 月出版　定价 :69.00 元

◆　本报告由同济大学德国研究所组织编撰，由该领域的专家学者对德国的政治、经济、社会文化、外交等方面的形势发展情况，进行全面的阐述与分析。德国作为欧洲大陆第一强国，与中国各方面日渐紧密的合作关系，值得国内各界深切关注。

农业应对气候变化蓝皮书
气候变化对中国农业影响评估报告（2015）
著(编)者:矫梅燕　2015年8月出版 / 估价:98.00元

企业公民蓝皮书
中国企业公民报告（2015）
著(编)者:邹东涛　2015年12月出版 / 估价:79.00元

气候变化绿皮书
应对气候变化报告（2015）
著(编)者:王伟光 郑国光　2015年10月出版 / 估价:79.00元

区域蓝皮书
中国区域经济发展报告（2014~2015）
著(编)者:梁昊光　2015年5月出版 / 定价:79.00元

全球环境竞争力绿皮书
全球环境竞争力报告（2015）
著(编)者:李建建 李闽榕 李建平 王金南
2015年12月出版 / 估价:198.00元

人口与劳动绿皮书
中国人口与劳动问题报告No.15
著(编)者:蔡昉　2015年1月出版 / 定价:59.00元

商务中心区蓝皮书
中国商务中心区发展报告（2015）
著(编)者:中国商务区联盟
中国社会科学院城市发展与环境研究所
2015年10月出版 / 估价:69.00元

商务中心区蓝皮书
中国商务中心区发展报告No.1（2014）
著(编)者:魏后凯　李国红　2015年1月出版 / 定价:89.00元

世界经济黄皮书
2015年世界经济形势分析与预测
著(编)者:王洛林　张宇燕　2015年1月出版 / 定价:69.00元

世界旅游城市绿皮书
世界旅游城市发展报告（2015）
著(编)者:鲁勇 周正宇 宋宇　2015年7月出版 / 估价:88.00元

西北蓝皮书
中国西北发展报告（2015）
著(编)者:赵宗福　孙发平　苏海红　鲁顺元　段庆林
2014年12月出版 / 定价:79.00元

西部蓝皮书
中国西部发展报告（2015）
著(编)者:姚慧琴 徐璋勇　2015年7月出版 / 估价:89.00元

新型城镇化蓝皮书
新型城镇化发展报告（2015）
著(编)者:李伟　2015年10月出版 / 估价:89.00元

新兴经济体蓝皮书
金砖国家发展报告（2015）
著(编)者:林跃勤 周文　2015年7月出版 / 估价:79.00元

中部竞争力蓝皮书
中国中部经济社会竞争力报告（2015）
著(编)者:教育部人文社会科学重点研究基地
南昌大学中国中部经济社会发展研究中心
2015年9月出版 / 估价:79.00元

中部蓝皮书
中国中部地区发展报告（2015）
著(编)者:喻新安　2015年7月出版 / 估价:69.00元

中国省域竞争力蓝皮书
中国省域经济综合竞争力发展报告（2013~2014）
著(编)者:李建平 李闽榕 高燕京
2015年2月出版 / 定价:198.00元

中三角蓝皮书
长江中游城市群发展报告（2015）
著(编)者:秦尊文　2015年10月出版 / 估价:69.00元

中小城市绿皮书
中国中小城市发展报告（2015）
著(编)者:中国城市经济学会中小城市经济发展委员会
《中国中小城市发展报告》编纂委员会
中小城市发展战略研究院
2015年10月出版 / 估价:98.00元

中原蓝皮书
中原经济区发展报告（2015）
著(编)者:李英杰　2015年7月出版 / 估价:88.00元

社会政法类

北京蓝皮书
中国社区发展报告（2015）
著(编)者:于燕燕　2015年7月出版 / 估价:69.00元

殡葬绿皮书
中国殡葬事业发展报告（2014~2015）
著(编)者:李伯森　2015年4月出版 / 定价:158.00元

城市管理蓝皮书
中国城市管理报告（2015）
著(编)者:谭维克 刘林　2015年12月出版 / 估价:158.00元

城市生活质量蓝皮书
中国城市生活质量报告（2015）
著(编)者:中国经济实验研究院　2015年7月出版 / 估价:59.00元

城市政府能力蓝皮书
中国城市政府公共服务能力评估报告（2015）
著(编)者:何艳玲　2015年7月出版 / 估价:59.00元

创新蓝皮书
创新型国家建设报告（2015）
著(编)者:詹正茂　2015年7月出版 / 估价:69.00元

慈善蓝皮书
中国慈善发展报告（2015）
著(编)者:杨团　2015年6月出版 / 定价:79.00元

地方法治蓝皮书
中国地方法治发展报告No.1（2014）
著(编)者:李林 田禾　2015年1月出版 / 定价:98.00元

法治蓝皮书
中国法治发展报告No.13（2015）
著(编)者:李林 田禾　2015年3月出版 / 定价:105.00元

反腐倡廉蓝皮书
中国反腐倡廉建设报告No.4
著(编)者:李秋芳 张英伟　2014年12月出版 / 定价:79.00元

非传统安全蓝皮书
中国非传统安全研究报告（2014~2015）
著(编)者:余潇枫 魏志江　2015年5月出版 / 定价:79.00元

妇女发展蓝皮书
中国妇女发展报告（2015）
著(编)者:王金玲　2015年9月出版 / 估价:148.00元

妇女教育蓝皮书
中国妇女教育发展报告（2015）
著(编)者:张李玺　2015年7月出版 / 估价:78.00元

妇女绿皮书
中国性别平等与妇女发展报告（2015）
著(编)者:谭琳　2015年12月出版 / 估价:99.00元

公共服务蓝皮书
中国城市基本公共服务力评价（2015）
著(编)者:钟君 吴正杲　2015年12月出版 / 估价:79.00元

公共服务满意度蓝皮书
中国城市公共服务评价报告（2015）
著(编)者:胡伟　2015年12月出版 / 估价:69.00元

公共外交蓝皮书
中国公共外交发展报告（2015）
著(编)者:赵启正 雷蔚真　2015年4月出版 / 定价:89.00元

公民科学素质蓝皮书
中国公民科学素质报告（2015）
著(编)者:李群 许佳军　2015年7月出版 / 估价:79.00元

公益蓝皮书
中国公益发展报告（2015）
著(编)者:朱健刚　2015年7月出版 / 估价:78.00元

管理蓝皮书
中国管理发展报告（2015）
著(编)者:张晓东　2015年9月出版 / 估价:98.00元

国际人才蓝皮书
中国国际移民报告（2015）
著(编)者:王辉耀　2015年2月出版 / 定价:79.00元

国际人才蓝皮书
中国海归发展报告（2015）
著(编)者:王辉耀 苗绿　2015年7月出版 / 估价:69.00元

国际人才蓝皮书
中国留学发展报告（2015）
著(编)者:王辉耀 苗绿　2015年9月出版 / 估价:69.00元

国家安全蓝皮书
中国国家安全研究报告（2015）
著(编)者:刘慧　2015年7月出版 / 估价:98.00元

行政改革蓝皮书
中国行政体制改革报告（2014~2015）
著(编)者:魏礼群　2015年4月出版 / 定价:98.00元

华侨华人蓝皮书
华侨华人研究报告（2015）
著(编)者:贾益民　2015年12月出版 / 估价:118.00元

环境绿皮书
中国环境发展报告（2015）
著(编)者:刘鉴强　2015年7月出版 / 估价:79.00元

基金会蓝皮书
中国基金会发展报告（2015）
著(编)者:刘忠祥　2016年6月出版 / 估价:69.00元

基金会绿皮书
中国基金会发展独立研究报告（2015）
著(编)者:基金会中心网　2015年8月出版 / 估价:88.00元

基金会透明度蓝皮书
中国基金会透明度发展研究报告（2015）
著(编)者:基金会中心网 清华大学廉政与治理研究中心
2015年9月出版 / 估价:78.00元

教师蓝皮书
中国中小学教师发展报告（2014）
著(编)者:曾晓东 鱼霞　2015年6月出版 / 定价:69.00元

教育蓝皮书
中国教育发展报告（2015）
著(编)者:杨东平　2015年5月出版 / 定价:79.00元

科普蓝皮书
中国科普基础设施发展报告（2015）
著(编)者:任福君　2015年7月出版 / 估价:59.00元

劳动保障蓝皮书
中国劳动保障发展报告（2015）
著(编)者:刘燕斌　2015年7月出版 / 估价:89.00元

老龄蓝皮书
中国老年宜居环境发展报告(2015)
著(编)者:吴玉韶　2015年9月出版 / 估价:79.00元

连片特困区蓝皮书
中国连片特困区发展报告（2014~2015）
著(编)者:游俊 冷志明 丁建军 2015年3月出版 / 定价:98.00

民间组织蓝皮书
中国民间组织报告(2015)
著(编)者:潘晨光 黄晓勇　2015年8月出版 / 估价:69.00元

民调蓝皮书
中国民生调查报告（2015）
著(编)者:谢耘耕　2015年7月出版 / 估价:128.00元

民族发展蓝皮书
中国民族发展报告（2015）
著(编)者:郝时远 王延中 王希恩
2015年4月出版 / 定价:98.00元

女性生活蓝皮书
中国女性生活状况报告No.9 （2015）
著(编)者:韩湘景 2015年4月出版 / 定价:79.00元

企业公众透明度蓝皮书
中国企业公众透明度报告(2014~2015)No.1
著(编)者:黄速建 王晓光 肖红军
2015年1月出版 / 定价:98.00元

企业国际化蓝皮书
中国企业国际化报告(2015)
著(编)者:王辉耀 2015年10月出版 / 估价:79.00元

汽车社会蓝皮书
中国汽车社会发展报告（2015）
著(编)者:王俊秀 2015年7月出版 / 估价:59.00元

青年蓝皮书
中国青年发展报告No.3
著(编)者:廉思 2015年7月出版 / 估价:59.00元

区域人才蓝皮书
中国区域人才竞争力报告（2015）
著(编)者:桂昭明 王辉耀 2015年7月出版 / 估价:69.00元

群众体育蓝皮书
中国群众体育发展报告（2015）
著(编)者:刘国永 杨桦 2015年8月出版 / 估价:69.00元

人才蓝皮书
中国人才发展报告（2015）
著(编)者:潘晨光 2015年8月出版 / 估价:85.00元

人权蓝皮书
中国人权事业发展报告（2015）
著(编)者:中国人权研究会 2015年8月出版 / 估价:99.00元

森林碳汇绿皮书
中国森林碳汇评估发展报告（2015）
著(编)者:闫文德 胡文臻 2015年9月出版 / 估价:79.00元

社会保障绿皮书
中国社会保障发展报告（2015）No.7
著(编)者:王延中 2015年4月出版 / 定价:89.00元

社会工作蓝皮书
中国社会工作发展报告（2015）
著(编)者:民政部社会工作研究中心
2015年8月出版 / 估价:79.00元

社会管理蓝皮书
中国社会管理创新报告（2015）
著(编)者:连玉明 2015年9月出版 / 估价:89.00元

社会蓝皮书
2015年中国社会形势分析与预测
著(编)者:李培林 陈光金 张 翼
2014年12月出版 / 定价:69.00元

社会体制蓝皮书
中国社会体制改革报告No.3（2015）
著(编)者:龚维斌 2015年4月出版 / 定价:79.00元

社会心态蓝皮书
中国社会心态研究报告（2015）
著(编)者:王俊秀 杨宜音 2015年10月出版 / 估价:69.00元

社会组织蓝皮书
中国社会组织评估发展报告（2015）
著(编)者:徐家良 廖鸿 2015年12月出版 / 估价:69.00元

生态城市绿皮书
中国生态城市建设发展报告（2015）
著(编)者:刘举科 孙伟平 胡文臻 2015年7月出版 / 估价:98.00元

生态文明绿皮书
中国省域生态文明建设评价报告（ECI 2015）
著(编)者:严耕 2015年9月出版 / 估价:85.00元

世界社会主义黄皮书
世界社会主义跟踪研究报告（2014~2015）
著(编)者:李慎明 2015年4月出版 / 定价:258.00元

水与发展蓝皮书
中国水风险评估报告（2015）
著(编)者:王浩 2015年9月出版 / 估价:69.00元

土地整治蓝皮书
中国土地整治发展研究报告No.2
著(编)者:国土资源部土地整治中心 2015年5月出版 / 定价:89.00元

网络空间安全蓝皮书
中国网络空间安全发展报告（2015）
著(编)者:惠志斌 唐涛 2015年4月出版 / 定价:79.00元

危机管理蓝皮书
中国危机管理报告（2015）
著(编)者:文学国 2015年8月出版 / 估价:89.00元

协会商会蓝皮书
中国行业协会商会发展报告（2014）
著(编)者:景朝阳 李勇 2015年4月出版 / 定价:99.00元

形象危机应对蓝皮书
形象危机应对研究报告（2015）
著(编)者:唐钧 2015年7月出版 / 估价:149.00元

医改蓝皮书
中国医药卫生体制改革报告（2015～2016）
著(编)者:文学国 房志武 2015年12月出版 / 估价:79.00元

医疗卫生绿皮书
中国医疗卫生发展报告（2015）
著(编)者:申宝忠 韩玉珍 2015年7月出版 / 估价:75.00元

应急管理蓝皮书
中国应急管理报告（2015）
著(编)者:宋英华 2015年10月出版 / 估价:69.00元

政治参与蓝皮书
中国政治参与报告（2015）
著(编)者:房宁 2015年7月出版 / 估价:105.00元

政治发展蓝皮书
中国政治发展报告（2015）
著(编)者:房宁 杨海蛟 2015年7月出版 / 估价:88.00元

中国农村妇女发展蓝皮书
流动女性城市融入发展报告（2015）
著(编)者:谢丽华 2015年11月出版 / 估价:69.00元

宗教蓝皮书
中国宗教报告（2015）
著(编)者:金泽 邱永辉 2016年5月出版 / 估价:59.00元

行业报告类

保险蓝皮书
中国保险业竞争力报告（2015）
著(编)者:项俊波 2015年12月出版 / 估价:98.00元

彩票蓝皮书
中国彩票发展报告（2015）
著(编)者:益彩基金 2015年4月出版 / 定价:98.00元

餐饮产业蓝皮书
中国餐饮产业发展报告（2015）
著(编)者:邢颖 2015年4月出版 / 定价:69.00元

测绘地理信息蓝皮书
智慧中国地理空间智能体系研究报告（2015）
著(编)者:库热西・买合苏提 2015年12月出版 / 估价:98.00元

茶业蓝皮书
中国茶产业发展报告（2015）
著(编)者:杨江帆 李闽榕 2015年10月出版 / 估价:78.00元

产权市场蓝皮书
中国产权市场发展报告（2015）
著(编)者:曹和平 2015年12月出版 / 估价:79.00元

电子政务蓝皮书
中国电子政务发展报告（2015）
著(编)者:洪毅 杜平 2015年11月出版 / 估价:79.00元

杜仲产业绿皮书
中国杜仲橡胶资源与产业发展报告（2014~2015）
著(编)者:杜红岩 胡文臻 俞锐
2015年1月出版 / 定价:85.00元

房地产蓝皮书
中国房地产发展报告No.12（2015）
著(编)者:魏后凯 李景国 2015年5月出版 / 定价:79.00元

服务外包蓝皮书
中国服务外包产业发展报告（2015）
著(编)者:王晓红 刘德军 2015年7月出版 / 估价:89.00元

工业和信息化蓝皮书
移动互联网产业发展报告（2014~2015）
著(编)者:洪京一 2015年4月出版 / 定价:79.00元

工业和信息化蓝皮书
世界网络安全发展报告（2014~2015）
著(编)者:洪京一 2015年4月出版 / 定价:69.00元

工业和信息化蓝皮书
世界制造业发展报告（2014~2015）
著(编)者:洪京一 2015年4月出版 / 定价:69.00元

工业和信息化蓝皮书
世界信息化发展报告（2014~2015）
著(编)者:洪京一 2015年4月出版 / 定价:69.00元

工业和信息化蓝皮书
世界信息技术产业发展报告（2014~2015）
著(编)者:洪京一 2015年4月出版 / 定价:79.00元

工业设计蓝皮书
中国工业设计发展报告（2015）
著(编)者:王晓红 于炜 张立群 2015年9月出版 / 估价:138.0

互联网金融蓝皮书
中国互联网金融发展报告（2015）
著(编)者:芮晓武 刘烈宏 2015年8月出版 / 估价:79.00元

会展蓝皮书
中外会展业动态评估年度报告（2015）
著(编)者:张敏 2015年1月出版 / 估价:78.00元

金融监管蓝皮书
中国金融监管报告（2015）
著(编)者:胡滨 2015年4月出版 / 定价:89.00元

金融蓝皮书
中国商业银行竞争力报告（2015）
著(编)者:王松奇 2015年12月出版 / 估价:69.00元

客车蓝皮书
中国客车产业发展报告（2014~2015）
著(编)者:姚蔚 2015年2月出版 / 定价:85.00元

老龄蓝皮书
中国老龄产业发展报告（2015）
著(编)者:吴玉韶 党俊武 2015年9月出版 / 估价:79.00元

流通蓝皮书
中国商业发展报告（2015）
著(编)者:荆林波 2015年7月出版 / 估价:89.00元

旅游安全蓝皮书
中国旅游安全报告（2015）
著(编)者:郑向敏 谢朝武 2015年5月出版 / 定价:128.00元

旅游景区蓝皮书
中国旅游景区发展报告（2015）
著(编)者:黄安民　2015年7月出版 / 估价:79.00元

旅游绿皮书
2014~2015年中国旅游发展分析与预测
著(编)者:宋瑞　2015年1月出版 / 定价:98.00元

煤炭蓝皮书
中国煤炭工业发展报告（2015）
著(编)者:岳福斌　2015年12月出版 / 估价:79.00元

民营医院蓝皮书
中国民营医院发展报告（2015）
著(编)者:庄一强　2015年10月出版 / 估价:75.00元

闽商蓝皮书
闽商发展报告（2015）
著(编)者:王日根 李闽榕　2015年12月出版 / 估价:69.00元

能源蓝皮书
中国能源发展报告（2015）
著(编)者:崔民选 王军生　2015年8月出版 / 估价:79.00元

农产品流通蓝皮书
中国农产品流通产业发展报告（2015）
著(编)者:贾敬敦 张东科 张玉玺 孔令羽 张鹏毅
2015年9月出版 / 估价:89.00元

企业蓝皮书
中国企业竞争力报告（2015）
著(编)者:金碚　2015年11月出版 / 估价:89.00元

企业社会责任蓝皮书
中国企业社会责任研究报告（2015）
著(编)者:黄群慧　彭华岗　钟宏武　张蒽
2015年11月出版 / 估价:69.00元

汽车安全蓝皮书
中国汽车安全发展报告（2015）
著(编)者:中国汽车技术研究中心
2015年7月出版 / 估价:79.00元

汽车工业蓝皮书
中国汽车工业发展年度报告（2015）
著(编)者:中国汽车工业协会 中国汽车技术研究中心
丰田汽车（中国）投资有限公司
2015年4月出版 / 定价:128.00元

汽车蓝皮书
中国汽车产业发展报告（2015）
著(编)者:国务院发展研究中心产业经济研究部
中国汽车工程学会 大众汽车集团（中国）
2015年7月出版 / 估价:128.00元

清洁能源蓝皮书
国际清洁能源发展报告（2015）
著(编)者:国际清洁能源论坛（澳门）
2015年9月出版 / 估价:89.00元

人力资源蓝皮书
中国人力资源发展报告（2015）
著(编)者:余兴安　2015年9月出版 / 估价:79.00元

融资租赁蓝皮书
中国融资租赁业发展报告（2014~2015）
著(编)者:李光荣　王力　2015年1月出版 / 定价:89.00元

软件和信息服务业蓝皮书
中国软件和信息服务业发展报告（2015）
著(编)者:陈新河　洪京一　2015年12月出版 / 估价:198.00元

上市公司蓝皮书
上市公司质量评价报告（2015）
著(编)者:张跃文 王力　2015年10月出版 / 估价:118.00元

设计产业蓝皮书
中国设计产业发展报告（2014~2015）
著(编)者:陈冬亮　梁昊光　2015年3月出版 / 定价:89.00元

食品药品蓝皮书
食品药品安全与监管政策研究报告（2015）
著(编)者:唐民皓　2015年7月出版 / 估价:69.00元

世界能源蓝皮书
世界能源发展报告（2015）
著(编)者:黄晓勇　2015年6月出版 / 定价:99.00元

碳市场蓝皮书
中国碳市场报告（2015）
著(编)者:低碳发展国际合作联盟
2015年11月出版 / 估价:69.00元

体育蓝皮书
中国体育产业发展报告（2015）
著(编)者:阮伟 钟秉枢　2015年7月出版 / 估价:69.00元

体育蓝皮书
长三角地区体育产业发展报告（2014~2015）
著(编)者:张林　2015年4月出版 / 定价:79.00元

投资蓝皮书
中国投资发展报告（2015）
著(编)者:谢平　2015年4月出版 / 定价:128.00元

物联网蓝皮书
中国物联网发展报告（2015）
著(编)者:黄桂田　2015年7月出版 / 估价:59.00元

西部工业蓝皮书
中国西部工业发展报告（2015）
著(编)者:方行明 甘犁 刘方健 姜凌 等
2015年9月出版 / 估价:79.00元

西部金融蓝皮书
中国西部金融发展报告（2015）
著(编)者:李忠民　2015年8月出版 / 估价:75.00元

新能源汽车蓝皮书
中国新能源汽车产业发展报告（2015）
著(编)者:中国汽车技术研究中心
日产（中国）投资有限公司 东风汽车有限公司
2015年8月出版 / 估价:69.00元

信托市场蓝皮书
中国信托业市场报告（2014~2015）
著(编)者:用益信托工作室　2015年2月出版 / 定价:198.00元

信息产业蓝皮书
世界软件和信息技术产业发展报告（2015）
著(编)者:洪京一　2015年8月出版 / 估价:79.00元

信息化蓝皮书
中国信息化形势分析与预测（2015）
著(编)者:周宏仁　2015年8月出版 / 估价:98.00元

信用蓝皮书
中国信用发展报告（2014~2015）
著(编)者:章政　田侃　2015年4月出版 / 定价:99.00元

休闲绿皮书
2015年中国休闲发展报告
著(编)者:刘德谦　2015年7月出版 / 估价:59.00元

医药蓝皮书
中国中医药产业园战略发展报告（2015）
著(编)者:裴长洪　房书亭　吴篠心　2015年7月出版 / 估价:89.00元

邮轮绿皮书
中国邮轮产业发展报告（2015）
著(编)者:汪泓　2015年9月出版 / 估价:79.00元

中国上市公司蓝皮书
中国上市公司发展报告（2015）
著(编)者:许雄斌 张平 2015年9月出版 / 估价:98.00元

中国总部经济蓝皮书
中国总部经济发展报告（2015）
著(编)者:赵弘　2015年7月出版 / 估价:79.00元

住房绿皮书
中国住房发展报告（2014~2015）
著(编)者:倪鹏飞　2014年12月出版 / 定价:79.00元

资本市场蓝皮书
中国场外交易市场发展报告（2015）
著(编)者:高峦　2015年8月出版 / 估价:79.00元

资产管理蓝皮书
中国资产管理行业发展报告（2015）
著(编)者:智信资产管理研究院　2015年6月出版 / 定价:89

文化传媒类

传媒竞争力蓝皮书
中国传媒国际竞争力研究报告（2015）
著(编)者:李本乾　2015年9月出版 / 估价:88.00元

传媒蓝皮书
中国传媒产业发展报告（2015）
著(编)者:崔保国　2015年5月出版 / 定价:98.00元

传媒投资蓝皮书
中国传媒投资发展报告（2015）
著(编)者:张向东　2015年7月出版 / 估价:89.00元

动漫蓝皮书
中国动漫产业发展报告（2015）
著(编)者:卢斌 郑玉明 牛兴侦　2015年7月出版 / 估价:79.00元

非物质文化遗产蓝皮书
中国非物质文化遗产发展报告（2015）
著(编)者:陈平　2015年5月出版 / 定价:98.00元

广电蓝皮书
中国广播电影电视发展报告（2015）
著(编)者:杨明品　2015年7月出版 / 估价:98.00元

广告主蓝皮书
中国广告主营销传播趋势报告（2015）
著(编)者:黄升民　2015年7月出版 / 估价:148.00元

国际传播蓝皮书
中国国际传播发展报告（2015）
著(编)者:胡正荣 李继东 姬德强
2015年7月出版 / 估价:89.00元

国家形象蓝皮书
2015年国家形象研究报告
著(编)者:张昆　2015年7月出版 / 估价:79.00元

纪录片蓝皮书
中国纪录片发展报告（2015）
著(编)者:何苏六　2015年9月出版 / 估价:79.00元

科学传播蓝皮书
中国科学传播报告（2015）
著(编)者:詹正茂　2015年7月出版 / 估价:69.00元

两岸文化蓝皮书
两岸文化产业合作发展报告（2015）
著(编)者:胡惠林 李保宗　2015年7月出版 / 估价:79.00元

媒介与女性蓝皮书
中国媒介与女性发展报告（2015）
著(编)者:刘利群　2015年8月出版 / 估价:69.00元

全球传媒蓝皮书
全球传媒发展报告（2015）
著(编)者:胡正荣　2015年12月出版 / 估价:79.00元

少数民族非遗蓝皮书
中国少数民族非物质文化遗产发展报告（2015
著(编)者:肖远平　柴立　2015年6月出版 / 定价:128.00元

世界文化发展蓝皮书
世界文化发展报告（2015）
著(编)者:张庆宗　高乐田　郭熙煌
2015年7月出版 / 估价:89.00元

视听新媒体蓝皮书
中国视听新媒体发展报告（2015）
著(编)者:袁同楠　2015年7月出版 / 定价:98.00元

文化创新蓝皮书
中国文化创新报告（2015）
著(编)者:于平 傅才武　2015年7月出版 / 估价:79.00元

文化建设蓝皮书
中国文化发展报告（2015）
著(编)者:江畅 孙伟平 戴茂堂
2016年4月出版 / 估价:138.00元

文化科技蓝皮书
文化科技创新发展报告（2015）
著(编)者:于平 李凤亮　2015年10月出版 / 估价:89.00元

文化蓝皮书
中国文化产业供需协调检测报告（2015）
著(编)者:王亚南 2015年2月出版 / 定价:79.00元

文化蓝皮书
中国文化消费需求景气评价报告（2015）
著(编)者:王亚南 2015年2月出版 / 定价:79.00元

文化蓝皮书
中国文化产业发展报告（2015）
著(编)者:张晓明 王家新 章建刚
2015年7月出版 / 估价:79.00元

文化蓝皮书
中国公共文化投入增长测评报告(2015)
著(编)者:王亚南　2014年12月出版 / 定价:79.00元

文化蓝皮书
中国文化政策发展报告（2015）
著(编)者:傅才武 宋文玉 燕东升
2015年9月出版 / 估价:98.00元

文化品牌蓝皮书
中国文化品牌发展报告（2015）
著(编)者:欧阳友权　2015年4月出版 / 定价:89.00元

文化遗产蓝皮书
中国文化遗产事业发展报告（2015）
著(编)者:刘世锦　2015年12月出版 / 估价:89.00元

文学蓝皮书
中国文情报告（2014~2015）
著(编)者:白烨　2015年5月出版 / 定价:49.00元

新媒体蓝皮书
中国新媒体发展报告No.6（2015）
著(编)者:唐绪军　2015年7月出版 / 定价:79.00元

新媒体社会责任蓝皮书
中国新媒体社会责任研究报告（2015）
著(编)者:钟瑛　2015年10月出版 / 估价:79.00元

移动互联网蓝皮书
中国移动互联网发展报告（2015）
著(编)者:官建文　2015年6月出版 / 定价:79.00元

舆情蓝皮书
中国社会舆情与危机管理报告（2015）
著(编)者:谢耘耕　2015年8月出版 / 估价:98.00元

地方发展类

安徽经济蓝皮书
芜湖创新型城市发展报告（2015）
著(编)者:杨少华 王开玉　2015年7月出版 / 估价:69.00元

安徽蓝皮书
安徽社会发展报告（2015）
著(编)者:程桦　2015年4月出版 / 定价:89.00元

安徽社会建设蓝皮书
安徽社会建设分析报告（2015）
著(编)者:黄家海 王开玉 蔡宪　2015年7月出版 / 估价:69.00元

澳门蓝皮书
澳门经济社会发展报告（2014~2015）
著(编)者:吴志良 郝雨凡　2015年5月出版 / 定价:79.00元

北京蓝皮书
北京公共服务发展报告（2014~2015）
著(编)者:施昌奎　2015年1月出版 / 定价:69.00元

北京蓝皮书
北京经济发展报告（2014~2015）
著(编)者:杨松　2015年6月出版 / 定价:79.00元

北京蓝皮书
北京社会治理发展报告（2014~2015）
著(编)者:殷星辰　2015年6月出版 / 定价:79.00元

北京蓝皮书
北京文化发展报告（2014~2015）
著(编)者:李建盛　2015年5月出版 / 定价:79.00元

北京蓝皮书
北京社会发展报告（2015）
著(编)者:缪青　2015年7月出版 / 估价:79.00元

北京蓝皮书
北京社区发展报告（2015）
著(编)者:于燕燕　2015年1月出版 / 定价:79.00元

北京旅游绿皮书
北京旅游发展报告（2015）
著(编)者:北京旅游学会　2015年7月出版 / 估价:88.00元

北京律师蓝皮书
北京律师发展报告（2015）
著(编)者:王隽　2015年12月出版 / 估价:75.00元

北京人才蓝皮书
北京人才发展报告（2015）
著(编)者:于淼　2015年7月出版 / 估价:89.00元

北京社会心态蓝皮书
北京社会心态分析报告（2015）
著(编)者:北京社会心理研究所　2015年7月出版 / 估价:69.00元

北京社会组织管理蓝皮书
北京社会组织发展与管理（2015）
著(编)者:黄江松　2015年4月出版 / 定价:78.00元

北京养老产业蓝皮书
北京养老产业发展报告（2015）
著(编)者:周明明　冯喜良　2015年4月出版 / 定价:69.00元

滨海金融蓝皮书
滨海新区金融发展报告（2015）
著(编)者:王爱俭 张锐钢　2015年9月出版 / 估价:79.00元

城乡一体化蓝皮书
中国城乡一体化发展报告（北京卷）（2014~2015）
著(编)者:张宝秀 黄序　2015年5月出版 / 定价:79.00元

创意城市蓝皮书
北京文化创意产业发展报告（2015）
著(编)者:张京成　2015年11月出版 / 估价:65.00元

创意城市蓝皮书
无锡文化创意产业发展报告（2015）
著(编)者:谭军 张鸣年　2015年10月出版 / 估价:75.00元

创意城市蓝皮书
武汉市文化创意产业发展报告（2015）
著(编)者:袁堃 黄永林　2015年11月出版 / 估价:85.00元

创意城市蓝皮书
重庆创意产业发展报告（2015）
著(编)者:程宇宁　2015年7月出版 / 估价:89.00元

创意城市蓝皮书
青岛文化创意产业发展报告（2015）
著(编)者:马达 张丹妮　2015年7月出版 / 估价:79.00元

福建妇女发展蓝皮书
福建省妇女发展报告（2015）
著(编)者:刘群英　2015年10月出版 / 估价:58.00元

甘肃蓝皮书
甘肃舆情分析与预测（2015）
著(编)者:陈双梅　郝树声　2015年1月出版 / 定价:79.00元

甘肃蓝皮书
甘肃文化发展分析与预测（2015）
著(编)者:安文华　周小华　2015年1月出版 / 定价:79.00元

甘肃蓝皮书
甘肃社会发展分析与预测（2015）
著(编)者:安文华　包晓霞　2015年1月出版 / 定价:79.00元

甘肃蓝皮书
甘肃经济发展分析与预测（2015）
著(编)者:朱智文 罗哲　2015年1月出版 / 定价:79.00元

甘肃蓝皮书
甘肃县域经济综合竞争力评价（2015）
著(编)者:刘进军　2015年7月出版 / 估价:69.00元

甘肃蓝皮书
甘肃县域社会发展评价报告（2015）
著(编)者:刘进军　柳民　王建兵　2015年1月出版 / 定价:7

广东蓝皮书
广东省电子商务发展报告（2015）
著(编)者:程晓　2015年12月出版 / 估价:69.00元

广东蓝皮书
广东社会工作发展报告（2015）
著(编)者:罗观翠　2015年7月出版 / 估价:89.00元

广东社会建设蓝皮书
广东省社会建设发展报告（2015）
著(编)者:广东省社会工作委员会　2015年10月出版 / 估价:8

广东外经贸蓝皮书
广东对外经济贸易发展研究报告（2014~2015）
著(编)者:陈万灵　2015年5月出版 / 定价:89.00元

广西北部湾经济区蓝皮书
广西北部湾经济区开放开发报告（2015）
著(编)者:广西北部湾经济区规划建设管理委员会办公室
广西社会科学院广西北部湾发展研究院
2015年8月出版 / 估价:79.00元

广州蓝皮书
广州社会保障发展报告（2015）
著(编)者:蔡国萱　2015年7月出版 / 估价:65.00元

广州蓝皮书
2015年中国广州社会形势分析与预测
著(编)者:张强 陈怡霓 杨秦　2015年6月出版 / 定价:79.0

广州蓝皮书
广州经济发展报告（2015）
著(编)者:李江涛 朱名宏　2015年7月出版 / 估价:69.00元

广州蓝皮书
广州商贸业发展报告（2015）
著(编)者:李江涛 王旭东 荀振英　2015年7月出版 / 估价:6

广州蓝皮书
2015年中国广州经济形势分析与预测
著(编)者:庾建设 沈奎 谢博能
2015年6月出版 / 定价:79.00元

广州蓝皮书
中国广州文化发展报告（2015）
著(编)者:徐俊忠 陆志强 顾涧清
2015年7月出版 / 估价:69.00元

广州蓝皮书
广州农村发展报告（2015）
著(编)者:李江涛 汤锦华　2015年8月出版 / 估价:69.00元

广州蓝皮书
中国广州城市建设与管理发展报告（2015）
著(编)者:董皞 冼伟雄　2015年7月出版 / 估价:69.00元

广州蓝皮书
中国广州科技和信息化发展报告（2015）
著(编)者:邹采荣 马正勇 冯元
2015年7月出版 / 估价:79.00元

广州蓝皮书
广州创新型城市发展报告（2015）
著(编)者:李江涛 2015年7月出版 / 估价:69.00元

广州蓝皮书
广州文化创意产业发展报告（2015）
著(编)者:甘新 2015年8月出版 / 估价:79.00元

广州蓝皮书
广州志愿服务发展报告（2015）
著(编)者:魏国华 张强 2015年9月出版 / 估价:69.00元

广州蓝皮书
广州城市国际化发展报告（2015）
著(编)者:朱名宏 2015年9月出版 / 估价:59.00元

广州蓝皮书
广州汽车产业发展报告（2015）
著(编)者:李江涛 杨再高 2015年9月出版 / 估价:69.00元

贵州房地产蓝皮书
贵州房地产发展报告（2015）
著(编)者:武廷方 2015年6月出版 / 定价:89.00元

贵州蓝皮书
贵州人才发展报告（2015）
著(编)者:于杰 吴大华 2015年7月出版 / 估价:69.00元

贵州蓝皮书
贵安新区发展报告（2014）
著(编)者:马长青 吴大华 2015年4月出版 / 定价:69.00元

贵州蓝皮书
贵州社会发展报告（2015）
著(编)者:王兴骥 2015年5月出版 / 定价:79.00元

贵州蓝皮书
贵州法治发展报告（2015）
著(编)者:吴大华 2015年5月出版 / 定价:79.00元

贵州蓝皮书
贵州国有企业社会责任发展报告（2015）
著(编)者:郭丽 2015年10月出版 / 估价:79.00元

海淀蓝皮书
海淀区文化和科技融合发展报告（2015）
著(编)者:孟景伟 陈名杰 2015年7月出版 / 估价:75.00元

海峡西岸蓝皮书
海峡西岸经济区发展报告（2015）
著(编)者:黄端 2015年9月出版 / 估价:65.00元

杭州都市圈蓝皮书
杭州都市圏发展报告（2015）
著(编)者:董祖德 沈翔 2015年7月出版 / 估价:89.00元

杭州蓝皮书
杭州妇女发展报告（2015）
著(编)者:魏颖 2015年4月出版 / 定价:79.00元

河北经济蓝皮书
河北省经济发展报告（2015）
著(编)者:马树强 金浩 刘兵 张贵 2015年3月出版 / 定价:89.00元

河北蓝皮书
河北经济社会发展报告（2015）
著(编)者:周文夫 2015年1月出版 / 定价:79.00元

河北食品药品安全蓝皮书
河北食品药品安全研究报告（2015）
著(编)者:丁锦霞 2015年6月出版 / 定价:79.00元

河南经济蓝皮书
2015年河南经济形势分析与预测
著(编)者:胡五岳 2015年2月出版 / 定价:69.00元

河南蓝皮书
河南城市发展报告（2015）
著(编)者:谷建全 王建国 2015年3月出版 / 定价:79.00元

河南蓝皮书
2015年河南社会形势分析与预测
著(编)者:刘道兴 牛苏林 2015年4月出版 / 定价:69.00元

河南蓝皮书
河南工业发展报告（2015）
著(编)者:龚绍东 赵西三 2015年1月出版 / 定价:79.00元

河南蓝皮书
河南文化发展报告（2015）
著(编)者:卫绍生 2015年3月出版 / 定价:79.00元

河南蓝皮书
河南经济发展报告（2015）
著(编)者:喻新安 2014年12月出版 / 定价:79.00元

河南蓝皮书
河南法治发展报告（2015）
著(编)者:丁同民 闫德民 2015年7月出版 / 估价:69.00元

河南蓝皮书
河南金融发展报告（2015）
著(编)者:喻新安 谷建全 2015年6月出版 / 定价:69.00元

河南蓝皮书
河南农业农村发展报告（2015）
著(编)者:吴海峰 2015年4月出版 / 定价:69.00元

河南商务蓝皮书
河南商务发展报告（2015）
著(编)者:焦锦淼 穆荣国 2015年4月出版 / 定价:88.00元

黑龙江产业蓝皮书
黑龙江产业发展报告（2015）
著(编)者:于渤 2015年9月出版 / 估价:79.00元

黑龙江蓝皮书
黑龙江经济发展报告（2015）
著(编)者:曲伟 2015年1月出版 / 定价:79.00元

黑龙江蓝皮书
黑龙江社会发展报告（2015）
著(编)者:张新颖 2015年1月出版 / 定价:79.00元

湖北文化蓝皮书
湖北文化发展报告（2015）
著(编)者:江畅 吴成国　2015年7月出版 / 估价:89.00元

湖南城市蓝皮书
区域城市群整合
著(编)者:童中贤 韩未名　2015年12月出版 / 估价:79.00元

湖南蓝皮书
2015年湖南电子政务发展报告
著(编)者:梁志峰　2015年5月出版 / 定价:98.00元

湖南蓝皮书
2015年湖南社会发展报告
著(编)者:梁志峰　2015年5月出版 / 定价:98.00元

湖南蓝皮书
2015年湖南产业发展报告
著(编)者:梁志峰　2015年5月出版 / 定价:98.00元

湖南蓝皮书
2015年湖南经济展望
著(编)者:梁志峰　2015年5月出版 / 定价:128.00元

湖南蓝皮书
2015年湖南县域经济社会发展报告
著(编)者:梁志峰　2015年5月出版 / 定价:98.00元

湖南蓝皮书
2015年湖南两型社会与生态文明发展报告
著(编)者:梁志峰　2015年5月出版 / 定价:98.00元

湖南县域绿皮书
湖南县域发展报告No.2
著(编)者:朱有志　2015年7月出版 / 估价:69.00元

沪港蓝皮书
沪港发展报告（2014~2015）
著(编)者:尤安山　2015年4月出版 / 定价:89.00元

吉林蓝皮书
2015年吉林经济社会形势分析与预测
著(编)者:马克　2015年2月出版 / 定价:89.00元

济源蓝皮书
济源经济社会发展报告（2015）
著(编)者:喻新安　2015年4月出版 / 定价:69.00元

健康城市蓝皮书
北京健康城市建设研究报告（2015）
著(编)者:王鸿春　2015年4月出版 / 定价:79.00元

江苏法治蓝皮书
江苏法治发展报告（2015）
著(编)者:李力 龚廷泰　2015年9月出版 / 估价:98.00元

京津冀蓝皮书
京津冀发展报告（2015）
著(编)者:文魁 祝尔娟　2015年4月出版 / 定价:89.00元

经济特区蓝皮书
中国经济特区发展报告（2015）
著(编)者:陶一桃　2015年7月出版 / 估价:89.00元

辽宁蓝皮书
2015年辽宁经济社会形势分析与预测
著(编)者:曹晓峰 张晶 梁启东　2014年12月出版 / 定价:7

南京蓝皮书
南京文化发展报告（2015）
著(编)者:南京文化产业研究中心　2015年12月出版 / 估价:7

内蒙古蓝皮书
内蒙古反腐倡廉建设报告（2015）
著(编)者:张志华 无极　2015年12月出版 / 估价:69.00元

浦东新区蓝皮书
上海浦东经济发展报告（2015）
著(编)者:沈开艳 陆沪根　2015年1月出版 / 定价:69.00元

青海蓝皮书
2015年青海经济社会形势分析与预测
著(编)者:赵宗福　2014年12月出版 / 定价:69.00元

人口与健康蓝皮书
深圳人口与健康发展报告（2015）
著(编)者:曾序春　2015年12月出版 / 估价:89.00元

山东蓝皮书
山东社会形势分析与预测（2015）
著(编)者:张华 唐洲雁　2015年7月出版 / 估价:89.00元

山东蓝皮书
山东经济形势分析与预测（2015）
著(编)者:张华 唐洲雁　2015年7月出版 / 估价:89.00元

山东蓝皮书
山东文化发展报告（2015）
著(编)者:张华 唐洲雁　2015年7月出版 / 估价:98.00元

山西蓝皮书
山西资源型经济转型发展报告（2015）
著(编)者:李志强　2015年5月出版 / 定价:89.00元

陕西蓝皮书
陕西经济发展报告（2015）
著(编)者:任宗哲 白宽犁 裴成荣　2015年1月出版 / 定价:

陕西蓝皮书
陕西社会发展报告（2015）
著(编)者:任宗哲 白宽犁 牛昉　2015年1月出版 / 定价:69

陕西蓝皮书
陕西文化发展报告（2015）
著(编)者:任宗哲 白宽犁 王长寿　2015年1月出版 / 定价

陕西蓝皮书
丝绸之路经济带发展报告（2015）
著(编)者:任宗哲 石英 白宽犁
2015年8月出版 / 估价:79.00元

上海蓝皮书
上海文学发展报告（2015）
著(编)者:陈圣来　2015年1月出版 / 定价:69.00元

上海蓝皮书
上海文化发展报告（2015）
著(编)者:荣跃明　2015年1月出版 / 定价:74.00元

上海蓝皮书
上海资源环境发展报告（2015）
著(编)者:周冯琦 汤庆合 任文伟
2015年1月出版 / 定价:69.00元

上海蓝皮书
上海社会发展报告（2015）
著(编)者:杨雄 周海旺 2015年1月出版 / 定价:69.00元

上海蓝皮书
上海经济发展报告（2015）
著(编)者:沈开艳 2015年1月出版 / 定价:69.00元

上海蓝皮书
上海传媒发展报告（2015）
著(编)者:强荧 焦雨虹 2015年1月出版 / 定价:69.00元

上海蓝皮书
上海法治发展报告（2015）
著(编)者:叶青 2015年5月出版 / 定价:69.00元

上饶蓝皮书
上饶发展报告（2015）
著(编)者:朱寅健 2015年7月出版 / 估价:128.00元

社会建设蓝皮书
2015年北京社会建设分析报告
著(编)者:宋贵伦 冯虹 2015年7月出版 / 估价:79.00元

深圳蓝皮书
深圳劳动关系发展报告（2015）
著(编)者:汤庭芬 2015年7月出版 / 估价:75.00元

深圳蓝皮书
深圳经济发展报告（2015）
著(编)者:张骁儒 2015年7月出版 / 估价:79.00元

深圳蓝皮书
深圳社会发展报告（2015）
著(编)者:叶民辉 张骁儒 2015年7月出版 / 估价:89.00元

深圳蓝皮书
深圳法治发展报告（2015）
著(编)者:张骁儒 2015年5月出版 / 定价:69.00元

四川蓝皮书
四川文化产业发展报告（2015）
著(编)者:侯水平 2015年4月出版 / 定价:79.00元

四川蓝皮书
四川企业社会责任研究报告（2014~2015）
著(编)者:侯水平 盛毅 2015年4月出版 / 定价:79.00元

四川蓝皮书
四川法治发展报告（2015）
著(编)者:郑泰安 2015年1月出版 / 定价:69.00元

四川蓝皮书
四川生态建设报告（2015）
著(编)者:李晟之 2015年4月出版 / 定价:79.00元

四川蓝皮书
四川城镇化发展报告（2015）
著(编)者:侯水平 范秋美 2015年4月出版 / 定价:79.00元

四川蓝皮书
四川社会发展报告（2015）
著(编)者:郭晓鸣 2015年4月出版 / 定价:79.00元

四川蓝皮书
2015年四川经济发展形势分析与预测
著(编)者:杨钢 2015年1月出版 / 定价:89.00元

四川法治蓝皮书
四川依法治省年度报告No.1（2015）
著(编)者:李林 杨天宗 田禾 2015年3月出版 / 定价:108.00元

天津金融蓝皮书
天津金融发展报告（2015）
著(编)者:王爱俭 杜强 2015年9月出版 / 估价:89.00元

温州蓝皮书
2015年温州经济社会形势分析与预测
著(编)者:潘忠强 王春光 金浩 2015年4月出版 / 定价:69.00元

扬州蓝皮书
扬州经济社会发展报告（2015）
著(编)者:丁纯 2015年12月出版 / 估价:89.00元

长株潭城市群蓝皮书
长株潭城市群发展报告（2015）
著(编)者:张萍 2015年7月出版 / 估价:69.00元

郑州蓝皮书
2015年郑州文化发展报告
著(编)者:王哲 2015年9月出版 / 估价:65.00元

中医文化蓝皮书
北京中医药文化传播发展报告（2015）
著(编)者:毛嘉陵 2015年5月出版 / 定价:79.00元

珠三角流通蓝皮书
珠三角商圈发展研究报告（2015）
著(编)者:林至颖 王先庆 2015年7月出版 / 估价:98.00元

国别与地区类

阿拉伯黄皮书
阿拉伯发展报告（2015）
著(编)者:马晓霖 2015年7月出版 / 估价:79.00元

北部湾蓝皮书
泛北部湾合作发展报告（2015）
著(编)者:吕余生 2015年8月出版 / 估价:69.00元

大湄公河次区域蓝皮书
大湄公河次区域合作发展报告（2015）
著(编)者:刘稚　2015年9月出版 / 估价:79.00元

大洋洲蓝皮书
大洋洲发展报告（2015）
著(编)者:喻常森　2015年8月出版 / 估价:89.00元

德国蓝皮书
德国发展报告（2015）
著(编)者:郑春荣 伍慧萍　2015年5月出版 / 定价:69.00元

东北亚黄皮书
东北亚地区政治与安全（2015）
著(编)者:黄凤志 刘清才 张慧智
2015年7月出版 / 估价:69.00元

东盟黄皮书
东盟发展报告（2015）
著(编)者:崔晓麟　2015年7月出版 / 估价:75.00元

东南亚蓝皮书
东南亚地区发展报告（2015）
著(编)者:王勤　2015年7月出版 / 估价:79.00元

俄罗斯黄皮书
俄罗斯发展报告（2015）
著(编)者:李永全　2015年7月出版 / 估价:79.00元

非洲黄皮书
非洲发展报告（2015）
著(编)者:张宏明　2015年7月出版 / 估价:79.00元

国际形势黄皮书
全球政治与安全报告（2015）
著(编)者:李慎明 张宇燕　2015年1月出版 / 定价:69.00元

韩国蓝皮书
韩国发展报告（2015）
著(编)者:刘宝全 牛林杰　2015年8月出版 / 估价:79.00元

加拿大蓝皮书
加拿大发展报告（2015）
著(编)者:仲伟合　2015年4月出版 / 定价:89.00元

拉美黄皮书
拉丁美洲和加勒比发展报告（2014~2015）
著(编)者:吴白乙　2015年5月出版 / 定价:89.00元

美国蓝皮书
美国研究报告（2015）
著(编)者:郑秉文 黄平　2015年6月出版 / 定价:89.00元

缅甸蓝皮书
缅甸国情报告（2015）
著(编)者:李晨阳　2015年8月出版 / 估价:79.00元

欧洲蓝皮书
欧洲发展报告（2015）
著(编)者:周弘　2015年7月出版 / 估价:89.00元

葡语国家蓝皮书
葡语国家发展报告（2015）
著(编)者:对外经济贸易大学区域国别研究所 葡语国家研究中心
2015年7月出版 / 估价:89.00元

葡语国家蓝皮书
中国与葡语国家关系发展报告·巴西（2014）
著(编)者:澳门科技大学　2015年7月出版 / 估价:89.00元

日本经济蓝皮书
日本经济与中日经贸关系研究报告（2015）
著(编)者:王洛林 张季风　2015年5月出版 / 定价:79.00元

日本蓝皮书
日本研究报告（2015）
著(编)者:李薇　2015年4月出版 / 定价:69.00元

上海合作组织黄皮书
上海合作组织发展报告（2015）
著(编)者:李进峰 吴宏伟 李伟
2015年9月出版 / 估价:89.00元

世界创新竞争力黄皮书
世界创新竞争力发展报告（2015）
著(编)者:李闽榕 李建平 赵新力
2015年12月出版 / 估价:148.00元

土耳其蓝皮书
土耳其发展报告（2015）
著(编)者:郭长刚 刘义　2015年7月出版 / 估价:89.00元

图们江区域合作蓝皮书
图们江区域合作发展报告（2015）
著(编)者:李铁　2015年4月出版 / 定价:98.00元

亚太蓝皮书
亚太地区发展报告（2015）
著(编)者:李向阳　2015年1月出版 / 定价:59.00元

印度蓝皮书
印度国情报告（2015）
著(编)者:吕昭义　2015年7月出版 / 估价:89.00元

印度洋地区蓝皮书
印度洋地区发展报告（2015）
著(编)者:汪戎　2015年5月出版 / 定价:89.00元

中东黄皮书
中东发展报告（2015）
著(编)者:杨光　2015年11月出版 / 估价:89.00元

中欧关系蓝皮书
中欧关系研究报告（2015）
著(编)者:周弘　2015年12月出版 / 估价:98.00元

中亚黄皮书
中亚国家发展报告（2015）
著(编)者:孙力 吴宏伟　2015年9月出版 / 估价:89.00元

皮书大事记
（2014）

☆ 2014年10月，中国社会科学院2014年度皮书纳入创新工程学术出版资助名单正式公布，相关资助措施进一步落实。

☆ 2014年8月，由中国社会科学院主办，贵州省社会科学院、社会科学文献出版社承办的“第十五次全国皮书年会（2014）”在贵州贵阳隆重召开。

☆ 2014年8月，第二批淘汰的27种皮书名单公布。

☆ 2014年7月，第五届优秀皮书奖评审会在京召开。本届优秀皮书奖首次同时评选优秀皮书和优秀皮书报告。

☆ 2014年7月，第三届皮书学术评审委员会于北京成立。

☆ 2014年6月，社会科学文献出版社与北京报刊发行局签订合同，将部分重点皮书纳入邮政发行系统。

☆ 2014年6月，《中国社会科学院皮书管理办法》正式颁布实施。

☆ 2014年4月，出台《社会科学文献出版社关于加强皮书编审工作的有关规定》《社会科学文献出版社皮书责任编辑管理规定》《社会科学文献出版社关于皮书准入与退出的若干规定》。

☆ 2014年1月，首批淘汰的44种皮书名单公布。

☆ 2014年1月，“2013(第七届)全国新闻出版业网站年会”在北京举办，中国皮书网被评为“最具商业价值网站”。

☆ 2014年1月,社会科学文献出版社在原皮书评价研究中心的基础上成立了皮书研究院。

权威报告·热点资讯·特色资源

皮书数据库

ANNUAL REPORT(YEARBOOK) DATABASE

当代中国与世界发展高端智库平台

WWW.PISHU.COM.CN

皮书俱乐部会员服务指南

1. 谁能成为皮书俱乐部成员？

- 皮书作者自动成为俱乐部会员
- 购买了皮书产品（纸质书/电子书）的个人用户

2. 会员可以享受的增值服务

- 免费获赠皮书数据库100元充值卡
- 加入皮书俱乐部，免费获赠该纸质图书的电子书
- 免费定期获赠皮书电子期刊
- 优先参与各类皮书学术活动
- 优先享受皮书产品的最新优惠

3. 如何享受增值服务？

（1）免费获赠100元皮书数据库体验卡

第1步 刮开附赠充值的涂层（右下）；

第2步 登录皮书数据库网站（www.pishu.com.cn），注册账号；

第3步 登录并进入“会员中心”—“在线充值”—“充值卡充值”，充值成功后即可使用。

（2）加入皮书俱乐部，凭数据库体验卡获赠该书的电子书

第1步 登录社会科学文献出版社官网（www.ssap.com.cn），注册账号；

第2步 登录并进入“会员中心”—“皮书俱乐部”，提交加入皮书俱乐部申请；

第3步 审核通过后，再次进入皮书俱乐部，填写页面所需图书、体验卡信息即可自动兑换相应电子书。

4. 声明

解释权归社会科学文献出版社所有

皮书俱乐部会员可享受社会科学文献出版社其他相关免费增值服务，有任何疑问，均可与我们联系。

图书销售热线：010-59367070/7028
图书服务QQ：800045692
图书服务邮箱：duzhe@ssap.cn

数据库服务热线：400-008-6695
数据库服务QQ：2475522410
数据库服务邮箱：database@ssap.cn

欢迎登录社会科学文献出版社官网（www.ssap.com.cn）和中国皮书网（www.pishu.cn）了解更多信息

社会科学文献出版社 SOCIAL SCIENCES ACADEMIC PRESS (CHINA) 皮书系列

卡号：606593527484

密码：

S 子库介绍
Sub-Database Introduction

中国经济发展数据库

涵盖宏观经济、农业经济、工业经济、产业经济、财政金融、交通旅 商业贸易、劳动经济、企业经济、房地产经济、城市经济、区域经济 领域，为用户实时了解经济运行态势、把握经济发展规律、洞察经济 势、做出经济决策提供参考和依据。

中国社会发展数据库

全面整合国内外有关中国社会发展的统计数据、深度分析报告、专家 读和热点资讯构建而成的专业学术数据库。涉及宗教、社会、人口、 治、外交、法律、文化、教育、体育、文学艺术、医药卫生、资源环 等多个领域。

中国行业发展数据库

以中国国民经济行业分类为依据，跟踪分析国民经济各行业市场运行 况和政策导向，提供行业发展最前沿的资讯，为用户投资、从业及各 经济决策提供理论基础和实践指导。内容涵盖农业，能源与矿产业， 通运输业，制造业，金融业，房地产业，租赁和商务服务业，科学研 环境和公共设施管理，居民服务业，教育，卫生和社会保障，文化、 育和娱乐业等 100 余个行业。

中国区域发展数据库

以特定区域内的经济、社会、文化、法治、资源环境等领域的现状与 展情况进行分析和预测。涵盖中部、西部、东北、西北等地区，长三 珠三角、黄三角、京津冀、环渤海、合肥经济圈、长株潭城市群、关中 天水经济区、海峡经济区等区域经济体和城市圈，北京、上海、浙江 河南、陕西等 34 个省份及中国台湾地区。

中国文化传媒数据库

包括文化事业、文化产业、宗教、群众文化、图书馆事业、博物馆事 档案事业、语言文字、文学、历史地理、新闻传播、广播电视、出版 业、艺术、电影、娱乐等多个子库。

世界经济与国际政治数据库

以皮书系列中涉及世界经济与国际政治的研究成果为基础，全面整合 内外有关世界经济与国际政治的统计数据、深度分析报告、专家解读 热点资讯构建而成的专业学术数据库。包括世界经济、世界政治、世 文化、国际社会、国际关系、国际组织、区域发展、国别发展等多个子库